中国矿业大学教材建设工程资助教材
中国矿业大学“十三五”品牌专业培育项目(人力资源管理)(2017)资助教材
中国矿业大学精品课程建设项目(2017JPPY05)资助教材

统　计　学

付金会　主编

中国矿业大学出版社

内 容 提 要

本书在内容的选择上突出了实用性，在内容的编写上突出了思想性，在内容的排版上突出了易用性。本书详细介绍了数据的基本分析，简单统计推断，变量之间的关系，回归分析，因子分析，时间序列分析，聚类分析，现代统计模型等内容。

图书在版编目(CIP)数据

统计学 / 付金会主编. —徐州：中国矿业大学出版社，2017.4(2018.1 重印)

ISBN 978-7-5646-3510-7

Ⅰ. ①统… Ⅱ. ①付… Ⅲ. ①统计学—教材 Ⅳ. ①C8

中国版本图书馆 CIP 数据核字(2017)第 063188 号

书　　名 统计学

主　　编 付金会

责任编辑 何晓明

出版发行 中国矿业大学出版社有限责任公司

(江苏省徐州市解放南路　邮编 221008)

营销热线 (0516)83885307　83884995

出版服务 (0516)83885767　83884920

网　　址 http://www.cumtp.com　**E-mail**：cumtpvip@cumtp.com

印　　刷 江苏淮阴新华印刷厂

开　　本 787×1092　1/16　**印张** 16.25　**字数** 406 千字

版次印次 2017 年 4 月第 1 版　2018 年 1 月第 2 次印刷

定　　价 32.00 元

前　言

本教材是经过了两年的试用和修改后正式出版的。与其他常见的统计学教材相比，本书具有如下几个特点：

(1) 在内容选择上，突出了实用性。增加了调查问卷设计、非参数检验、偏相关、多变量协同系数这些难度适中且有广泛应用背景的内容。同时，考虑到数据挖掘方法的应用日趋广泛，增加了现代统计模型的内容，学生通过此章内容的学习能够了解数据模型在建模思路、参数求解、模型评价以及预测等方面与经典统计模型之间的差别，为深入学习其他数据挖掘方法奠定基础。另外，由于方差分析所能胜任的分析完全可以由回归分析来完成，因此本书中并未介绍方差分析。我们希望学生能够在有限的时间内通过本书学到更多实用的统计方法。

(2) 在内容编写上，突出了思想性。把统计方法与统计思想紧密结合，让学生在学习统计方法的同时，能够深刻理解方法和模型背后的主导思想。在语言方面，我们突出了可读性，把比较难的内容叙述得更为通俗易懂。

(3) 在内容排版上，突出了易用性。在右侧列出了学习目标、术语、重要知识点等内容，便于学生学习和复习。同时，在学习过程中，右侧空白的地方也可以用来做笔记。此外，应该说明的是，对于右侧列出的一些"思考与研讨"问题，可能并没有所谓的标准答案，但即便如此，仍然希望读者能够积极去思考和讨论这些问题。作为一种收集数据、整理和分析数据的方法科学，在面对各种各样的有关数据收集与分析的实际需求时，有时并没有一个理想的、十全十美的办法，而只能给出一个相对科学、合理的答案。书中的数据可以致信 jhfu@cumt.edu.cn 索取。

本书共分九章，其中第一章、第四章、第六章、第七章由付金会编写，第二章由付金会、涂洪亮编写，第三章由曹庆仁编写，第五章由张明慧编写，第八章由陈克贵编写，第九章由王德鲁编写。全书由付金会统稿。

由于作者水平所限，书中肯定存在不少问题甚至错误，欢迎大家在阅读的过程中，随时把发现的问题以及建议和意见反馈给我们，以便进一步修订和改进。

本书得到了中国矿业大学教材建设工程、中国矿业大学“十三五”品牌专业培育项目（人力资源管理）（2017）和中国矿业大学精品课程建设项目（2017JPPY05）的资助，得到了中国矿业大学管理学院、经济与管理复杂性研究所和中国矿业大学出版社的支持和帮助，在此一并表示感谢。

编 者

2017年1月

目　录

第一章 绪 论

第一节 统计学的发展与统计思维

学习目标

了解统计学的发展趋势，理解统计思维的特点。

一、统计学及其发展

统计学(statistics)是一门收集、整理和分析数据的方法科学，其目的是提取数据的有用信息，探索数据变化的规律，以实现对事物的科学认识。

术语

统计学：是一门收集、整理和分析数据的方法科学。

统计的最初起源来自于对社会经济以及人口的调查。在我国，从公元前两千多年的夏朝(夏禹时代)开始，就有人口、土地等方面的记载。约5 000年前，为了征集金字塔的建造费用，埃及曾对全国人口与财产进行调查。这些活动，被认为是中国和西方最早的统计实践①。17世纪上半叶，英国多次发生瘟疫。约翰·格朗特(John Graunt)对政府公布的人口出生和死亡数据进行了研究，把一些庞杂的数据简化为几个重要的代表性数据和表格，1662年，他出版了著作《关于死亡公报的自然观察和政治观察》(*Natural and Political Observations Made upon the Bills of Mortality*)。这本书被认为是第一部统计学经典文献②。

在统计学早期的发展中，除了社会经济以及人口调查外，来自天文学、心理学、医学、农学等方面的需求也起到了重要的推动作用。特别是19世纪以后，在英国进行的一系列生物遗传和农业实验，更是推动了数理统计的发展。在这样的背景下，统计学逐步在抽样设计、实验设计与方差分析、参数估计与假设检验、相关分析与回归分析等方面形成了比较完备的理论和方法。这些内容形成了经典统计的框架，直到现在仍然是很多统计教材的主要内容。

术语

描述统计：所得到的结论仅限于给定数据的统计。

推断统计：对样本数据进行分析进而对总体进行推断的统计。

二、统计推断与统计思维

(一) 描述统计与推断统计

统计学对数据的分析通常有两种情形：一是仅限于对给定数据进行分析，所得到的结论也仅限于应用于给定数据，这样的分析称为描述统计(descriptive statistics)；二是把给定数据作为样本数据进行分析，所得到的结论用于形成对整个样本空间的认识，也就是用于推断总体，

① 潘向阳.统计学理论与实务[M].北京：人民邮电出版社，2014.

② Lancaster H O.An early statistician—John Graunt (1620—1674)[J].Medical Journal of Australia,1962,49(2):734-738.

这样的分析称为推断统计(inferential statistics)。样本与总体是统计学中最基本的概念。所谓总体(population),就是所关心的所有元素的集合。总体在概率测度中也被定义为样本空间(sampling space)。当总体中所含个体数量有限时,称为有限总体,否则称为无限总体。所谓样本(sample),就是由被抽取单位构成的子总体。在样本中,每个个体称为样本点(sample point)。样本中含有的样本点的数量称为样本量或样本容量(sample size)。可见,样本量反映了样本的大小。

术语

总体:所关心的所有元素的集合。

样本:由被抽取单位构成的子总体。样本中的每个个体称为样本点。样本中含有的样本点的数量称为样本量或样本容量。

总体参数:用来表达总体某方面特征的统计指标。

在对总体进行推断时,实际上是对某个总体参数进行推断。顾名思义,参数就是参考数。技术参数通常标志着一件产品所达到的技术水平。所谓总体参数,就是用来表达总体某方面特征的统计指标,标志着总体某方面所具有的特征,又称总体指标,如总体均值、总体方差等。比如,给定某宿舍 7 名同学的统计学成绩,可以计算出其均值、方差。如果只想用它来分析和把握该宿舍同学的统计学学习情况,就是描述统计。当然,也可以把这 7 名同学的成绩作为全班同学的一个样本,来推断全班同学的统计学学习情况,这就是推断统计。

此时,根据这 7 名同学的成绩所计算出来的均值、方差等统称为统计量。下面是对统计量的严格定义:

思考与研讨

统计量是变量吗?

设$(X_1,X_2,\cdots,X_n)$为来自总体 X 的样本,容量为 n,设$h(x_1,x_2,\cdots,x_n)$为一已知的 n 元实值函数,则随机变量 $T=h(X_1,X_2,\cdots,X_n)$称为统计量,也可称为样本统计量或样本指标统计量。可见,统计量就是出于某种目的所构造的样本(不包含未知总体参数的)的函数。

从描述统计到推断统计,看起来十分自然,但这个过程中所涉及的理论问题并不简单。比如,在刚才的推断中,就有了如下问题:用这 7 名同学成绩的均值来估计全班同学成绩的均值,准确性如何,会不会偏高或偏低?用这 7 名同学成绩的方差来估计全班同学成绩的方差,准确性如何,会不会偏高或偏低?有没有更好的解决办法?基于给定的数据对总体进行推断时,往往需要知道待估计参数的抽样分布规律。

描述统计与推断统计的关系如图 1-1 所示。

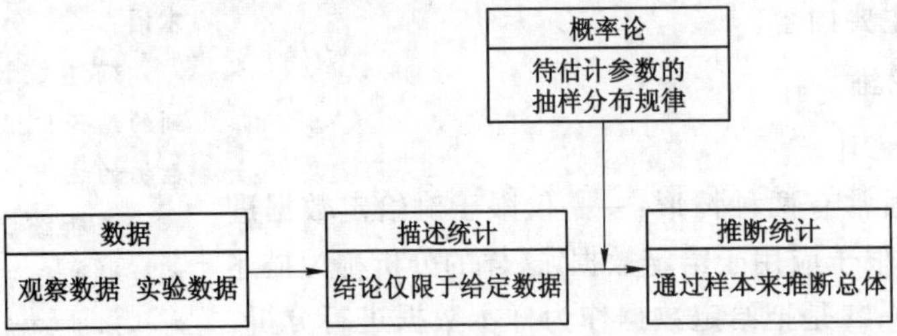

图 1-1 描述统计与推断统计的关系

重要知识点

统计学是运用归纳推理的逻辑方法来获得结论的。

(二)统计推断的逻辑方法

推断就是经过推理得到结论的过程。推理通常分为归纳推理和演绎推理。所谓归纳推理，就是从一定数量的个别性的信息概括出一般性的结论，是从个别到一般的过程。所谓演绎推理，就是根据一般性的结论得出关于个别性的结论，是从一般到个别的过程。亚里士多德认为，人们认识事物都遵循从归纳到演绎的程序：从特殊现象为起点，通过归纳推理得到普遍原理；再从普遍原理出发，通过演绎推理得出关于特定事物的结论。而统计学从数据得到结论的过程，运用的正是归纳推理的方法：基于观测到的数据信息透过偶然性去发现必然性，归纳得出具有一般性的结论[①]。正因如此，在不少逻辑学教材中，都把统计推理作为归纳推理的重要内容，专门进行讨论。

(三) 统计思维方式

如果说法官是通过拷问证据来获得真相的话，那么统计学则是通过拷问数据来获得真相的。在经典统计理论的发展过程中，有一条贯穿始终的主线：如何通过尽可能少的数据，获取尽可能多的有价值的信息；或者说，如何通过比较小的样本，更准确地认识总体，以便花更小的代价来更好地认识客观事物。这既是经典统计的意义所在，也是经典统计面临的重要课题。因此，《大英百科全书》把统计学定义为"收集和分析数据的科学与艺术"。显然，数据越少，往往就意味着花费越小；但与此同时，数据越少，往往也就意味着结论的风险越大。特别是在数据采集不太容易、数据获得相对昂贵的时代，这一点尤为重要。换句话说，在传统的数据稀缺背景下，基于样本数据的归纳推断方法得到了广泛应用，而如何用尽量小的样本得到尽量准确的推断是统计研究的核心问题。

在这样的思想指导下，经典统计形成了统计学特有的思维方式：一是基于样本来推断总体，并力求以更小的样本得到更准确的结果，从而达到"以一当十"的效果。对于这一思想，统计学家们形象地将其描述为，根据样本来推断总体的做法如同在锅里舀粥，只要锅里的粥足够均匀，那么只需一小勺，就足以准确无误地对整锅粥作出推断。二是在进行推断的同时，往往还会估计这种推断的风险，这一点在经典统计里几乎无处不在的假设检验中体现得更为明显。在经典统计看来，只给出结论而不谈风险是不负责任的做法。

三、大数据与统计学

(一) 数据的增加与统计学的新特点

数据采集和数据存储技术的发展，使得数据不再稀缺。数据量的增大，对统计产生了深刻影响，一方面，计算机日益成为数据存储和输

① 归纳推理的逻辑方法也具有明显的缺陷，比如，如果所掌握的数据并不能很好地代表真实的总体，那么基于给定数据所进行的推理将会产生偏差。不过，按照哲学家波普尔(Popper)提出的科学与非科学划界的证伪原则(如果一个理论是可证伪的，那么就被认为是科学的，否则它就是形而上学的)，这并不影响统计学的科学性。还需要注意的是，"证伪"也正是经典统计中假设检验的指导思想。

入输出的平台以及数据分析不可或缺的工具，在统计中得到广泛应用。另一方面，很多计算机领域的专业技术人员也开始关注、参与和研究数据分析方法，从而在数据分析上出现了统计与计算机专业的交叉融合趋势。在这样的背景下，以数据挖掘、机器学习为代表的现代统计方法得到长足发展。与经典统计相比，这些现代统计方法更多地依靠大规模运算，是在明确分析思路指导下的"算法"，具有鲜明的"计算机时代"特征。

（二）大数据的兴起

近年来，随着互联网、物联网、云计算的发展，数据量出现了几何级数式的增长。根据国际数据资讯公司（IDC）的监测，目前全球数据量大约每两年翻一番。2010 年，美国总统科技顾问委员会向奥巴马总统提交了报告 *Designing a digital future*：*Federally funded research and development in networking and information technology*，该报告指出：数据正在以指数形式迅速增长，如何收集、管理和分析数据日渐成为网络信息研究的重点，联邦政府的每一个机构和部门都应该制订应对这种"大数据"的战略计划。

与传统的统计数据相比，大数据具有如下特点：第一，传统的统计数据通常是经过实验或抽样等方法专门收集得到的，目的性强，信息集中，统计意义明显；而大数据并不是为了特定的研究而收集得到的，通常是在研究目的形成之前形成的，因此对于特定的研究而言，大数据往往更多地体现为噪声，信息稀疏，统计意义不明显。统计学家纳特·西尔弗认为，对于大数据而言，噪声的增长要比信息的增长快得多，导致信号的比例不断缩小，要找到有价值的信息，必须有效地把信息与噪声区分开来。第二，传统的统计数据的数据量一般相对较小，而大数据的数据量巨大，明显超出传统意义上的样本量。第三，传统的统计数据大多是数字形式的结构化数据，而大数据不仅包括结构化数据，而且包含视频、图像、文本等非结构化数据。第四，与传统数据相比，大数据往往是通过现代技术手段进行采集和传递的，如各种监测监控设备或手机等，因此采集和传递的速度快，是连续传递的流式数据。这四个方面的特点，通常被简单地用以下 4 个英文单词来概括：value（价值）、volume（容量）、variety（多样）和 velocity（速度）。

（三）统计学面临的新挑战

统计学是一门从数据中学习的科学。一般来说，统计学对提高事物的认识有两种途径：一是改善认识的手段，如改善模型和分析方法，从而达到"欲善其事，先利其器"的作用；二是增加认识的素材，如扩大样本容量。从这点来说，大数据在数据量以及数据类型上的增加，为人们认识事物创造了更加有利的条件。大数据的兴起，无疑将对统计学产生深远的影响。比如，在大数据的背景下，如何收集数据、整理数据

思考与研讨

你认为大数据的出现会对统计产生什么影响？

和管理数据，如何建立包括多种类型数据的统计模型，如何进行统计推断等。如何适应大数据时代的要求，从大数据中提取出有用信息，使其发挥应有的作用，这个问题摆在了我们面前。

还应该指出的是，统计学作为一门方法科学，应用范围非常广泛。不同的学科专业面临的问题不同、数据不同，统计分析的要求也各不相同，发展形成的统计分析方法也有所不同。有时，同一个概念在不同的学科专业中会使用不同的术语来表示。比如，"变量"在计算机以及数据挖掘中被称为"属性"，"误差"在信息与自动化中被称为"噪声"等。对此，在平时的学习和应用过程中应加以注意。

第二节 数据及其类型

一、变量与数据

什么是变量呢？直观地理解，变量(variable)就是可变的量，也就是说，它可以取不同的值。比如，某个火车车厢里有多少座位是不变的，称为常数(constant)或者常量，但是坐在这节车厢里的旅客数会发生变化，是变量。另外，对某项政策同意与否的回答，也有同意、不同意、不知道三种可能值，这也是变量。当变量按照随机规律取值时称为随机变量(random variable)。拿掷骰子来说，掷骰子时会得到什么值，是个随机变量；而每次取得 1～6 点中任意点数的概率在理论上都是六分之一(如果骰子公平)。也有的变量取值是非随机的，比如，用变量 X 表示星期几时，变量 X 就是非随机的。

学习目标

掌握数据的类型及其特点。

术语

随机变量：按随机规律取值的变量。

数据：变量的观测值。

数据(data)是客观事物的数字化表示，是变量的观测值，或者说，数据是变量的实现，是有"据"之数[①][②]。对客观事物的这种数字化表示可以是数值，也可以是文字、图像或其他形式；可以是 1 次表示，也可以是对客观事物的连续记录。在实际掷骰子的过程中，把掷骰子得到的结果用数字表示出来，就是数据。如果掷 100 次，会得到 100 个由 1～6 点组成的数字串；再掷 100 次，又得到一个数字串，和前一次的结果多半不一样。得到的数字串就是数据。在学习过程中，把课程的学习情况用数字表示出来，就是成绩数据。在成绩数据中，带有学生关于某方面知识水平的信息。

思考与研讨

统计学中的数据与数学中的数字有什么区别？

尽管数据有多种形式，但经典统计学中的数据通常都是指数值形式的数据。

习惯上，单个数据(data point，又称数据点)和多个数据组成的数据列(data sequence，data series)，或者多个数据列组成的数据集(data

---

① 李金昌.从政治算术到大数据分析[J].统计研究，2014，31(11)：3-14.

② 黄欣荣.数据密集型科学发现及其哲学问题[J].自然辩证法研究，2015(11)：48-54.

set)①,都统称为数据。

二、数据的类型

不同变量所形成的数据具有不同的特点。销售额、物体长度等表示事物数量的变量称为定量变量或数量变量(quantitative variable);省份、文化程度等表示事物类别、性质的变量称为定性变量或品质变量(qualitative variable)。定性变量可以细分为两种,一种是分类变量[categorical variable,又称定类(尺度)变量],是根据某种属性对事物所属的类别或组别进行区分,如性别、省份。它只有类别之分,不能比较优劣或大小。二是顺序变量[rank variable,又称定序(尺度)变量],用于对事物之间的等级或顺序进行测度,如文化程度、成绩等(优秀、良好、及格、不及格)②。它不仅有类别之分,也能够比较优劣和大小。

即问即答

请举例说明什么是定量变量、定序变量和定类变量。

相比而言,定量变量是等距变量,每变动一个单位所代表的实际意义是相等的,如销售额每增加 1 000 元所代表的实际数量变动是相等的;而定序变量是非等距变量,每变动一个单位所代表的实际意义并不一定相等,如文化程度有小学、初中、高中、大专、本科、硕士、博士几个取值,分别用 1、2、3、4、5、6、7 来表示,在这种情况下,从小学到博士每变动 1 个单位所代表的实际意义并不完全相等,这一特点不利于定序变量的统计分析。另外,定量数据的"0"具有实际意义,而定序数据的"0"只具有相对意义。

重要知识点

定量变量是等距变量,每变动一个单位所代表的实际意义相等;而定序变量是非等距变量,每变动一个单位所代表的实际意义并不一定相等。

按照这个原则,数据也可以相应地分为定量数据、定性数据(包括分类数据、顺序数据)。通常情况下,数据的等级越高,对事物的测度越精细,携带的信息也就越丰富,支持的统计运算也越全面。

不同类型的变量与数据的特点见表 1-1。

表 1-1 不同类型的变量与数据的特点

分类	定量变量/数据	定性变量/数据	
		定序	定类
举例	物体长度(米)	成绩(优秀、良好、及格、不及格)	性别(男、女)
特点	数据每变动一个单位所代表的实际意义相等	数据每变动一个单位所代表的实际意义不一定相等	数据变化代表类别发生变化

三、数据集的类型

定量数据和定性数据是针对单个数据而言的。不同的数据列或数

---

① 所谓数据列,就是一列数据所构成的集合;所谓数据集,就是多列数据所构成的集合。

② 在这些变量中,定量变量又被称为数值变量(metric variable,numeric variable)或刻度变量(scale variable),分类变量又称名义变量或标称变量(nominal variable),顺序变量又被称为有序分类变量(ordered categorical variable)。部分文献将定量变量进一步划分为定距变量和定比变量,但对于数据分析与数据建模来说,这种细分没有任何影响,因此本书对定量变量不再进行细分。

据集也有不同的特点。根据这些特点,可以对数据列或数据集进行分类。表 1-2 是 78 家大型煤炭企业资产总额数据(节选),其中:每一列都是当年煤炭企业的资产总额,因此每一列都可以称为横截面数据(cross-sectional data)。可见,横截面数据是同一时点上不同对象所组成的数据列,主要表现的是不同对象的个体差异。每一行数据则是每个企业资产总额的多次观测,称为重复测量数据。在这里,这些重复测量是在不同年度进行的,因此每一行又可以称为时间序列数据(time-series data)。可见,时间序列数据是指同一对象在不同时间的观测值所形成的数据,主要表现的是同一对象在不同时点上的变化。时间序列数据属于重复测量数据的一种。如果多个对象中每个对象都有多次观测,这时所形成的数据则称为纵向数据(longitudinal data)。表 1-2、表 1-3 都属于纵向数据。在表 1-2 中,每个企业都有 4 次观测。不过,这 4 次观测形成了时间序列,所以该数据又称面板数据(panel data)。换句话说,面板数据是横截面数据与时间序列数据结合而成的数据。面板数据属于纵向数据的特例。

即问即答

请举例说明什么是横截面数据、时间序列数据。

表 1-2　　78 家大型煤炭企业资产总额数据(节选)

(节选自随书数据 asset1.csv)

时间 企业序号	2006 年	2007 年	2008 年	2009 年
1	24 636 258	35 866 020.0	42 529 110.0	49 084 025.0
2	2 507 679	3 064 247.7	4 688 804.9	5 654 799.0
3	1 039 914	1 187 246.7	1 469 301.0	2 293 945.0
4	239 265	335 433.0	366 934.0	477 007.6
5	7 847 375	8 203 910.0	12 294 616.0	14 948 618.0
6	1 905 371	2 234 358.0	3 154 687.0	3 454 326.0
7	598 808	574 272.0	900 243.0	946 569.0
8	884 311	999 723.3	1 315 628.7	1 648 691.6
9	1 884 291	2 468 924.8	3 377 454.0	4 401 235.9
10	1 487 437	1 737 804.0	4 426 463.8	6 032 061.4
11	720 084	625 044.2	1 111 055.4	1 571 002.4
12	583 422	546 620.1	796 571.3	797 472.8
13	174 163	99 935.0	187 414.4	308 783.0
14	820 469	916 125.0	1 489 981.0	1 636 130.0
15	5 027 357	5 934 716.0	8 253 721.0	10 071 172.0
16	2 440 205	2 548 538.0	3 508 079.0	4 069 871.0
17	953 465	1 111 147.0	1 529 826.0	1 953 185.0
18	845 936.4	970 799.9	1 549 293.3	1 902 769.0
19	297 054	405 258.0	633 509.0	753 459.0
20	4 025 987	4 887 025.0	7 497 718.0	9 215 884.0

表 1-3　　　　葡萄酒评价数据

（节选自随书数据 grapewine1.csv）

酒样品编号	评酒员分组				第一组				
	评酒员组内编号				1号	2号	3号	4号	5号
	评价方面	分值	评分项目	分值	分数	分数	分数	分数	分数
红葡萄酒1号	外观分析	15	澄清度	5	1	2	3	2	4
			色调	10	4	6	8	6	10
	香气分析	30	纯正度	6	4	5	2	3	5
			浓度	8	4	6	2	4	7
			质量	16	10	14	8	10	14
	口感分析	44	纯正度	6	2	3	3	2	4
			浓度	8	4	4	2	4	6
			持久性	8	5	5	4	5	6
			质量	22	10	13	10	10	13
	平衡/整体评价	11			7	8	7	8	8

酒样品编号	评酒员分组				第二组				
	评酒员组内编号				1号	2号	3号	4号	5号
	评价方面	分值	评分项目	分值	分数	分数	分数	分数	分数
红葡萄酒1号	外观分析	15	澄清度	5	3	3	3	4	1
			色调	10	8	6	8	8	6
	香气分析	30	纯正度	6	5	3	4	2	3
			浓度	8	6	6	6	4	4
			质量	16	12	10	14	8	10
	口感分析	44	纯正度	6	3	4	5	2	3
			浓度	8	4	7	7	2	4
			持久性	8	5	7	6	5	5
			质量	22	13	16	19	10	10
	平衡/整体评价	11			9	9	8	7	7

在表 1-3 中，每一行是对葡萄酒的某一方面指标由不同的评酒师所给出的重复测量数据，而每一列则是同一评酒师对不同的酒的不同方面指标的打分所形成的横截面数据。可见，该数据也是纵向数据。但与表 1-1 不同的是，该数据的每一行不是时间序列数据，所以该数据不是面板数据。

在有些情况下，纵向数据的各个对象的观测次数不一定相同，观测的时间间隔也不一定一样。

不同类型的数据具有不同的特点，有时需要用不同的方法来分析。比如，横截面数据是对不同对象进行观测的结果，因此，不同对象之间的差异往往会导致异方差问题[①]。时间序列数据是对同一对象在不同时间观测的结果，因此，不同观测值之间往往具有相关性。横截面数据的异方差和时间序列数据的相关性，给这类数据的统计分析提出了特殊要求。对不同地理位置基础上的横截面数据的分析，导致了空间统计；对时间序列数据的研究，形成了时间序列模型。纵向数据的每个观察值中既包括了不同个体的差异信息，又包括了重复测量的差异信息。为了分析这种数据，产生了专门的统计模型[②]。

重要知识点

不同类型的数据具有不同的特点。这些特点对统计分析提出了特殊要求。

第三节 数据的收集与数据误差

学习目标

掌握抽样调查的方法；了解实验设计的基本知识；理解数据误差的组成。

按照数据的初始来源与数据使用者的关系，统计数据可以分为两种：一种是数据使用者通过调查、实验或数据采集设备直接从活动中获得的数据，称为一手数据；第二种是数据使用者通过各种渠道获得的、由其他组织或个人直接或间接传播而来的数据，称为二手数据。

人们日常生活中接触的数据大多是二手数据，如网络、新闻媒体、出版物发布的各种数据。数据存储与信息传递技术的发展，使人们收集和利用数据更加便利，但也会因为技术手段的使用而产生“筛选”效应。比如，2015 年，在政府工作报告的起草过程中，中国政府开通了网络平台，公开征求群众意见，收到了很多意见和建议。这无疑是政府与群众沟通的重要渠道。中国互联网络信息中心给出的数据显示，截至 2014 年年底，我国网民规模为 6.49 亿，互联网普及率为 47.9%。那么，非网民是否会由于网络技术的使用而在征求意见的过程中被筛除呢？目前，物联网、互联网技术在数据收集、存储和传递过程中的应用日益普遍，在看到其长处的同时，也要关注这些技术的应用所产生的“筛选”效应。特别是在收集和使用二手数据的过程中，应充分了解数据的产生办法、过程和背景，保证数据的代表性、适宜性。

统计数据的直接来源包括观察和实验。这两种方法所得到的数据分别称为观察数据（或调查数据，observational data）和实验数据（experimental data）。

一、观察数据

收集者在获得数据的过程中，不对被调查对象数据产生的条件施加任何干预，仅仅起到对数据进行记录的作用，通过这样的方式所得到

① 关于异方差问题的解释可以参考统计学或计量经济学教材中回归分析中的有关内容。

② 分析这种数据的模型在形式和建模方法基本一致的前提下，由于专业领域不同而采用了不同的名称，这些名称包括：随机效应模型（random-effects models）、随机效应混合模型（random-coefficient models）、随机回归模型（random regression models）、多层模型或多水平模型（multilevel models）、分层线性模型（hierarchical linear models）、混合模型（mixed models），面板数据模型（panel data models）、方差分量模型（variance component models）等。

的数据称为观察数据。换句话说，观察者只是记录下观察对象"自然而然地"发生的结果，而不去企图改变他所观察的事物[①]。观察数据的获得方式有很多，比如现代社会中被广泛使用的各种监控设备，以及常见的统计调查等。统计调查包括普查和抽样调查两种。其中，普查主要用于收集处于某一时点状态上的社会经济现象的数量，目的是掌握特定社会经济现象的基本全貌；抽样调查是从调查对象的总体中随机抽取一部分单位作为样本进行调查，并根据样本调查结果来推断总体数量特征的一种非全面调查。抽样调查包括概率抽样(随机抽样)和非概率抽样。其中，常见的概率抽样包括简单随机抽样、分层(分类)随机抽样、整群随机抽样和系统抽样和多级抽样(混合抽样)。

(1) 简单随机抽样(simple random sampling)：从有限总体抽取样本时，如果总体中每一个体都有同等机会被选入样本，那这种抽样称为简单随机抽样，得到的样本称为随机样本(random sample)。

重要知识点

简单随机抽样的本质特征是：总体中每一个体都有同等机会被选入样本。

实践中，得到随机样本并不容易。即使被选择的对象的确是随机的，最理想的情况所得到的样本也只代表那些愿意回答问题的人的观点所组成的总体；没有回答问题的人的观点永远不会被这种调查的样本所代表。比如在肺癌研究中，人们往往看到吸烟和肺癌的关系的数据，这些数据并不是整个人群中采集的随机样本，它们可能只是从医院中的病人记录中得到的。在网上和报纸上也有类似问卷，但得到的只是上了网或有这份报刊，而且愿意回答问卷的人的观点。

在抽取样本单位时，有时也会根据抽样目的，不使用简单随机抽样，而是使用加权抽样(weighted sampling)，从而保证具有某种特点的个体有更大的机会被抽中。

(2) 分层(分类)随机抽样：先根据某一特征把总体分为若干类(层，stratum)，再从各类中按简单随机抽样原则进行抽样。比如，按照教育程度把要访问的人群分成几类，再在每一类中按其所占比例进行抽样，以确保每一类都有按比例的代表。

(3) 整群随机抽样：先把总体分为若干群(cluster)，再以群为单位进行随机抽样，对抽出来的群进行普查。比如在某县进行调查，首先在所有村中选取若干村子，然后只对这些村子的人进行调查。显然，如果各村情况差异不大，这种抽样还是方便的；否则就会增大误差。

(4) 系统抽样(systematic sampling)：将总体中的所有单位(抽样单位)按一定顺序排列，在规定的范围内随机地抽取一个单位作为初始单位，然后按事先规定好的规则确定其他样本单位，操作简便。比如，教育主管部门在对高校进行教学水平评估的过程中，为了考察

① 陈希孺，苏淳.统计学漫话[M].北京：科学出版社，1987.

该校的基础课教学质量，首先可以把已经学过“高等数学”的在校大学生随机编号；然后从 0～9 中随机抽取一个数字，假如抽到的是“6”，这时就取编号尾数为“6”的学生进行基础课测试。这就是系统抽样。

(5) 多级抽样(multistage sampling)：在群体很大时，往往在抽取若干群之后，再在其中抽取若干子群，甚至再在子群中抽取子群，等等。最后只对最后选定的最下面一级进行调查。

如在全国调查时，先抽取省，再抽取市地，再抽取县区，再抽取乡、村直到户。在多级抽样中的每一级都可能采取各种抽样方法。因此，整个抽样计划可能比较复杂，也称为多级混合型抽样。

即问即答

请举例说明什么是简单随机抽样、分层随机抽样、整群随机抽样、系统抽样、多级抽样。

非概率抽样(non-probability sampling)类似于分层抽样，但抽取样本时不是依据随机原则，而是根据研究目的对数据的要求，采用某种方式从总体中抽出部分单位对其实施调查。如方便抽样、判断抽样(重点抽样、典型抽样等)、自愿样本、滚雪球抽样等方式。

图 1-2 所示为常见统计调查方法树状图。

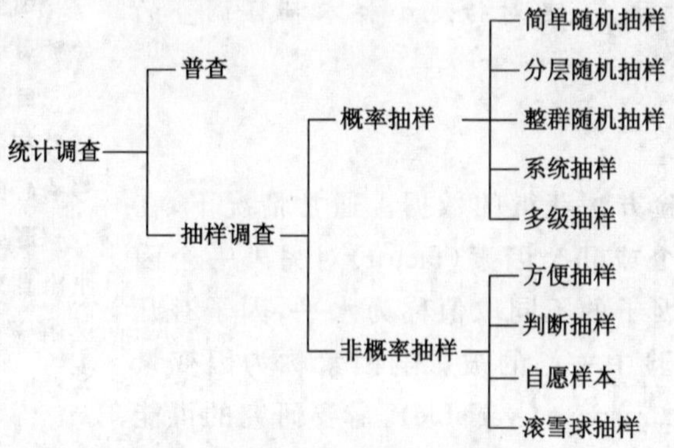

图 1-2 常见统计调查方法树状图

在实际调查中，每次抽样调查通常都是各种抽样方法的组合。此外，抽样调查结果不仅会受到抽样方法的影响，也会受到问卷设计、调查过程的组织等方面的影响。特别是现代技术的应用，会对统计调查产生深刻影响。比如，随着信息技术的日益发展和政府行政记录体系的日益完善，充分利用政府行政记录进行政府统计调查，降低政府统计的成本，提高政府统计的效率，已经成为世界各国的发展趋势。所谓政府行政记录，主要是指政府职能部门为了满足行政管理需要而对特定群体进行的登记以及相关的业务流程和管理信息的记录，如人口登记、房产登记、企业信息登记等。这些登记往往更新及时且数据质量较高。以人口普查为例，1981 年，丹麦将政府人口登记数据用于人口普查，不仅大大节约了人口普查成本，而且提高了人口普查的效率。2010 年，我国第六次全国人口普查总花费近 80

即问即答

常见的政府行政记录是观察数据还是实验数据？

亿元，雇用普通工作人员近千万人，而丹麦的人口普查由于完全基于行政记录，工作量大大减少，其2011年人口和住房普查工作仅仅由两人完成。[①]

现代技术背景下的电视收视率调查[②]

电视收视率，指在某个时段收看某个电视节目的目标观众人数占总目标人群的比重，以百分比表示。传统的收视率调查采用抽样调查的原理。首先进行基础研究来确定样本选取方案，根据方案来抽取固定样本用户，再对这些样本用户进行数据采集，最后进行数据处理。在数据采集过程中，可以通过电话调查或者由样本用户中所有家庭成员将每天收看电视的频道、时间段随时记录在日记卡上来收集收视数据，也可以通过收视测量仪来自动记录收视情况。伴随着数字电视的普及，收视调查技术也在不断地进行更新。比如，北京歌华有线通过跟踪330万高清交互数字电视双向用户对机顶盒的操作，建立了北京大样本收视数据研究中心，来进行收视率数据的调查和分析。

显然，这种基于海量单位的调查，是对传统小样本抽样调查的颠覆。

二、实验数据

所谓实验数据就是通过实验方法获得的数据。通常情况下，在实验中要研究的核心问题是一个或几个因素（factor）对另外一个因素的影响。因素又称为因子。因子的不同取值称为水平，因子有几个取值就称为有几个水平。实验中关心的被影响因素称为因变量（dependent variable）或响应变量（response variable），需要研究的可能对因变量有影响的因素称为自变量（independent variable）或处理变量（treatment variable）。如果实验中只有一个自变量，则称为单因素实验；如果有两个或三个及以上的自变量，则分别被称为双因素实验或多因素实验。

当然，在对因变量有影响的变量中，不仅有实验所关心的需要研究的自变量，也会有其他变量会对因变量有影响，这些变量称为混杂因素（又称讨厌因素）。比如，在研究两个小麦品种对产量影响的实验中，种子是自变量，但施肥、雨水、土地情况也会对产量有影响，必须加以考虑。通常情况下，对照是实验的基本思路：首先将研究对象分为实验组（experiment group，又称为处理组）和实验对照组（control group，又称为控制组、基准组），然后改变实验组中自变量的值，并保证实验组和对照组在其他条件相同的情况下，观察实验组因变量的变化情况。或者

术语

因变量：研究中的被影响因素。

自变量：需要研究的可能对因变量有影响的因素。

混杂因素：研究中除自变量外对因变量有影响的其他变量。

即问即答

请举例说明什么是因变量、自变量、混杂因素以及实验组、对照组。

重要知识点

对照是实验的基本思路；一次一因子是双因素或多因素实验最基本的实验策略。

随机化、重复和区组化是实验设计的三个基本指导原则。

① 赵彦云，周芳.试论大数据时代中国政府统计改革发展新模式[J].教学与研究，2014，48(1)：20-26.

② 尹培培，周文粲.大数据时代的电视收视调查与跨屏收视研究[J].广播电视信息，2014(3)：45-49.

说，对实验组的每个单位进行某种特别的处理，而对照组的每个单位不接受实验组所受到的处理。在这个过程中，需要特别注意的是，在实验组和对照组之间，除了要研究的自变量可以变化外，可能影响实验结果的其他因素都应该保持在相同且适宜的水平，这样才能消除混杂因素的影响，保证实验组与对照组具有可比性。

在双因素或多因素实验中，一个最基本的实验策略是一次一因子，这种方法要求为每个因子选择初始值，从而形成因子之间的初始水平组合，然后依次让每一个因子在适宜的范围内轮流变动（其他因子保持不变）。这样，当所有的实验完成后，就可以根据这些数据来研究因变量如何受各个因子的影响。

在实验过程中，通常遇到的核心挑战是如何才能让实验组和对照组之间除了自变量之外的其他因素都能够保持相同。也就是说，除了自变量外，实验组和对照组之间的其他实验条件相同。为了达到这个要求，需要进行实验设计。实验设计的三个基本指导原则是随机化（randomization）、重复（replication）和区组化（blocking）。随机化是实验中最重要的处理原则。随机化的意思是，实验材料的分配和实验中各次实验进行的顺序都是随机选定的。显然，随机化有助于“平均”掉实验可能受到的随机因素的影响，有利于保证实验组和对照组之间具有相同的实验条件。因此，Jerzy Neyman 认为，没有随机化的实验价值很小。实验与观察的手段不同，得到的数据有本质的差别。因为有效地控制了随机因素和其他因素的影响，实验数据会更多地包含变量之间的因果信息，而观察数据则不具备这种优点，常常包含了很多其他因素的影响。可见，实验不仅是获得数据的方式，更是研究变量之间因果关系的基本方法。

实验设计的重复原则是指实验可以被“复制”，可以被“再现”。重复的意义在于实验可以多次进行，从而增加数据量，消除实验误差。必要的数据量也是对各个因素各种效应进行全面分析的条件。此外，只有实验能够被“再现”，才可以被验证，其结论才有可能被“证伪”。在实验中，一个理想的状态是所有的混杂因素都被有效消除，影响因变量的因素只有自变量。但即使在充分随机化的情况下，这种理想状态有时仍然难以达到。在这种情况下，区组化是值得考虑的策略。比如在小麦种子实验中，即使是遵循了随机化原则，也很难消除不同地块对产量的影响。在这种情况下，可以根据土壤好坏把土地分成若干地块，使同一地块的土地条件基本相同；然后把每一地块再划分为若干小的地块，分别种植两种小麦。可见，区组化的目的是通过条件匹配来进行分组，从而保证实验的可比性。因此，区组化原则有时也称为匹配化原则。当然，如果这样仍然无法消除某些混杂因素的影响，而且这些混杂因素又能够很好地被测量，这时，也可以通过数据分析来研究这些因素对因变量的影响，比如可以把这些因素作为调节变量或协变量[1]引入统计模型。

果蝇也会"借酒消愁"

2012年春天，权威杂志《科学》上刊登了一项有趣的实验发现：多次被雌性果蝇冷落的雄性果蝇也会"借酒消愁"。《纽约时报》头版刊登了这项研究报道：那些急于成功的年轻雄性果蝇，在遭受心仪的雌性果蝇一而再、再而三的打击的时候，和众多屡次被拒绝的成年男子一样，借助酒精来缓解内心无处释放的欲望。

研究人员是如何得到这一实验结论的？

实验非常简单：一组雄性果蝇可以正常与雌性果蝇自由交配，另一组雄性果蝇所在空间内的雌性果蝇在此之前已经完成了交配，因此它们对雄性果蝇的"猛烈攻势"毫无兴趣。随后，研究人员为这两组雄性果蝇提供了两种喂食棒：一种是普通的果蝇食物——饲料酵母和糖分，另一种则除了饲料酵母和糖分之外还添加了酒精度为15%的酒。那些花了几天时间想要与"性冷淡"的雌性果蝇交配的雄性果蝇对加了酒的喂食棒更有兴趣。

即问即答

在这项实验中，因变量和自变量分别是什么？

思考与研讨

在这项研究中，可能会有哪些混杂因素？该如何控制这些混杂因素的影响？

显然，在上述研究中，为了找到问题的答案，研究人员进行了精心的实验设计。

上面讨论的内容主要是围绕实验的内部效度(internal validity)来展开的。实验的内部效度，也就是测量的准确性，要通过实验尽可能更准确地测量出自变量对因变量的影响。为了达到这样的目的，实验中的重要任务就是控制混杂因素的影响。这样的实验又称为受控实验。但应该注意的是，受控实验的环境可能不同于自变量与因变量相互作用的自然状态，从而影响实验结论的推广。换句话说，实验既要具有良好的内部效度，又要有良好的外部效度(external validity)，既要能够准确地发现变量之间的关系，又要努力使实验结论能够适用于比较大的范围，易于推广。

三、数据误差

数据误差是指数据与它所反映的事物的真实值之间的差异。数据

---

① 如果变量Y与变量X的关系是变量M的函数，则称M为调节变量。就是说，Y与X的关系受到第三个变量M的影响，它影响因变量和自变量之间关系的方向(正或负)和强弱。调节变量与协变量更多的是根据所研究的问题来加以区分。如果一个变量本身就是研究中感兴趣的变量，但又只是对自变量与因变量的关系具有调节作用，通常称之为调节变量。可见，调节变量往往是针对其他变量与因变量的关系而言的。调节变量的存在，意味着变量之间存在交互作用。所谓交互作用，就是指一个变量对因变量的影响随着另一个变量的水平不同而不同。协变量并不是研究中感兴趣的变量，它对因变量有影响但又没有或无法在实验过程中消除，因此只好在数据分析处理阶段通过统计技术加以消除。比如，某种治疗方案是否有效，可能会受到性别的影响。在这个过程中，如果只关心治疗方案是否有效，就可以把性别作为协变量；如果研究比较深入，也希望知道疗效是否会因为患者的性别不同而有所不同，就可以把性别作为调节变量。再比如，研究研讨式教学对学生学习成绩的影响，这种影响可能和学生的基础有关，换句话说，学习基础好的学生可能在研讨式教学中受益更多，显然，学习基础就是调节变量；但如果研究并不关注这种因为学习基础不同而产生的差别，学习基础就是协变量。在统计分析过程中，调节变量、协变量、自变量往往都是用同样的方法来处理和对待的。

的来源不同，误差的形成机制也不同。调查数据的误差主要包括两个部分：抽样误差(sampling error)和非抽样误差(non-sampling error)。

顾名思义，抽样误差是由于抽样引起的代表性误差。假定在某一职业人群中女性占的比例为60%。如果在这个人群中抽取一些随机样本，这些随机样本中女性的比例并不一定刚好是60%，可能稍微多些或稍微少些。这是很正常的，因为样本的特征不一定和总体完全一样。这种差异不是错误，而是必然会出现的抽样误差。

抽样的核心目的是获得有代表性的样本。那么，什么样的样本才是有代表性的呢？所谓有代表性的样本，是指样本的组成结构与总体的组成结构接近甚至相同。而样本结构在多大程度上接近总体结构，通常取决于如下几方面的因素：总体的变异性、样本容量和抽样方法。换句话说，总体的变异性、样本容量、抽样方法这几个因素是影响抽样误差的因素。显然，总体的变异性越低，样本结构就越接近总体结构，抽样误差就越小；样本容量越大，样本结构就越接近总体结构，抽样误差就越小。但实际操作过程中，统计通常并不能从这两个方面入手：总体的变异性常常未知且无法改变；而样本容量也不能太大，如果样本容量太大的话，统计就失去了可操作的意义。

可见，要提高样本的代表性，最重要的是采用科学的抽样方法，特别是要坚持抽样的随机性。抽样如同在锅里舀粥，样本的代表性会随着抽样的随机性增加而大幅提高，而与样本数量的增加关系不大。因此，相比而言，样本选择的随机性比样本容量更重要。这正是抽样调查的基本思想。不过，尽管抽样被统计学家比作在锅里舀粥，但现实情况却远非如此简单，比如锅里的粥没那么容易被搅匀，使所得到的样本不可能与总体完全相同，从而产生了代表性误差，即抽样误差①，有时也被称为随机抽样误差。此外，现代技术的使用有时也会使问题更加复杂。比如，如果数据是来自一个自然过程而不是精心设计的抽样过程(如网络上的跟帖数据以及微博、微信数据，这些经常会形成大数据)，此时，虽然数据仍然是对客观过程未加干涉的观察性数据，但又有多大可能会是随机结果呢？

非抽样误差是相对抽样误差而言的，是指除抽样误差之外的所有由其他原因引起的误差，包括抽样框误差、未响应误差、响应误差、调查员误差、测量误差等。抽样框指在抽样过程中所有可能被抽到的个体所组成的集合。一个理想的抽样框应该包括总体中的所有单位，也就是说总体中的每个个体都有可能被抽到。但实际抽样过程中却不然，比如，调查问卷被发布到网站上由网民自愿填写，那么因各种原因没有机会填写以及不愿填写问卷的人就不在抽样框内。抽样框与总体的差异所导致的误差称为抽样框误差。在抽样调查中，

术语

数据误差：数据与它所反映事物的真实值之间的差异。

抽样误差：由于抽样引起的代表性误差。

重要知识点

调查数据的误差主要包括抽样误差和非抽样误差。

总体的变异性、样本容量、抽样方法是影响抽样误差的因素。

即问即答

请举例说明什么是抽样误差，什么是抽样框误差、未响应误差、响应误差、调查员误差、测量误差。

---

① 从这个意义上来说，随机性既可造福统计，又会给统计制造困难。

一些人由于各种原因没有对调查作出反应或回答，这种误差称为未响应误差（non-response error）；而另有一些人由于各种原因回答时并没有真实反映他们的观点或实际情况，这称为响应误差（response error）。调查员误差指由于调查员的原因而产生的误差，比如录入错误等。测量误差指调查中所使用的工具在测量过程中所产生的误差，比如对小学生视力状况进行抽样调查时在视力测试过程中所产生的测量误差。

调查数据的误差可以用下式来表示：

数据＝变量真值＋误差

误差＝抽样误差（随机抽样误差、代表性误差）＋非抽样误差

⇧

抽样框误差、未响应误差、响应误差、调查员误差、测量误差

重要知识点

实验数据的误差主要包括系统误差和随机误差。对多次重复测量结果求均值，可以减少随机误差。

实验数据的误差主要包括系统误差（systematic error）和随机误差（random error）两部分。系统误差是对于每次测量都相同的部分，又称为偏差（bias）。系统误差通常是由实验系统本身的原因造成的，比如实验方案本身不够科学；或者实验所使用的测量工具本身不够准确，比如所使用的尺子上刻度之间的距离偏大。在这种情况下所引起的误差就会成为相对稳定的系统误差。随机误差则是由暂时未能掌握或不便掌握的微小因素所导致的。通常情况下，随机误差具有统计随机性，前一个误差出现后不能确定后一个误差的大小和方向，是每次测量都不同并且从长远来看将达到零均值的部分。因此，对实验数据而言，在可能的情况下，对多次重复测量结果求均值，是减少随机误差的方法。

实验数据的误差可以用下式来表示：

数据＝变量真值＋误差

误差＝系统误差（偏差）＋随机误差

四、数据的效度与信度

术语

效度：数据接近所要测量变量的内涵程度，即测量到真值的程度。

信度：在多次测量过程中数据的稳定性或一致性。

反映数据质量的另一个概念是效度与信度。效度（validity）可以直观地理解为数据的有效程度，指数据接近所要测量变量的内涵程度，即测量到真值的程度。信度（reliability）可以直观地理解为数据的可信程度，指在多次测量过程中数据的稳定性或一致性。对于调查数据来说，抽样误差越小，效度就越高；非抽样误差越小，信度就越高。对于实验数据而言，数据的效度和信度又称为测量的准确度（accuracy）和精确度（precision）。其中，效度由测量值的均值与测量对象的真实值之间的偏差衡量，偏差越小效度越高，也就是测量方法的准确度越高。信度描述了重复测量同一对象的测试结果的相似程度。如果重复测试结果每次都近似相等，那么信度也就越高，测量方法的精确度就高。信度与效度的关系如图 1-3 所示。数据效度与信

度的分析方法相对比较复杂，已经超出了本书的范围，有兴趣的读者可以参考相关文献。

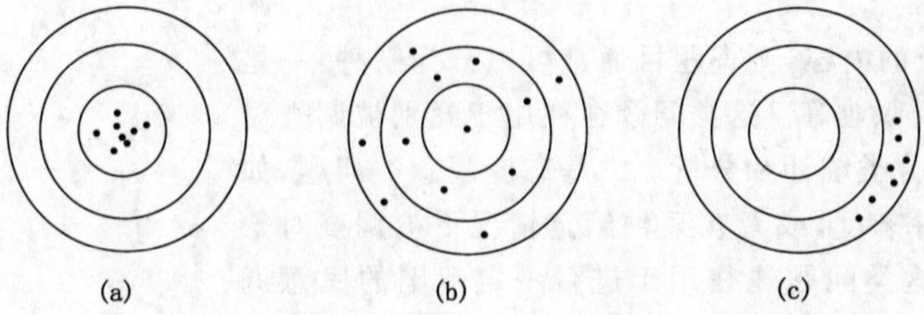

图 1-3 信度与效度的关系

(a) 信度高且效度也高的测量结果；(b) 信度和效度都不高的测量结果；(c) 信度高但效度不高的测量结果

数据的效度与信度是数据收集工作的效度与信度的反映。

第四节 调查问卷的设计

调查问卷又称调查表。根据载体的不同，调查问卷可以分为纸质问卷和网络问卷。问卷调查是常用的数据收集方法。

一、调查问卷的基本要素

调查问卷通常由标题、前言、主体等基本要素组成。

其中，调查问卷的标题通常由调查对象＋调查内容＋调查问卷组成，如“商品房住宅消费者满意度调查问卷”，主要交代调查问卷的研究主题。

前言主要说明调查的目的，介绍调查的性质，并对被调查者表示谢意，从而让被调查者了解调查目的，帮助其理解调查题目，解除思想顾虑。必要时，还要对被调查者作出保密承诺。

问卷的主体内容主要由所要调查的问题和备选答案构成。

二、调查问卷的设计步骤

调查问卷的设计通常需要经过如下几个步骤。

（一）形成调查提纲

调查提纲是对调查问卷的整体设计。详细的调查提纲也称为调查方案。调查提纲的主要功能，一是根据调查目的，明确调查的核心问题，从而明确为什么调查；二是通过专家访谈或查阅相关文献，理清核心问题的内涵，明确调查问卷包括哪几方面内容，形成调查问卷的内容结构框架，从而明确调查什么；三是明确调查的组织方式和调查对象，也就是怎么调查和向谁调查。

（二）设计调查题目

调查提纲形成后，就可以开始设计调查题目了。在设计调查题目时，首先要根据内容框架，列出各方面内容包括的具体调查内容或指标；然后再根据各方面的具体调查内容，设计调查题目，编制选项，形成调查问卷草稿。

按照调查题目所涉及的内容，调查题目通常可以分为三种：一是事实情况类问题，如年龄、职业等。这类问题往往用于甄别被调查对象的个体特征，以便进行分类统计和分析。二是态度观念类问题，如对某种现象或政策持何种态度，或者在某种给定情况下被调查对象将会选择什么行为等。这类问题往往用于进行一定范围的民意调查，以便用于研究被调查对象的价值取向。三是理由原因类问题，如要求被调查对象对某种现象或者自己所给出的答案的理由和原因进行解释。这类问题往往用于从更深层次挖掘某种价值取向的形成机理。

（三）进行问卷检查

问卷草稿完成后，要对问卷进行检查。问卷检查的目的是检查问卷的各要素是否齐全，题目设计是否与研究目的相符，消除问卷设计过程中出现的各种错误，提高问卷质量。需要检查的重点是：

（1）调查问卷的前言部分是否对调查目的、承诺事项进行了说明。

（2）调查问卷的主体内容是否全面地反映了调查的核心问题。

（3）各调查题目的表述是否清楚、准确，题目选项是否能够覆盖各种可能情况，填选是否方便。

（4）是否有文字、编号或排版错误。

（四）进行问卷访谈

问卷访谈是问卷设计者与受访者面对面地就调查问卷进行讨论和交流，并发现问题的过程。在问卷访谈过程中，可以选择少数受访者，说明调查研究的主题，并逐题进行调查，请受访者对各题目进行填选，对各题目的表述和选项进行分析和评价。在此基础上对问卷进行修改，形成用于试调查的问卷。

（五）组织试调查

调查问卷在进行正式调查前，还要进行小范围的试调查，以便测试问卷的有效性。在这个过程中，要进行小规模调查，对回收问卷进行统计分析，并给出初步结论，在此基础上对问卷进行修改，形成用于正式调查的问卷。

本章要点

统计学是一门收集、整理和分析数据的方法科学。通过尽可能少的数据，获取尽可能多的有价值的信息，这是经典统计面临的主要矛盾。在这样的思想指导下，经典统计形成了统计学特有的思维方式：一是基于样本来推断总体，并力求以更小的样本得到更准确的结果；二是充分考虑推断的风险。

与经典统计相比，现代统计出现了与计算机交叉融合的趋势。现代统计方法更多地依靠大规模运算，是在明确分析思路指导下的"算法"，具有鲜明的计算机时代特征。大数据的兴起，无疑将继续对统计学产生深远的影响。

数据是变量的观测值，是有"据"之数。定量数据是等距的，每变动一个单位所代表的实际意义是相等的，而定序数据每变动一个单位所代表的实际意义并不一定相等。通常情况下，数据的等级越高，对事物的测度越精细，携带的信息也就越丰富。

统计数据的直接来源包括调查和实验。统计调查包括普查和抽样调查两种。抽样调查包括概率抽样（随机抽样）和非概率抽样。常见的概率抽样包括简单随机抽样、分层（分类）随机抽样、整群随机抽样、系统抽样、多级抽样（混合抽样）。常见的非概率抽样包括方便抽样、判断抽样（重点抽样、典型抽样等）、自愿样本、滚雪球抽样等方式。实验设计的三个基本指导原则是随机化、重复和区组化。实验不仅是获得数据的方式，更是研究变量之间因果关系的基本方法。

调查数据的误差主要包括两个部分：抽样误差和非抽样误差。非抽样误差包括抽样框误差、未响应误差、响应误差、调查员误差、测量误差等。实验数据的误差主要包括系统误差和随机误差。

调查问卷通常由标题、前言、主体等基本要素所组成。调查问卷的设计通常需要经过形成调查提纲、设计调查题目、进行问卷检查、进行问卷访谈、组织试调查等步骤。

附　录　1

附录 1A

SPSS 软件的设置和数据的导入与编辑

1. SPSS 软件的设置

IBM SPSS Statistics 软件（简称 SPSS）是一款以图形化界面操作为主的社会科学统计软件。安装后，SPSS 软件初始的默认工作语言是英语，软件的图形化界面和输出的图表上的语言都是英语。在这种情况下，用户如果想将其工作语言改为汉语，可以启动 SPSS，点击【Edit】→【Options】，通过【General】对话框中的【User Interface】和【Output】选项区里的【Language】选项分别将软件的图形化界面和输出的图表上的语言修改为简体中文。当然，在修改完工作语言后，还可以对其他选项设置进行修改。比如：

（1）可以通过【查看器】对话框里的选项对图形化界面和输出的图表上的字体、字号等进行修改。

（2）可以通过【图表】和【枢轴表】对话框里的选项对输出的图表的格式等进行修改。

2. SPSS 的菜单与主要功能

SPSS 的版本不同，其布局与功能也不尽相同。以 SPSS 20.0 为例（下同），打开数据视图窗口后，可以在最上面一行看到共有 11 个主菜单，分别是：文件、编辑、视图、数据、转换、分析、直销、图形、实用程序、窗口、帮助。最为常用的菜单及其功能见附表 1-1。

附表 1-1

主菜单名称	主要功能	功能说明
文件(File)	文件操作	对相关文件进行基本管理，如新建、打开、保存、打印等
编辑(Edit)	数据编辑	对数据进行剪切、复制、粘贴、查找、替换等编辑操作，对软件相关选项进行设置
数据(Data)	数据管理	对数据进行排序、转置、合并、重组、分类汇总以及拆分、选择(抽样)、加权等操作
转换(Transform)	数据转换	对全部或者部分数据进行各种计算、计数，对现有数据进行编码或分组从而生成新的数据，对缺失值进行替换，生成随机数字
分析(Analyze)	统计分析	对数据进行描述统计分析(计算数据的各种统计量)、假设检验，以及建立各种统计模型等
图形(Graphs)	统计绘图	根据现有数据绘制各种统计图形

上述这些功能是 SPSS 中最为常用的功能。在学习过程中也可以使用其他一些功能，如可以使用【帮助】菜单中的【教程】或【统计辅导】来学习软件的使用方法。

3. 数据文件的导入

在使用 SPSS 软件进行数据分析时，首先要建立数据文件。对于已有的 Excel 或 txt 格式的数据，SPSS 可以轻松地把它们读入。具体步骤如下：① 软件启动后，在 SPSS 弹出的【你希望做什么】对话框中选择【打开现有的数据源】后再点击【确定】；② 在弹出的“打开数据”界面上【查找范围】下拉菜单中选中要读取的数据文件所在的文件夹，再在【文件类型】下拉菜单里选中想要读取的数据文件的类型(例如想要读取的是 Excel 数据，就选择.xls)，此时，想读取的文件就出现在“打开数据”界面的中间地带了；③ 点击要读取的文件，点击【打开】按钮，就进入了数据导入向导，可以在软件的引导下逐步打开数据文件。

在初次使用数据导入向导读入数据时，在点击【下一步】按钮前，看清楚导入向导界面上的问题及下部中央位置上所显示出来的数据格式和想读入的数据格式是否一致。其中，特别需要注意的问题是变量名称是否包括在文件的顶部，如果在要读入的数据里，数据区域的第一行是变量名称的话，在这里应该选择“是”。如果选择不正确的话，数据读入 SPSS 后，就会发现第一行通常会因为无法显示而成为空行，此时可以将第一行直接删除即可。

通过软件数据视图的【文件】→【打开】→【数据】，也可以将已有数据读入 SPSS，当然，也可将已有数据复制然后直接粘贴到数据视图中。

4. 变量属性的设置

SPSS 的主窗口包括数据视图和变量视图两种。点击左下角的【数据视图】或【变量视图】，可以在两者之间进行切换。切换到变量视图后，可以看到当前正在使用的数据中各变量的名称、类型、宽度等信息。点击各单元格，可以对相应的设置进行修改。在这些信息中，需要着重进行说明的是：

名称(name)是指各变量的名称。在 SPSS 中，变量名称不能太长，首字母不能为阿拉伯数字等特殊字符。

类型(type)是指每个变量取值的类型,即该列数据的类型,包括数值型、字符型、日期型等。数据类型是数据的重要属性。数据导入后,应根据每个变量所在列的数据的实际含义,正确设置数据类型。

宽度(width)是指该列数据中每个数据有几位数字。

小数(decimals)表示每个数据小数点后有几位数字。

标签(label)又称变量名标签,是对该变量含义的进一步标注和说明。

值(values)又称变量值标签,是对各变量取值含义的解释和说明。当数据是分类数据或顺序数据时,该标签可以使数值的含义更加清楚。应该注意的是,在SPSS软件中,可以为变量添加变量名标签(label)和变量值标签(values)。其中,变量名标签的添加与编辑在【变量视图】中的【标签】列完成,用于对变量名的含义进行备注和说明;变量值标签的添加与编辑在【变量视图】中的【值】列完成,用于对数值型变量各个取值的含义进行备注和说明。

缺失(missing)指缺失数据。在这里,可以指定什么样的数据算作缺失数据。比如这个变量是调查对象年龄的,如果定义≤0为缺失数据的话,SPSS就会自动进行识别。

列(columns)指该变量所在列的宽度。

度量标准(measure)指变量的度量类型,包括度量(scale)、序号(ordinal)和名义(nominal)三种,分别指定量数据、顺序数据和分类数据。在数据分析过程中,SPSS会对一些类型的数据进行特定的统计分析进行一些限制。因此,在进行数据分析之前,首先应正确设置数据的类型。

5. 数据的编辑

在SPSS中,在数据中插入或删除行、列或改写单元格的数据,就像在Word中的操作一样,选中后即可进行操作;对数据进行排序(升序或降序)可以通过选中所要操作的列或行,然后点击鼠标右键来完成。

附录1B

统计泛舟:统计与 *The Literary Digest* 杂志社的倒闭

1936年美国大选前,*The Literary Digest* 杂志社和盖洛普民意调查研究所分别进行了民意调查,预测堪萨斯州州长兰登与总统罗斯福·富兰克林谁有可能获胜。

统计过程中,杂志社人员从电话簿、车辆登记簿以及杂志的读者中抽取了1 000万人的样本,发了调查表(电话和汽车在当时并不像现在如此普及,但是这些名单容易得到)。230多万人填写了调查表。对回收的调查表进行的统计表明:兰登非常受欢迎。据此,该杂志社预测:兰登将赢得选举。但事与愿违,罗斯福·富兰克林最终以1 100万张选票的优势获得胜利。时隔不久,*The Literary Digest* 杂志社倒闭。

盖洛普民意调查研究所成立于1935年。在这次调查中,盖洛普民意调查研究所只调查了5 000人,却宣布罗斯福将赢得大选。由于正确地预测罗斯福将再次当选总统,盖洛普民意调查研究所异军突起。1993年,盖洛普(中国)咨询公司成为中国批准成立的第一家美资咨询机构。

附录 1C

2015 年全国 1%人口抽样调查方案

根据《国务院办公厅关于开展 2015 年全国 1%人口抽样调查的通知》(国办发〔2014〕33 号)和《全国人口普查条例》(中华人民共和国国务院令第 576 号),制定 2015 年全国 1%人口抽样调查方案。

一、调查目的和组织实施

(一) 2015 年全国 1%人口抽样调查的目的是了解 2010 年以来我国人口在数量、素质、结构、分布以及居住等方面的变化情况,为制定国民经济和社会发展规划提供科学准确的统计信息支持。

(二) 调查工作按照“统一领导、分工协作、分级负责、共同参与”的原则组织实施。

国家和县以上地方各级人民政府成立 2015 年全国 1%人口抽样调查工作领导机构及其办公室,被抽中的乡、镇和街道办事处成立 1%人口抽样调查办公室,领导和组织实施全国和本地区的 1%人口抽样调查工作。

2015 年全国 1%人口抽样调查领导机构各成员单位要按照各自职能分工,认真做好相关工作。

(三) 2015 年全国 1%人口抽样调查所需经费,按照分级负担原则,由中央和地方各级人民政府共同负担,并列入相应年度的财政预算,按时拨付、确保到位。

(四) 各级调查机构及其工作人员要坚持依法调查。严格执行《中华人民共和国统计法》和《全国人口普查条例》的有关规定。调查取得的数据,严格限定用于调查目的,不得作为任何部门和单位对各级行政管理工作实施考核、奖惩的依据,不得作为对调查对象实施处罚的依据。

(五) 各级宣传部门和调查机构应采取多种方式,积极做好 1%人口抽样调查的宣传工作,为 1%人口抽样调查工作的开展营造良好的社会氛围。

(六) 各级 1%人口抽样调查领导机构对本行政区域的调查数据质量负责,确保调查数据真实、准确、完整、及时。

二、调查标准时点、对象、内容和方式

(七) 调查的标准时点为 2015 年 11 月 1 日零时。

(八) 调查对象为抽中调查小区内的全部人口(不包括港澳台居民和外国人)。

应在抽中调查小区内登记的人包括:2015 年 10 月 31 日晚居住在本调查小区的人;户口在本调查小区,2015 年 10 月 31 日晚未居住在本调查小区的人。

中国人民解放军现役军人由军队领导机关统一进行调查。

(九) 调查内容主要包括姓名、性别、年龄、民族、受教育程度、行业、职业、迁移流动、社会保障、婚姻、生育、死亡、住房情况等。

(十) 调查以户为单位进行登记,户分为家庭户和集体户。

(十一) 调查采用调查员手持电子终端设备(PDA)入户登记与互联网自主填报相结合的方式。

住户可以选择由调查员手持电子终端设备(PDA)入户登记的方式,也可以选择在互联网上填写调查表直接上报的方式。

（十二）调查表分为《2015 年全国 1%人口抽样调查表》和《2015 年全国 1%人口抽样调查死亡人口调查表》。

三、抽样方法、调查小区划分和绘图

（十三）全国调查的样本量约占全国总人口的 1%左右。调查以全国为总体，各地级市为子总体，采取分层、二阶段、概率比例、整群抽样方法，其中群即最终样本单位调查小区。

（十四）二阶段抽样的方法为：第一阶段抽取村级单位，第二阶段抽取调查小区。在第一阶段抽样时，抽取方法为分层、概率比例抽样。

样本的抽取由全国 1%人口抽样调查办公室负责实施。

（十五）调查小区的划分、编码和绘图。2015 年全国 1%人口抽样调查小区规模划分原则为 80 个住房单元，常住人口大约 250 人左右。在划分调查小区的同时，绘制抽中村级单位内调查小区分布图、并给调查小区升序编码，绘制抽中调查小区内所有建筑物的分布图。

四、调查的宣传、试点和物资准备

（十六）各级宣传部门和调查机构要组织协调新闻媒体，通过报刊、广播、电视、互联网、新媒体和户外广告等多种渠道，宣传调查的重大意义、政策规定和工作要求，积极营造良好的调查氛围。

（十七）全国 1%人口抽样调查办公室负责组织国家级试点。省级 1%人口抽样调查办公室负责组织本地区的试点。

（十八）调查所需的物资由各级 1%人口抽样调查办公室根据所承担的工作任务负责准备。

五、调查指导员和调查员的借调、招聘和培训

（十九）每个调查小区至少配备一名调查员，每个被抽中的乡、镇、街道至少配备一名调查指导员。

（二十）调查指导员和调查员应当由具有初中以上文化水平、身体健康、经培训能够使用手持电子终端设备（PDA），工作认真负责、能够胜任调查工作的人员担任。

（二十一）调查指导员和调查员的借调、招聘工作由县级 1%人口抽样调查领导机构负责。

（二十二）调查指导员和调查员可以从党政机关、社会团体、企业事业单位借调，也可以从村民委员会、居民委员会或者社会招聘。

（二十三）培训工作分级进行。全国 1%人口抽样调查办公室负责对省级 1%人口抽样调查办公室的业务骨干进行培训；省级 1%人口抽样调查办公室负责对市、县级 1%人口抽样调查办公室的业务骨干进行培训；市、县级 1%人口抽样调查办公室共同负责培训调查指导员和调查员。

培训工作应于 2015 年 10 月 15 日前完成。

六、调查摸底、登记

（二十四）调查登记以前，调查员和调查指导员要对调查小区的人口状况进行摸底工作，明确调查登记的范围、绘制调查小区图、编制调查小区户主姓名底册。

摸底工作应于 2015 年 10 月 31 日前完成。

（二十五）现场登记工作从2015年11月1日开始，采用调查员手持PDA入户询问、现场填报，或由住户通过互联网自主填报的方式进行。

对完成PDA登记的住户，调查指导员应及时组织调查员进行复查，经核实无误后上报。

选择互联网填报的住户应于2015年11月7日前完成调查表的填写和提交。对在规定时间内没有完成的住户，调查员将再次入户使用PDA进行登记。

全部登记工作应于11月15日前完成。

七、事后质量抽查

（二十六）登记工作完成后进行事后质量抽查。全国1%人口抽样调查办公室负责事后质量抽查样本的抽取，省级1%人口抽样调查办公室负责事后质量抽查工作的组织实施。

（二十七）事后质量抽查工作应于2015年11月25日以前完成。

（二十八）事后质量抽查结果只作为评价全国调查数据质量的依据。

八、调查数据的汇总、发布和管理

（二十九）登记工作结束后，县级1%人口抽样调查办公室负责组织调查表的行业和职业编码。编码前应对编码人员进行严格培训。

编码工作应于2015年11月20日以前完成。

（三十）调查数据的处理工作由1%人口抽样调查办公室负责。汇总程序由全国1%人口抽样调查办公室统一下发。

（三十一）国家统计局和全国1%人口抽样调查办公室对数据进行审核后发布主要数据公报。各省、自治区、直辖市的主要数据应于国家公报发布之后发布。

（三十二）调查的原始数据由全国和省级1%人口抽样调查办公室负责管理。

九、其他

（三十三）调查工作全部结束后，各级1%人口抽样调查办公室要对这次调查工作进行全面的总结，并报同级人民政府和上级调查领导机构。

（三十四）交通极为不便的地区，需采用其他登记时间和方法的，须报请全国1%人口抽样调查工作协调小组批准。

（三十五）全国1%人口抽样调查办公室根据本方案制定各项工作实施细则和有关技术文件。

（三十六）本方案由全国1%人口抽样调查办公室负责解释。

附录1D

多选排序数据的统计

在问卷调查中，经常会遇到多选项排序数据。例如，在某高校本科生使用电脑情况的调查中，受访者对自己使用电脑的用途进行了重要性排序（题目有A、B、C、D、E、F共6个选项），数据见附表1-2。在这样的题目中，选项不止一个，被访者可以同时选择多个选项，并对它们进行排序。多选排序题相对于单选题来说往往更加符合实际情况，所获得的信息量也更丰富。

附表 1-2

问卷序号	1	2	3	4	5	6	7	8	9	10
电脑用途重要性排序	CBD	EDCAF	CBD	CBD	CBA	CDE	CA	DEA	BCA	EAF
问卷序号	11	12	13	14	15	16	17	18	19	20
电脑用途重要性排序	DA	BCD	BC	BD	BC	CB	C	BDCE	BCDE	B
问卷序号	21	22	23	24	25	26	27	28	29	30
电脑用途重要性排序	BDA	AE	CDEA	BDEA	CED	CBEA	BDE	EBC	BD	CEA

在多选排序数据中，一个重要问题就是如何计算各选项的重要程度。对此，目前常用的方法有以下两种。

1. 赋值累加法

它是按一定规则给被选中的选项赋值，如选中的选项中，排序最后的为 1 分，排序倒数第二的为 2 分，以此类推。当然，也可以按 1 分、3 分、5 分的级差或不等值级差来赋值。最后按各选项的累计得分确定重要性排序。

这种方法的关键在于如何确定赋值规则，以便更好地体现不同选项之间的重要性差别。以附表 1-2 中的数据为例，使用该方法的具体计算过程与结果见附表 1-3。

附表 1-3

问卷序号	电脑用途重要性排序	A 得分	B 得分	C 得分	D 得分	E 得分	F 得分
1	CBD	0	2	3	1	0	0
2	EDCAF	2	0	3	4	5	1
3	CBD	0	2	3	1	0	0
4	CBD	0	2	3	1	0	0
5	CBA	1	2	3	0	0	0
6	CDE	0	0	3	2	1	0
7	CA	1	0	2	0	0	0
8	DEA	1	0	0	3	2	0
9	BCA	1	3	2	0	0	0
10	EAF	2	0	0	0	3	1
11	DA	1	0	0	2	0	0
12	BCD	0	3	2	1	0	0
13	BC	0	2	1	0	0	0
14	BD	0	2	0	1	0	0
15	BC	0	2	1	0	0	0
16	CB	0	1	2	0	0	0
17	C	0	0	1	0	0	0
18	BDCE	0	4	2	3	1	0
19	BCDE	0	4	3	2	1	0
20	B	0	1	0	0	0	0
各选项合计得分		9	30	34	21	13	2

根据各选项的合计得分可以看出，6 个选项的重要性排序依次是：C、B、D、E、A、F。

也有的学者认为，应用赋值累加法对各选项赋值时，对于一道多选题，无论选中了几个选项，总分值都应该相等，比如总分值为 1。如果按照这样的思路，对于附表 1-2 的前 5 个问卷来说，各选项的得分见附表 1-4。

附表 1-4

问卷序号	电脑用途重要性排序	A 得分	B 得分	C 得分	D 得分	E 得分	F 得分
1	CBD	0	2/6	3/6	1/6	0	0
2	EDCAF	2/15	0	3/15	4/15	5/15	1/15
3	CBD	0	2/6	3/6	1/6	0	0
4	CBD	0	2/6	3/6	1/6	0	0
5	CBA	1/6	2/6	3/6	0	0	0

2. 多重比较法

多重比较法把每个选项作为一个变量，为每道多选题建立一个比较矩阵。具体比较方法如下：

把每行的变量（选项）依次与各列的变量（选项）比较，如果该行的选项比列项目重要（被选中且排在相应的列选项前面，或者行选项被选中而列选项未被选中），则在交叉位置的单元格内为行选项加 1 分；如果不如列项目重要（被选中但排在相应的列选项后面，或者行选项未被选中而列选项被选中），则记 0 分；如果无法排序（对角线位置，或相应的行选项和列选项都未被选中），则认为平等，记 0.5 分。然后把每个问卷上该题目的比较结果累加，最后按各选项的累计得分确定重要性排序。

以附表 1-2 中的数据为例，按这种方法，对问卷 1 和问卷 2 建立的比较矩阵如下。

问卷 1 比较矩阵见附表 1-5。

附表 1-5

	A	B	C	D	E	F
A	0.5	0	0	0	0.5	0.5
B	1	0.5	0	1	1	1
C	1	1	0.5	1	1	1
D	1	0	0	0.5	1	1
E	0.5	0	0	0	0.5	0.5
F	0.5	0	0	0	0.5	0.5

问卷 2 比较矩阵见附表 1-6。

附表 1-6

	A	B	C	D	E	F
A	0.5	1	0	0	0	1
B	0	0.5	0	0	0	0
C	1	1	0.5	0	0	1
D	1	1	1	0.5	0	1
E	1	1	1	1	0.5	1
F	0	1	0	0	0	0.5

以此类推,最后得到累积矩阵和各选项的合计得分见附表 1-7。

附表 1 7

	A	B	C	D	E	F	合计
A	10	6	4	6.5	9	13.5	49
B	14	10	9.5	14.5	14.5	15.5	78
C	16	10.5	10	14	15.5	17	83
D	13.5	5.5	6	10	14	15	64
E	11	5.5	4.5	6	10	13	50
F	6.5	4.5	3	5	7	10	36

根据各选项的合计得分可以看出,6 个选项的重要性排序依次是:C、B、D、E、A、F。

在以上两种方法所得到的各选项的得分的基础上,可以进一步讨论各选项重要性的差距。

此外,美国学者瑟斯顿(Thurstone)在对各选项进行多重比较的基础上,通过假定评分满足标准正态分布,提出了配对比较的方法。配对比较法和多重比较法的处理效果相同,而且标准正态性假定也不一定能够满足。

附录 1E

不同抽样方法的模拟实验

前面叙述了几种抽样调查方法,如简单随机抽样、分层(分类)随机抽样、整群随机抽样、系统抽样等。通常情况下,不同抽样方法的效果也有所不同。不过,在实际生活和工作中,出于成本和可操作性的限制,对给定总体的抽样往往只会进行一次。在这仅有的一次抽样中,一般只会采用一种方法,不大可能依次使用不同的抽样方法对同一个总体进行多次抽样。显然,这不利于比较不同抽样方法之间的效果差异。因此,在这里需要进行统计模拟实验。实验的目的主要有两个:一是通过实验更直观地比较不同抽样方法的效果差异;二是通过实验进一步加深对总体与样本的概念的理解。

模拟使用的数据是某高校管理学院 2007 级部分学生统计学课程成绩数据(见随书数据 score1.csv)。数据主要描述性指标见附表 1-8。

附表 1-8

专业大类	学生人数	不及格(<60)	中等(60～80)	良好(80～90)	优秀(≥90)	平均分	最低分	最高分
会计	141	5	48	55	33	81.91	45.2	100
经济	141	20	56	39	26	76.79	27.2	100
合计	282	25	104	94	59	79.30	27.2	100

实验的总体思路:把 282 个学生的成绩视为总体,计算其平均成绩 U;然后采用不同的抽样方法,分别从中抽取样本,计算样本均值,看哪一种方法得到的结果更接近总体均值。应该注意的是,在实际工作和生活中,总体的均值往往是不知道的,需要通过抽样来估计;但是在这里,总体均值 U 其实是已知的。

实验的具体方法如下:

(1) 采用简单随机抽样的方法,从总体 N 中抽取 n 个个体(如 $n=30$),得到简单随机抽样样本,计算样本均值 x_{bar1}。

(2) 将 282 个成绩分为不及格、中等、良好、优秀四个层次,按照各分数段的人数比例进行分层抽样。也就是说,当 $n=30$ 时,在四个层次中分别抽取 3($30\times\frac{25}{282}$四舍五入为整数,其中 25 为不及格人数)、11、10、6 个,得到分层抽样样本,计算样本均值 x_{bar2}。

(3) 将 282 个成绩进行编号(编号号码为 1～282。不需要按成绩从高到低或从低到高编号,只需要按随机的顺序编号即可),然后进行系统抽样(比如,先随机抽取 1 个编号,然后以此编号为起点,每隔 1 个取 1 个,直到取满 n 个为止),得到系统抽样样本,计算样本均值 x_{bar3}。

(4) 考察每个样本均值与总体均值的差值的绝对值 d($d=|U-x_{\text{bar}}|$),比较哪种方法的误差更小。

(5) 不断增大 n,重复前面几步,考察随着 n 的增大,误差 d 的变化情况。

上述实验如果采用纯手工的方法是比较麻烦的,但如果采用软件来实现的话,通常会比较简单。另外,由于抽样具有一定的随机性,重新做一遍实验的结果也不会完全相同,但相差一般不会太大。附图 1-1 给出了样本容量 $20<n\leqslant140$ 的模拟结果。

从附图 1-1 中可以看出,在本例中,简单随机抽样和分层抽样的效果明显优于系统抽样,而且抽取的样本的代表性也比较稳定。相比而言,系统抽样的误差大了许多,误差的波动也比较大。当然,这一方面与系统抽样本身的性质有关,另一方面也与本例的数据排列顺序有关。总之,在选择抽样方法时,应根据抽样目的和总体的具体情况,选择合适的抽样方法。

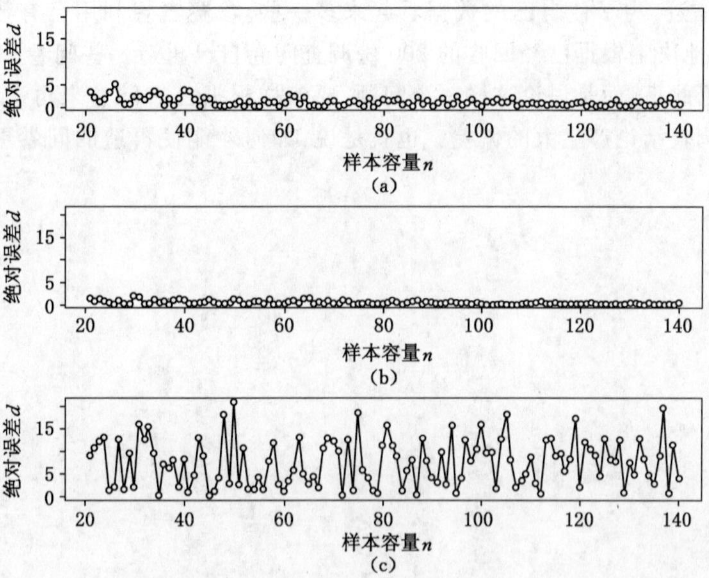

附图 1-1 不同抽样方法效果模拟实验图

(a) 随机抽样;(b) 分层抽样;(c) 系统抽样

思考与练习

一、复习与练习

1. 数据有哪些类型?不同类型的数据有什么特点?

2. 抽样调查有哪些方法?

3. 自拟主题,设计一份调查问卷。

二、思考与研讨

1. 20 世纪 20 年代后期,在英国剑桥一个夏日的午后,一群学者围坐在户外的桌旁,享用着下午茶。在品茶过程中,一位女士认为把茶加进奶里,或把奶加进茶里,不同的做法,会使茶的味道品起来不同。在场的学者们对此说法不以为然。这怎么可能呢?仅仅因为加茶加奶的先后顺序不同,茶就会发生不同的化学反应?然而,在座的一个身材矮小、戴着厚眼镜先生却不这么看,他对这个问题很感兴趣。他兴奋地说道:"让我们来检验这个命题吧!"并开始策划一个实验。这位先生就是实验设计与方差分析理论的奠基人 Ronald A.Fisher。(摘自《女士品茶》①)

那么,如果当时在场的是你,你觉得该怎样进行这个实验呢?

2. 杭州娃哈哈集团有一种饮料叫格瓦斯。上市之初,为了加强品牌营销,生产方在全国高校举办了格瓦斯营销策划挑战赛。某参赛者为了制订出更好的营销策划方案,面向大学生进行了问卷调查,回收了 200 份调查问卷。但是,这位参赛者觉得问卷数量偏少,而比

① 萨尔斯伯格.女士品茶:20 世纪统计怎样变革了科学[M].邱东,译.北京:中国统计出版社,2005.

赛时间也已经临近，为了使自己的数据看起来多一些，参赛者想利用已有数据再造一些数据。换句话说，他决定根据已经回收的200份调查问卷自己再造一些问卷。这里，我们无意从其他角度评论此事，而是讨论这样一个问题：要怎样根据已有问卷来再造另外一些问卷，才不会使整个调查结论产生大的偏差？也就是说，如何才能使再造的问卷更像那些已经回收的问卷呢？

第二章　数据的基本分析

通常，在进行数据分析时，首先要对数据进行基本分析。对数据进行基本分析的目的主要是对数据的基本特征有个大致的了解和把握，从而进一步明确深入分析的方向。有些时候，了解和把握数据的基本特征就是进行数据分析的最终目的。可见，数据的基本分析既是很多分析的目的所在，也是深入分析的前提和基础。

对数据进行基本分析的方法主要有两种：一是利用一些统计量，对数据进行定量概括；二是利用一些统计图形，对数据进行直观展示。这两种方法是数据分析最为基础的方法。

第一节　用统计量概括数据

学习目标

了解概括数据常用的统计量及其计算方法。

用统计量概括数据，就是通过统计运算，把大量数据浓缩为少数统计量的过程。这些统计量通常被称为汇总统计量或概括统计量（summary statistics）。数据类型不同，概括统计量也有所不同。

一、定量数据的概括

定量数据的概括统计量可以分为三类：一是概括数据整体水平的统计量；二是概括数据离散程度的统计量；三是概括数据分布形态的统计量。

（一）概括数据整体水平的统计量

概括数据整体水平常用的统计量主要有均值、众数、中位数和分位数，这些统计量通常被称为数据的位置统计量（location statistics）。

1. 均值（mean）

重要知识点

均值、截尾均值的计算方法。

将数据求和再除以数据的个数，得到的就是均值，又称简单算术平均数，公式如下①：

$$\overline{X}=\frac{x_1+x_2+x_3+\cdots+x_n}{n}=\frac{\sum_{i=1}^{n}x_i}{n} \tag{2-1}$$

式中，$\overline{X}$ 为均值；$x_1,x_2,x_3,\cdots,x_n$ 为各数据值；n 为数据个数。

均值代表了一组数据的平均水平，是一组数据的均衡点，因此容易受到极端值的影响。为消除极端值的影响，可以首先把数据排序，然后去掉最大和最小的那部分数据，再计算剩下的那部分数据的均值，称为

① 该公式也可以写为另一种形式：$\overline{X}=E(X)=\sum_{i=1}^{n}x_ip(x_i)$。其中，$E(X)$ 称为 X 的期望，$p(x_i)$ 是 x_i 的概率。

截尾均值(trimmed mean)。最常用的截尾均值是5%截尾均值,去掉的是数据中最大的5%和最小的5%的数据。

在计算均值的过程中,有时也会给不同的数据赋予不同的权重,以表示重要性的不同,这样得到的均值称为加权均值;也有的时候需要把数据进行分组,然后再计算各组的均值,这样得到的均值称为条件均值。

2. 中位数(median)与分位数(quantile)

(1) 中位数

中位数就是将数据从小到大(或从大到小)排序后,位于中间位置的那个数。在具体计算时,如果数据个数是奇数,则取位于中间位置的那个数;如果数据个数是偶数,则取位于中间位置的那两个数的平均值。

术语

中位数:就是数据排序后位于中间位置的那个数。

【例 2-1】 在随书数据 score2.csv 中随机抽取 10 位同学的统计学成绩,从小到大排列后如下:49、63、73、75、79、80、84、86、86、92。则这 10 位同学统计学课程成绩的中位数为(79+80)/2=79.5。

由于中位数不易受极端值影响,因此将中位数作为数据的位置统计量比均值更稳健。在数据中存在极端值时,使用中位数有助于更客观地把握数据的整体水平。

美国前总统小布什政府的减税政策

美国前总统小布什在任时,曾经推行大规模的减税政策。在回顾减税政策的效果时,有关官员曾这样总结:这一政策将惠及绝大多数的美国家庭。将会有 9 200 万美国人享受减税待遇,人均减税额超过 1 000 美元。

但进一步的研究却发现,该项减税政策的最大受益者并非普通百姓。在 9 200 万享受到减税政策的人中,减税额的中位数不足 100 美元。少量巨富大额减税,从而拉高了平均水平。

(2) 分位数

分位数也称分位点。从中位数的概念可以看出,将一组数据从小到大排序后,位于50%位置上的那个数就是中位数。四分位数的定义与中位数类似。四分位数包括下四分位数和上四分位数,分别是一组数据从小到大排序后,位于25%位置和75%位置上的那个数。因此,下四分位数又称第一四分位数、1/4 分位数或25%分位数,上四分位数又称第三四分位数、3/4 分位数或75%分位数,或者称为某分位点。

术语

分位点与尾概率:数据从小到大排序后处于 $p(0\leqslant p\leqslant 1)$ 位置上的数 x_i 称为 p 的下侧分位点或 $1-p$ 的上侧分位点;反过来说,p 是 x_i 的下侧(左侧)尾概率,或 $1-p$ 是 x_i 的上侧(右侧)尾概率。

按照中位数、四分位数的方法,可以进一步计算出任意百分位数。比如,1%分位数、5%分位数、10%分位数分别是数据从小到大排序后处于1%位置、5%位置和10%位置上的数。

分位数的概念虽然清楚,但各分位数所对应的位置常常会对应于两个数之间,而不是恰好对应于数列中的某个数。比如,例 2-1 中 10 位同学的统计学成绩的下四分位数以及上四分位数分别对应于第二个数(63)与第三个数(73)之间以及第七个数(84)和第八个数(86)之间。因此,在计算分位数时往往只能近似计算①。

根据分位数的概念可知,从这组数据中任意抽取 1 个数 x_i,则 x_i 小于这组数据的 1%分位数、5%分位数与 10%分位数的概率分别为 0.01、0.05 与 0.1。也可以反过来说,在这组数据中,有 1%(0.01)的数据小于这组数据的 1%分位数,有 5%(0.05)的数据小于这组数据的 5%分位数,有 10%(0.1)的数据小于这组数据的 10%分位数。

重要知识点

分位点(分位数)与尾概率的含义。

一般地,把数据从小到大排序后处于 $p(0\leqslant p\leqslant 1)$ 位置上的数 x_i 称为 p 的下侧分位点或 $1-p$ 的上侧分位点;也可以反过来说,p 是 x_i 的下侧(左侧)尾概率,或 $1-p$ 是 x_i 的上侧(右侧)尾概率。

数据 score2.csv 中统计学成绩的均值、中位数、分位数等统计量的值见表 2-1。

表 2-1　统计学课程成绩统计表

专业大类	均值	5%截尾均值	最低分	10%分位数	25%分位数	中位数	75%分位数	90%分位数	最高分
全体	79.36	79.92	34	63.1	73	81	88	92	100
工管	78.99	79.56	46	64	73	81	86	91	98
会计	82.16	82.58	48	68.3	77	83	90	93	99
经济	77.26	77.82	34	60	71	79	88	92	100

即问即答

根据表 2-1,对于工管大类而言,0.1 的上侧分位点是多少?86 的左侧尾概率是多少?

从表 2-1 可以看出,对于整个统计学课程成绩来说,63.1 是其 0.1 的下侧分位点(或 0.9 的上侧分位点);或者反过来说,0.1 是 63.1 的左侧尾概率。

推而广之,对于随机变量 X,当其小于或等于给定数值 x_i 的概率 $P(X\leqslant x_i)$ 等于概率 $p(0\leqslant p\leqslant 1)$ 时,则对于随机变量 X 来说,称数值 x_i 为 p 的下侧分位点,或者称 p 为 x_i 的左侧尾概率;也可以反过来说,x_i 为 $1-p$ 的上侧分位点,或者称 $1-p$ 为 x_i 的右侧尾概率。

分位点与尾概率的关系可表达为下式:

$$P(X\leqslant x_i)=p;P(X\geqslant x_i)=1-p$$

对于随机变量 X 来说,x_i 是 p 的下侧分位点(分位数),也是 $1-p$ 的上侧分位点(分位数);p 是 x_i 的左侧尾概率,$1-p$ 是 x_i 的右侧尾概率。

当下式成立时,称 $-x_i$ 和 x_i 为 p 的双侧分位点:

$$P(|X|\geqslant x_i)=p$$

上分位点、下分位点和双侧分位点的示意图如图 2-1、图 2-2 和图 2-3所示。

---

① 不同软件计算分位数时所采用的具体计算公式并不完全相同,因此结果可能会稍有不同,但一般相差不会太大。

p 上(侧)分位数(点) x_i(upper quantile): 满足条件 $P(X>x_i)=p$ 的 x_i; p 称为上侧(右侧)尾概率

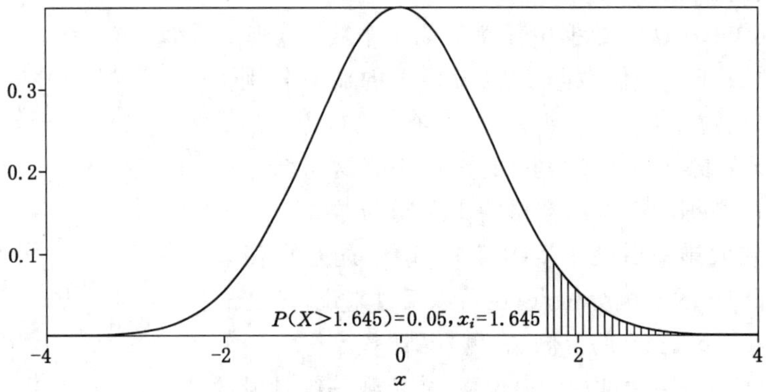

图 2-1 上分位点示意图(标准正态分布)

p 下(侧)分位数(点) x_i(lower quantile): 满足条件 $P(X<x_i)=p$ 的 x_i; p 称为下侧(左侧)尾概率

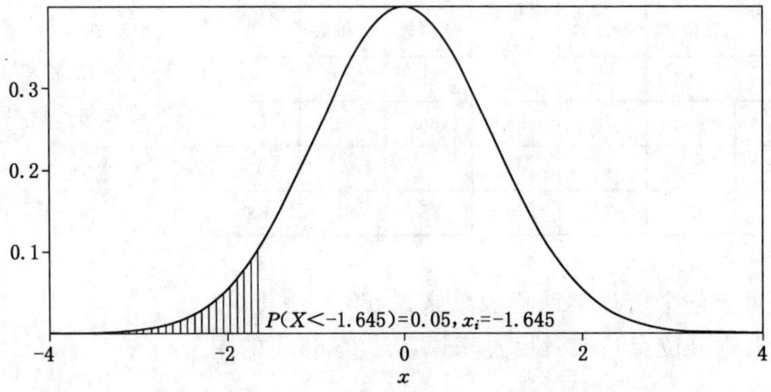

图 2-2 下分位点示意图(标准正态分布)

p 双(侧)分位数(点) x_i: 满足条件 $P(|X|>x_i)=p$ 的 x_i; p 称为双侧尾概率

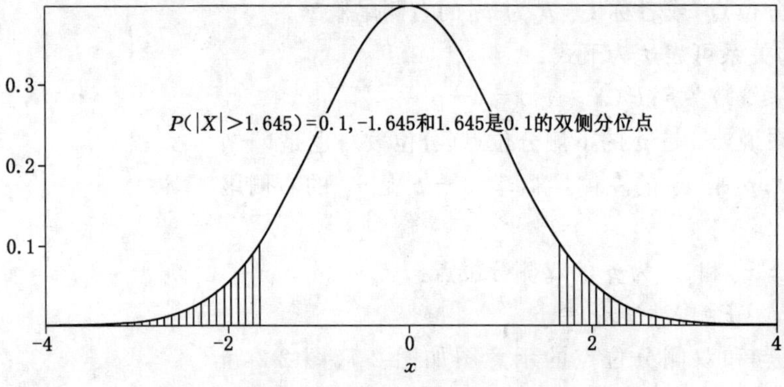

图 2-3 双侧分位点示意图(标准正态分布)

3. 众数(mode)

众数是数据中出现次数最多的那个数。它不受极端值的影响。

在一组数据中,可能没有众数,也可能有一个或多个众数。因此,众数反映的信息并不多,在连续性的定量数据中尤其如此。在定性数据中,由于常常要用到频数,而且通常无法计算均值,因此使用众数更多一些。

(二)概括数据离散程度的统计量

概括数据离散程度常用的统计量主要有极差、四分位差、方差、标准差和离散系数,这些统计量通常被称为数据的尺度统计量(scale statistic)。一般来说,数据之间的差异程度越大,尺度统计量的值越大。

1. 极差与四分位差

极差(range)又称全距,是一组数据的最大值与最小值之差。极差反映了数据的变动范围,容易受极端值影响。

四分位差(interquantile range)又称四分位距,是一组数据的上四分位数与下四分位数之差。

2. 平均离差、方差与标准差

平均离差是数据与其均值的离差的绝对值的算术平均数,又称平均差。其计算公式为:

$$\text{平均离差 } A.D=\frac{\sum_{i=1}^{n}|x_i-\bar{x}|}{n} \tag{2-2}$$

式中,x_i 为每个数据值;$\bar{x}$ 为数据的均值;n 为数据量。

平均离差(average deviation)虽然反映了数据的离散程度,但它的数学表达式中的绝对值符号却不便于数学推理。特别是在原来计算机使用不广泛的时候,这是一个很大的缺点。为了克服这个缺点,提出了方差(variance)的概念。方差是数据与其均值的离差的平方的算术平均数,其计算公式为①:

$$\text{方差 } \sigma^2=\frac{\sum_{i=1}^{n}(x_i-\bar{x})^2}{n} \tag{2-3}$$

方差的平方根即为标准差(standard deviation),又称为均方差,其计算公式为:

重要知识点

极差(全距)、四分位差(四分位距)、方差、标准差的含义。

$$\text{标准差 } \sigma=\sqrt{\frac{\sum_{i=1}^{n}(x_i-\bar{x})^2}{n}} \tag{2-4}$$

在式(2-2)至式(2-4)中,分子度量的是数据偏离均值的程度,而分母的作用主要是消除数据量的多少对测量结果的影响。从式(2-2)和

① 该公式也可被写成如下形式:$\mathrm{var}(x)=E[X-E(X)]^2$。其中,$E(X)$为 X 的期望,$E[X-E(X)]^2$ 为 X 的二阶中心矩。

式(2-3)可以看出,与平均离差相比,方差对数据离散程度的度量在思路上有异曲同工之处。但是在具体方法上,由于方差采用的是平方的形式(而平均离差采用的是绝对值的形式),所以更便于数学推理。应该注意的是,虽然方差抛开了绝对值符号,但却带来了新的缺点:平方的引入,使方差的单位与原始数据的单位不再相同。比如,如果一组数据的单位为万元(人民币),那么其平均离差的单位仍然为万元,而方差的单位为平方万元。同时,采用方差来度量数据的离散程度时,要对数据的离差进行平方,也容易使数据的离散程度被放大或缩小,使方差值容易受到数据中极端值的影响。

一组数据中,每个数据值与均值的差再除以标准差得到的值,称为这组数据的标准得分(standard score)或标准分数。标准得分的计算公式为:

$$标准得分\ z_i=\frac{x_i-\bar{x}}{\sigma} \tag{2-5}$$

原始数据转化为标准得分的过程称为数据的标准化。最常见的数据标准化方法有两种:一是使用式(2-5)的方法,通常称为中心标准化;二是使用式(2-6)进行标准化,通常称为极差标准化:

$$标准得分\ r_i=\frac{x_i-\bar{x}}{R} \tag{2-6}$$

式中,R 为这组数据的极差。

数据经过中心标准化后,变为均值为 0、标准差为 1 的标准得分;数据经过极差标准化后,变为均值为 0、极差为 1 的标准得分。相对于原始数据而言,数据的两种标准得分失去了原来的单位,但数据内部的相对位置并没有发生改变。在统计分析过程中,这样的变换通常有助于在不改变分析结果的前提下,消除不同数据数量级的不同带来的影响。

【例 2-2】 在数据 score2.csv 中随机抽取 10 位同学的统计学成绩,从小到大排列后如下:49、63、73、75、79、80、84、86、86、92。

可以算出,这 10 位同学统计学成绩的平均离差、方差和标准差分别为 9.36、144.81 和 12.03,中心标准化后的标准得分为:−2.18、−1.08、−0.29、−0.13、0.18、0.26、0.58、0.73、0.73、1.21。

3. 离散系数(coefficient of dispersion)

虽然平均离差、方差和标准差都反映了数据的离散程度,但平均离差、方差和标准差都是有单位的统计量,其大小不仅与数据的离散程度有关,还受到数据的计量单位的影响①。因此,通常情况下,平均离差、方差和标准差不能用于不同数据的离散程度之间的比较。比如,希望比较蚂蚁和大象的体重变异,蚂蚁的体重以克计,而大象的体重以吨

重要知识点

数据中心标准化的方法;数据标准得分的特点。

软件应用

用 SPSS 对数据进行中心标准化的步骤:

1. 打开数据文件,选择【分析(A)】→【描述统计】→【描述】,进入主对话框。

2. 将需要标准化的变量选入【变量(V)】,并选中【将标准得分另存为变量】,然后点击【确定】。

转换结束后,SPSS 会将标准得分以“Z”开头进行命名并存放在数据视图中。

① 例如分析我国 1990～2014 年国内生产总值数据。如果国内生产总值的单位由原来的万元更改为百万元,则在数据所代表的事物的内涵没有任何变化的情况下,仅仅由于数值的减小,数据的方差也大大减小。

计。如果直接用平均离差、方差或标准差来比较，可能永远是大象的体重变异更大，因为体重相差 1 kg 对大象而言根本算不了什么，而对蚂蚁来说却很难达到。对于类似问题，离散系数是更为合适的统计量。

离散系数又称标志变异系数、标准差系数。离散系数的计算公式为：

重要知识点

离散系数的含义和计算方法。

$$离散系数\ V=\frac{\sigma}{\bar{x}} \tag{2-7}$$

式中，σ 和 $\bar{x}$ 分别为一组数据的标准差和均值。

离散系数克服了数据的测量尺度以及单位的影响，使两组数据离散程度的比较成为可能。再比如，如果希望比较电子商务企业数据传输量和效益之间的变异程度，那么两者的单位分别是千字节和万元，根本就没法直接比较，而转化成离散系数后，就可以直接比较了。可见，离散系数可以用于比较多组数据之间离散程度的大小。离散系数越大，说明这组数据的离散程度越大；离散系数越小，说明这组数据的离散程度越小。

（三）概括数据分布形态的统计量

描述数据分布形态常用的统计量主要有偏态(skewness)系数和峰态(kurtosis)系数。

重要知识点

数据的偏态系数、峰态系数与数据分布形态的对应关系。

偏态系数的定义式：

$$偏态系数\ sk=\frac{E[X-E(X)]^3}{\{E[X-E(X)]^2\}^{\frac{3}{2}}}=\frac{E[X-E(X)]^3}{\sigma_X^3} \tag{2-8}$$

峰态系数的定义式：

$$峰态系数\ ku=\frac{E[X-E(X)]^4}{\{E[X-E(X)]^2\}^{\frac{4}{2}}}-3=\frac{E[X-E(X)]^4}{\sigma_X^4}-3 \tag{2-9}$$

式中，$E[X-E(X)]^3$ 为 X 的三阶中心矩；$E[X-E(X)]^4$ 为 X 的四阶中心矩；σ_X 为 X 的标准差。

不同软件计算偏态系数和峰态系数的具体方法不完全相同，得到的结果可能会稍有不同，但一般相差不大。

偏态系数主要衡量数据离对称分布有多远。其中，对称分布的偏态系数等于 0；左偏分布的偏态系数小于 0，为负值，因此左偏又称负偏；右偏分布的偏态系数大于 0，为正值，因此右偏又称正偏。偏态系数越接近于 0，偏斜程度越低。不同数据分布形态与偏态系数对应关系如图 2-4 所示。

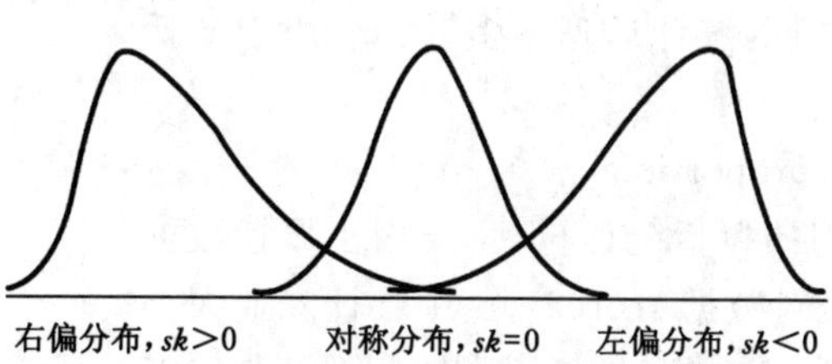

图 2-4　不同数据分布形态与偏态系数的对应关系

正态分布的峰态系数为 0；当峰态系数大于 0 时，该数据的分布比正态分布陡峭、集中，称为尖峰分布；当峰态系数小于 0 时，该数据的分布比正态分布平缓、分散，称为扁平分布。不同数据分布形态与峰态系数对应关系如图 2-5 所示。

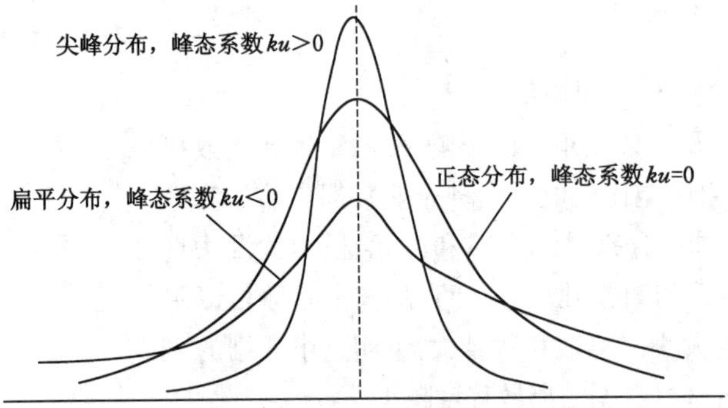

图 2-5 不同数据分布形态与峰态系数的对应关系

数据 score2.csv 中各专业大类学生统计学课程成绩的全距、四分位距、平均离差、方差、标准差、离散系数、偏态系数以及峰态系数值见表 2-2。

表 2-2 各专业大类学生统计学课程成绩统计表

专业大类	全距	四分位距	平均离差	方差	标准差	离散系数	偏态系数	峰态系数
全体	66	15	8.81	124.63	11.16	0.14	−0.81	0.62
工管	52	13	8.19	105.41	10.27	0.13	−0.85	0.54
会计	51	13	8.04	101.22	10.06	0.12	−0.70	0.15
经济	66	17	10.45	176.34	13.28	0.17	−0.64	0.19

从表 2-2 可以看出，从偏度上来说，无论是整个统计学成绩还是各专业大类成绩均为左偏，但工管专业大类的偏态程度更大一些；从峰度上来说，三个专业大类学生统计学课程成绩均比正态分布稍微陡峭一些，且工管专业大类的更为明显。

二、定性数据的概括

定性数据属于非等距数据，支持的统计运算不多，因此，用于概括定性数据的统计量也相对较少。

（一）频数（frequency）与比例（proportion）

频数和比例是定性数据最常用的概括统计量，主要用于概括数据的分布情况。表 2-3、表 2-4 分别是对数据 score2.csv 中会计专业大类与工管专业大类统计学成绩的概括。与常见的通过调查问卷获得的定性数据稍有不同的是，这个定性数据是由高等级的定量数据（百分制的

软件应用

用 SPSS 计算数据常用统计量的步骤：

1. 打开数据文件，选择【分析(A)】→【描述统计】→【频率】，进入主对话框。

2. 将需要计算的变量选入【变量(V)】。

3. 点击【统计量】并选中相应的统计量，然后点击【继续】返回主对话框。

4. 点击【确定】。

在其他模块，如【分析(A)】→【描述统计】下的【描述】模块，也有一些常用统计量的计算选项，不过不如【频率】中的全面。此外，也可以使用【转换(T)】→【计算】模块来计算上述常用统计量以及一些其他统计量。

统计学成绩)作为原始数据转化而来的。

表 2-3　　会计专业大类统计学课程成绩频数分布表

成绩分组	不及格（成绩<60）	及格（60≤成绩<70）	中等（70≤成绩<80）	良好（80≤成绩<90）	优秀（90≤成绩<100）	总计
频数	1	15	35	55	38	144
比例	0.69%	10.42%	24.31%	38.19%	26.39%	100%
频数密度	0.02	1.50	3.50	5.50	3.80	—
频率密度	0.01%	1.04%	2.43%	3.82%	2.64%	—

表 2-4　　工管专业大类统计学课程成绩频数分布表

成绩分组	不及格（成绩<60）	及格（60≤成绩<70）	中等（70≤成绩<80）	良好（80≤成绩<90）	优秀（90≤成绩<100）	总计
频数	11	37	85	126	38	297
比例	3.70%	12.46%	28.62%	42.42%	12.79%	100%
频数密度	0.18	3.70	8.50	12.60	3.80	—
频率密度	0.06%	1.25%	2.86%	4.24%	1.28%	—

从表 2-3 和表 2-4 可以看出，两个专业大类同学的统计学课程成绩被分为 5 组。其中，各组的上限值与下限值之差称为组距；落在各组中的数据个数，通常称为频数；各组频数与总频数之比，或者具有某种特征的个体的频数与总频数之比，通常称为比例或频率(概率)，也被称为成数。在表中，不及格组的组距为 60，其他各组的组距为 10，各组的组距并不完全相等，称为非等距分组。频数与组距的比值称为频数密度，比例与组距的比值称为频率密度(概率密度)，它们反映了数据在各组内的密度。

表 2-3、表 2-4 主要展示了数据在各组之间的频数分布情况，因此也被称为频数分布表。类似的频数分布表是定性数据分析中的常见形式。

(二) 众数与异众比率(variation ratio)

众数在定性数据的概括中指频数最集中的组或类。在表 2-3 与表 2-4 中，统计学成绩处于“良好”组的频数分别为 55 和 126，居各组之首，因此，会计和工管专业大类统计学课程成绩的众数为“良好”。

异众比率指非众数组频数占总频数的比例，主要衡量众数对一组数据的代表程度。异众比率越大，众数的代表性越差；异众比率越小，众数的代表性越强。异众比率的计算公式如下：

$$异众比率=\frac{总频数-众数组频数}{总频数} \tag{2-10}$$

根据表 2-3 与表 2-4 中众数组的频数和总频数，可以算出会计与工管专业大类统计学课程成绩分组数据的异众比率分别为 0.62 与 0.58。从这点上看来，工管专业大类的众数的代表性更强一些，也就是说，工管专业大类的统计学课程成绩在众数组（“良好”）的集中程度更强一些。

第二节 用图形展示数据

学习目标

理解各种统计图的特点，会根据分析目的选择合适的统计图形。

与统计量相比，图形通常可以更为直观地展示数据在某方面的特征。需要展示的特征通常包括数据在数量或结构方面的分布、数据在数量或结构方面的差异、数据在数量或结构方面的变化趋势，或者数据之间的相互关系等。

一、直方图与条形图（柱状图）

（一）直方图（histogram）

图 2-6 是数据 score2.csv 中工管和会计专业大类统计学课程成绩直方图。

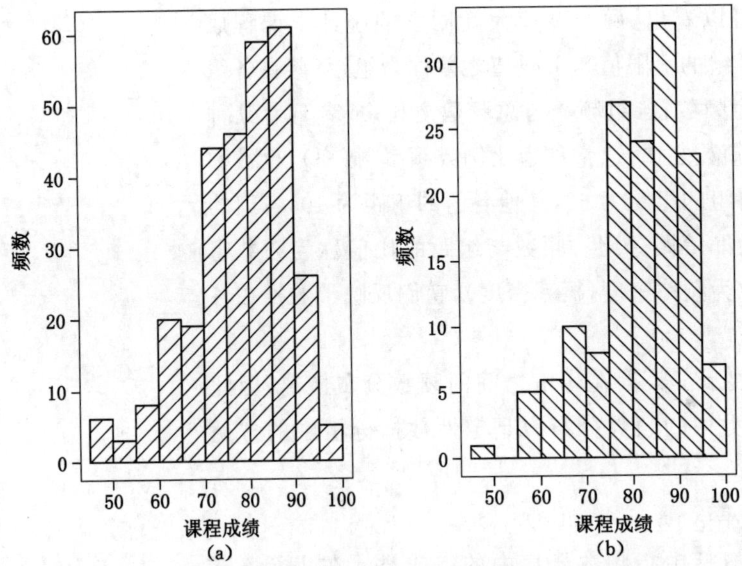

图 2-6 工管与会计专业大类统计学课程成绩直方图（频数）

(a) 工管专业；(b) 会计专业

直方图是展示数据分布最为常用的工具之一。其横坐标为定量变量;纵坐标可以是定量变量,可以是定性变量的频数,也可以是根据定量或定性的原始数据计算得到的相对数,如比率。在图 2-6 中,横坐标(即矩形的宽度)为统计学成绩,纵坐标(即矩形的高度)表示各成绩组的频数。这是直方图最为常见的形式,展示的主要是数据在数量上的分布。

用直方图展示数据的分布形态时,每个矩形的宽度不宜太宽。如果用线条将直方图每个矩形顶部的中点连接起来,就得到了能够反映数据分布形态的折线图。因此,可以用直方图来考察数据的分布形态和密度曲线。

除了用来展示数据分布之外,也可以利用直方图比较不同组数据的差异。从图 2-6 可以看出,工管专业大类的成绩不仅更加接近对称,分数在 70～90 的也明显更多一些。但进一步结合表 2-3 和表 2-4 中的数据进行分析就不难发现,工管专业大类的总人数是 297 人,而会计专业大类的总人数则只有 144 人,连前者的一半都不到。在这种情况下,直接比较各组的频数意义已经不大。同时,图 2-6 中两个直方图纵坐标的比例尺并不一致,比较起来也不大方便。为此,重新绘制两个专业大类统计学课程成绩分布图,如图 2-7 所示。

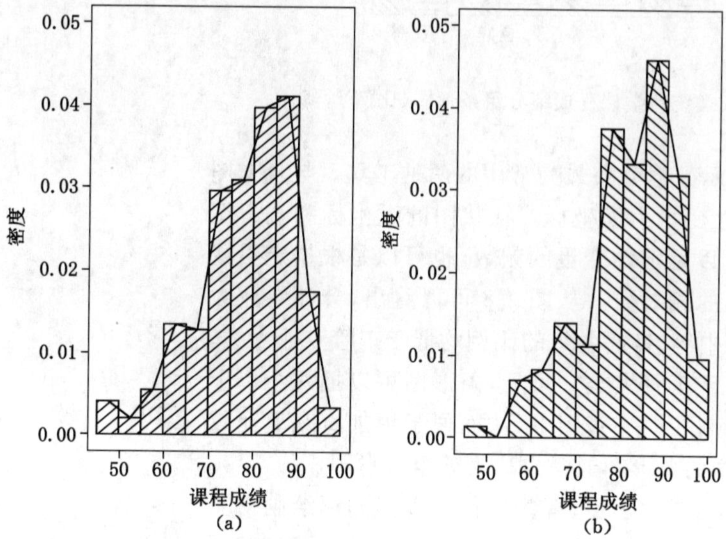

图 2-7　工管与会计专业大类统计学课程成绩直方图(密度)

(a) 工管专业;(b) 会计专业

与图 2-6 不同的是,图 2-7 以各成绩组的概率密度为纵坐标,统一了比例尺,同时添加了成绩分布的密度曲线,从而更直观地展示了两个专业大类统计学课程成绩在各分数段的结构差异。可见,当使用多个直方图来比较不同数据在各组之间分布差异的时候,需要注意以下几点,以便增加图形的可比性和直观性:一是保持各直方图之间坐标比例

软件应用

用 SPSS 绘制直方图的步骤:

1. 打开数据文件,选择【图形(G)】→【旧对话框】→【直方图】,进入主对话框。

2. 将变量(如统计学成绩)选入【变量(V)】。

3. 点击【确定】。

4. 在 SPSS 软件的结果输出窗口,可以通过双击 SPSS 所绘制的直方图(或其他图形)来激活图表编辑器,对图形的大小、颜色等进行编辑。

软件应用

用 SPSS 绘制分组条形图的步骤:

1. 打开数据文件,选择【图形(G)】→【旧对话框】→【条形图】,进入主对话框。

2. 选择【复式条形图】,点击【定义】。

3. 分别将变量(如统计学成绩等级)和分组变量(如专业大类)选入【类别轴(X)】和【定义聚类(B)】。

4. 点击【确定】。

如果绘制简单条形图或堆积条形图,则在第 2 步选择【简单箱图】或【堆积面积图】即可。

尺一致；二是优先使用概率密度作为纵坐标；三是分组不宜太多；四是考虑添加密度曲线。

（二）条形图（柱状图）

在图 2-6 和图 2-7 中，由于横坐标在 1～100 分的范围内是连续的，因此各矩形之间是挨在一起、没有缝隙的。如果把图 2-7 的横坐标改为各成绩组的名称（不及格、及格、中等、良好、优秀），这时，各矩形之间的分组数据就变成了顺序数据，各矩形之间也就有了间隔，这样形成的图形称为柱状图或条形图[①]，如图 2-8 所示。

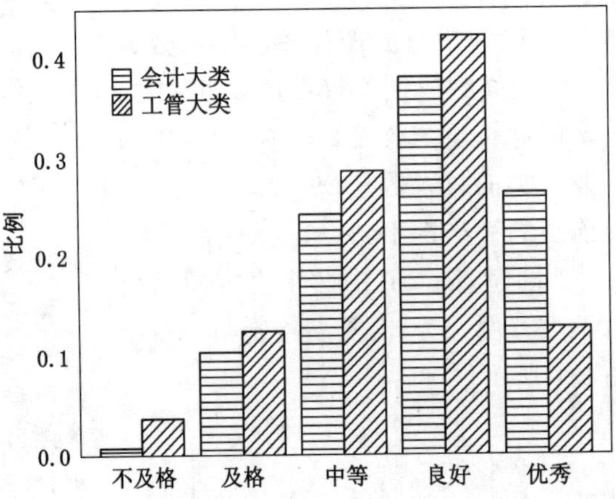

图 2-8 各专业大类统计学课程成绩分组条形图（比例）

柱状图和直方图是展示数据分布最为常用的两种工具。与直方图不同的是，柱状图是以定性变量为横坐标。柱状图的纵坐标和直方图一样，可以是定量变量，可以是定性变量的频数，也可以是根据定量或定性的原始数据计算得到的相对数。从图 2-8 可以看出，会计专业大类的成绩在不及格、及格、中等、良好各组的比例均低于工管专业大类，而在优秀组的比例明显高于工管大类。可见，条形图可以把两个以上的对象在不同组的数据绘制在同一张图上，从而便于更加直观地比较各组之间的结构差异，这样的条形图通常也称为分组条形图。

在直方图或柱状图的绘制过程中，有些软件可以把图形绘制得具有立体感，这种图形通常称为三维图形，比如三维直方图或三维柱状图等。其实，这种三维图形的信息量并没有增加，因为图形中的变量个数并没有变化。不过，如果前面讲的直方图或柱状图的横坐标由现在的一个变为两个，比如把图 2-8 的横坐标由现在的成绩等级变为成绩等级和性别两个变量，图形中展示的变量数量就有了增加，这样形成的图形称为二维直方图或二维柱状图。

① 柱状图和条形图的名词有时会被混用，也有时会被进一步细分。如细分的话，类似图 2-8 竖向绘制的图形通常被称为柱状图；如果把图 2-8 横放（顺时针旋转 90°），形成的图形被称为条形图。

二、茎叶图与箱形图

(一) 茎叶图(stem)

相比而言,茎叶图是一种既保留了原始数据又展示了数据分布情况的统计图。图 2-9 与图 2-10 分别是工管与会计专业大类统计学课程成绩的茎叶图。

```
4 | 668999
5 | 12
5 | 567
6 | 0000002222233333334444
6 | 5555556677778899
7 | 00000000111222222233333333334444444444
7 | 555555555555556666666677777788888888888889999999
8 | 00000000000001111111122222222222222222333333444444444444
8 | 555555555555555555566666666666666666666777777777777788888888888888999999
9 | 0000000111111111222222222222233344
9 | 566778
```

图 2-9　工管专业大类统计学课程成绩茎叶图

```
4 | 8
5 |
5 |
6 | 0000012344
6 | 56789
7 | 00000011222344
7 | 666777788888889999999
8 | 0000001111122222223333333444444
8 | 556666677777788888888889999999
9 | 0000000011122222233333333334444
9 | 5557788999
```

图 2-10　会计专业大类统计学课程成绩茎叶图

茎叶图由“茎”和“叶”两部分构成,其中,图中竖线左边的部分是“茎”,茎代表数据的高位数值;竖线右边的部分是“叶”,叶代表数据的低位数值。例如,在图 2-10 中,第一行中“茎”上的 4 代表 40,“叶”上的 8 代表 8,因此,第一行代表的就是 48 分;同理,图 2-9 中第二行代表的是 51 分和 52 分。

制作茎叶图时,首先要合理确定“茎”的宽度,即“茎”上的数字代表的意义。比如,“茎”上的数字 1 可以代表 10 或 100,但如果选择代

表 100,那么 48 分表示成茎叶图就成了“茎”0 和“叶”48,这时,对于工商班统计学课程成绩来说,“茎”上的数字会全部为 0,观察起来会很不方便。通常,合适的“茎”的宽度,必须使“茎”上的数字有所变化。

容易看出,茎叶图相当于一个水平放置的直方图,既保留了原始数据,又能够方便地看出数据的分布情况。不过,如果数据量比较大,绘制出的茎叶图可能就会相对太大。

当然,也可以把图 2-9 和图 2-10 合并到一张图上,让两张图共用一个“茎”,然后把两个“叶”的部分分别放在“茎”的左侧和右侧,这样,两个专业大类的统计学课程成绩分布的对比就更直观了,这种茎叶图通常称为背靠背茎叶图。

(二) 箱形图(boxplot)

箱形图又称箱线图、盒型图。图 2-11 就是一组水平放置的箱形图。

软件应用

用 SPSS 绘制简单箱形图的步骤:

1. 打开数据文件,选择【图形(G)】→【旧对话框】→【箱图】。

2. 在弹出的对话框中选择【简单】,点击【定义】,进入主对话框。

3. 分别将变量(如统计学成绩)和类别变量(如专业大类)选入【变量(V)】和【类别轴(C)】,点击【确定】。

如果需要绘制分组箱形图,则在第 2 步选择【复式条形图】即可。

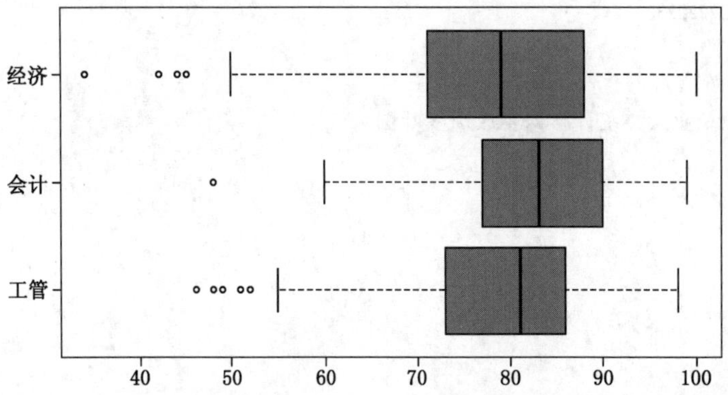

图 2-11 统计学课程成绩箱形图

在不存在离群值的情况下,箱形图中各线条所代表的实际意义如图 2-12 所示。

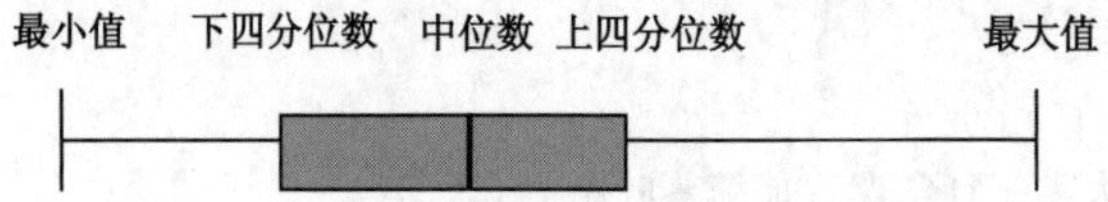

图 2-12 箱形图各线条所代表的实际意义

可见,对于会计专业大类的箱形图而言,箱体中间稍粗一点的线代表成绩的中位数,箱体右端的竖线代表成绩的上四分位数,箱形图最右边的一条短竖线代表成绩的最大值。以此类推,箱体左端的竖线代表成绩的下四分位数。由于成绩中有离群值(即箱形图左侧的空心圆点,是会计专业大类中 48 分所在的点),因此,箱形图最左边的一条短竖线代表正常值的最小极限值①。从四分位数的概念可知，箱形图的上四分位数和下四分位数之间的箱体部分包含了全部数据的50%。

箱形图可以用于比较不同对象的整体水平和分布偏态上的差异。不同偏态的分布形状及其所对应的箱形图如图2-13所示。

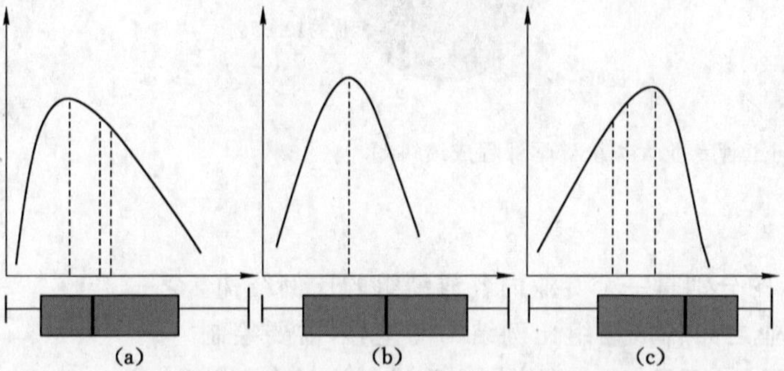

图2-13　不同偏态的分布形状及其所对应的箱形图

(a) 右偏分布；(b) 对称分布；(c) 左偏分布

从图2-11可以看出，从整体上来说，会计专业大类比其他两个专业大类的统计学课程成绩总体水平要高一些；从成绩的离散程度来看（箱子的长短），经济专业大类比其他两个专业大类的成绩更分散一些；从分布形状来看，三个专业大类的成绩均呈左偏分布，且箱形图左侧均有离群值，其中，工管大类箱形图的中位数明显靠近箱体右端，因此左偏更为明显。

三、饼图与环形图

（一）饼图(pie chart)

图2-14就是饼图。饼图用各部分扇形的角度大小来表示各部分的比例，因此通常用于表示各类别在整个数据中的比例结构。从图2-14(a)可以看出，会计专业大类中统计学课程成绩在优秀、良好、中等、及格和不及格各组的比例分别为26.4%、38.2%、24.3%、10.4%和0.7%，优秀率明显高于工管专业大类，且不及格率比工管专业大类低很多。

虽然饼图主要用于展示各类别在整个数据中的比例结构，但由于人眼对角度的感知能力相对较弱，因此读者往往难以分辨饼图中各部分的角度差别。所以，绘制饼图时，必须考虑在图形中标注上相应的数据，以便在一定程度上弥补饼图的不足。

软件应用

用SPSS绘制饼图的步骤：

1. 打开数据文件，选择【图形(G)】→【旧对话框】→【饼图】。

2. 在弹出的对话框中点击【定义】，进入主对话框。

3. 将分区变量（如专业大类）选入【定义分区(B)】，点击【确定】。

① 如果数据中存在离群值，则箱形图最左边的短线（对于竖直放置的箱形图来说就是最下面的短线）或最右边的短线（对于竖直放置的箱形图来说就是最上面的短线）不再代表数据中的最小值或最大值，而是代表正常值的最小极限值和最大极限值。换句话说，数据中小于最小极限值和大于最大极限值的这些离中心位置比较远的数据全部被标为离群值和极端值。不同软件确定最小极限值和最大极限值的方法并不完全一样。在SPSS软件中，默认的最小值为下四分位数减去1.5倍的四分位差，默认的最大值为上四分位数加上1.5倍的四分位差。

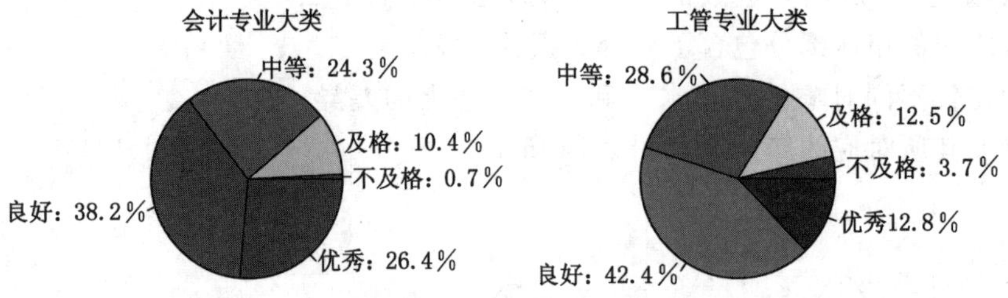

图 2-14 会计与工管专业大类统计学课程成绩饼图

（二）环形图

图 2-14 的两个图展示的分别是一个专业内各成绩组的比例结构。如果要用饼图比较不同专业之间各成绩组比例结构的差异，需要绘制多幅饼图，这样就不太方便了。而且，在多张饼图之间进行比较也不太直观。在这种情况下，可以使用环形图。

图 2-15 是根据图 2-14 的数据绘制而成的环形图，展示的是各专业大类统计学课程成绩在各成绩组中的比例，有利于直观地比较各专业大类在统计学课程成绩方面的结构差异。

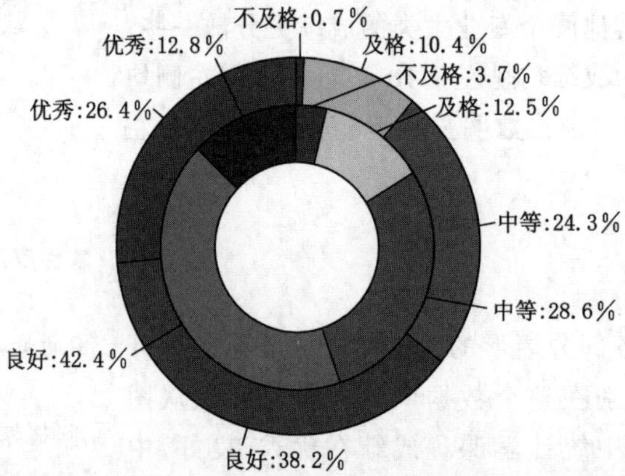

图 2-15 统计学课程成绩环形图

图 2-14 的饼图以及图 2-15 的环形图与图 2-6、图 2-7 的直方图、图 2-8 的条形图相比，直方图和条形图看起来更加直观，信息量更大，更容易分辨出在饼图和环形图中难以分辨的差异。

四、线图与点图

图 2-16 是一组线图，又称轮廓图、平行坐标图或多线图，它是以定性数据为横坐标，以定量数据为纵坐标，连点为线而成的①。

① 从更严格的意义来说，只有连点成线且隐去点的图形才能称为线图。换句话说，只有当图形中只含有一种或同一种几何对象的时候，如只含有点、线或条，通常才会有特定的图形类型名称，如散点图、多线图、条形图等。而由多种几何对象组合而成的更加复杂的图形通常没有特定的名称。

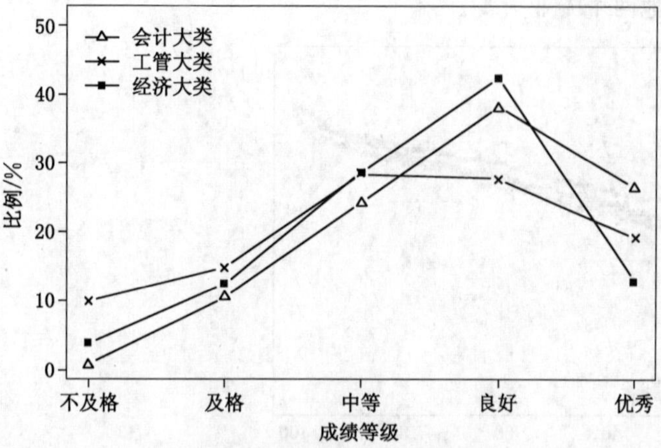

图 2-16　统计学成绩线图

软件应用

用 SPSS 绘制多线图的步骤：

1. 打开数据文件，选择【图形(G)】→【旧对话框】→【线图】。

2. 在弹出的对话框中，选择【多线线图】，点击【定义】，进入主对话框。

3. 将纵坐标变量(如统计学成绩和概率论成绩)分别选入【线的表征(I)】，把横坐标变量(如学生序号)选入类别标签中的【变量(V)】点击【确定】。

与柱状图、饼图、环形图相比，线图不仅可用于比较多个对象在各组之间的差异，还可以使用定量数据为横坐标，展示多组数据随时间的变化情况。从这个角度来讲，线图的适用范围非常广泛，图形中可以展示的变量也更多。

图 2-17 是点图，又称为散点图。它的横坐标与纵坐标都是定量数据，图上每个点对应的纵坐标和横坐标分别表示每位同学的统计学课程和概率论与数理统计课程的成绩。点图常用于反映横坐标与纵坐标两个变量之间的相关关系。从图上可以看出，概率论与数理统计课程成绩高的学生，统计学成绩大体上也比较高；概率论与数理统计课程成绩低的学生，统计学成绩大体上也比较低。

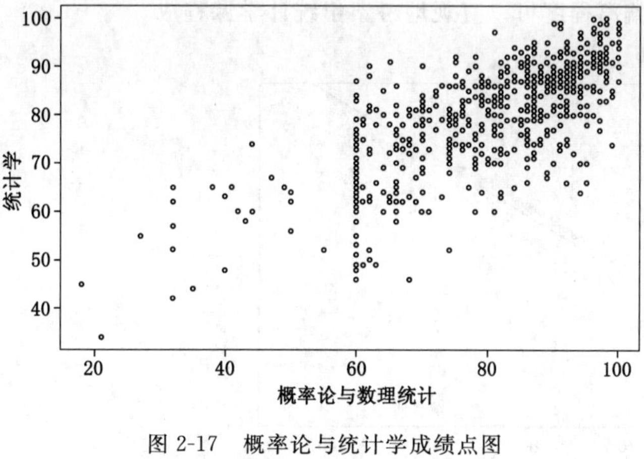

图 2-17　概率论与统计学成绩点图

图 2-18 是通过计算各专业大类统计学课程成绩的 1%～100%分位数绘制而成的点图，横坐标是 1%～100%分位数，纵坐标是各分位数对应的统计学课程分数。从图中可以更清楚地看出，虽然经济专业大类在最高分数段比其他两个专业大类的成绩更好，但整体上特别是

在最低分数段却明显低于其他两个专业大类。

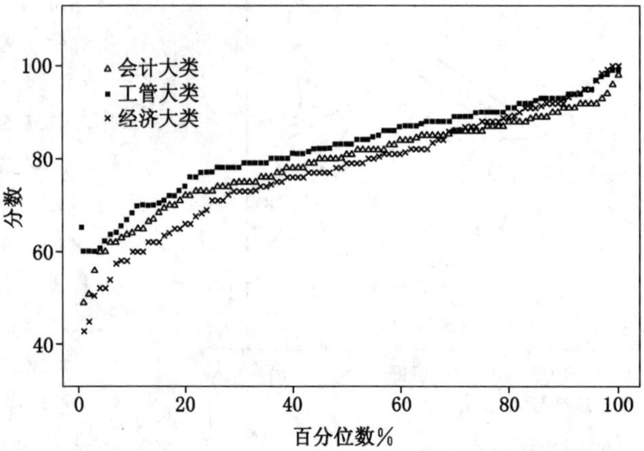

图 2-18 各专业大类统计学课程成绩百分位数点图

与图 2-18 不同的是,图 2-19 的横坐标和纵坐标都是百分位数,因此称为 Q-Q(quantile-quantile)图。Q-Q 图常用于考察一组数据的实际分布是否接近于某个给定的分布。在图 2-19 中,横坐标是均值为统计学均值、标准差为统计学标准差的正态分布[即 $x \sim N(mean=79.36, sd=11.17)$]的1%~100%分位数,纵坐标是统计学课程成绩的 1%~100%分位数。理论上说,如果统计学课程成绩严格服从 $N(mean=79.36, sd=11.17)$ 的正态分布的话,那么它的每一个百分位数都应该等于 $N(mean=79.36, sd=11.17)$ 这个正态分布对应的百分位数,这时图中每一个点的横坐标与纵坐标就应该相等,从而形成一条直线($y=x$)①。因此,从点与 $y=x$ 这条直线的偏离程度可以直观地考察出统计学课程成绩在多大程度上接近正态分布。

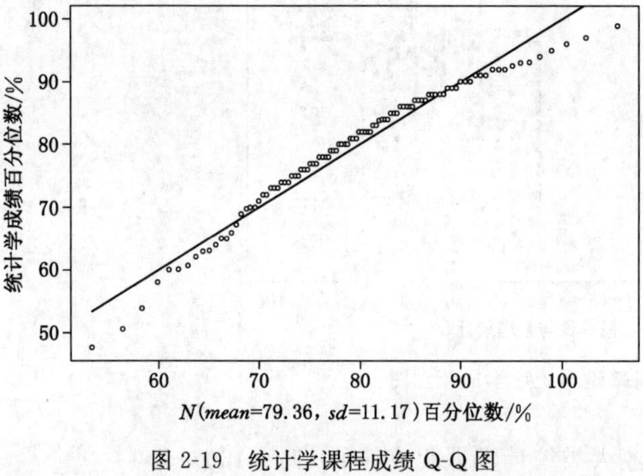

图 2-19 统计学课程成绩 Q-Q 图

① 也就是图中给出的那条直线。图中给出的这条直线的倾角直观地看起来可能并不是 45°,这只是由于横坐标与纵坐标的刻度并不完全相同,或者在排版过程中图形的宽度与高度的尺寸调整造成的。

五、绘制图表的注意事项

绘制图形，就是把数据信息转变为图形的过程。一幅好的图形，应主题突出、信息量大、直观易懂，能够充分地展示出数据的相关信息，直观地表达出绘图的中心思想。为此，在绘制图表过程中，特别需要注意以下问题。

（一）选择合适的统计图形

不同图形具有不同特点，因此，绘图时首先要选择合适的统计图形。在选择统计图形时，需要考虑的因素主要包括绘图目的和变量数量两个方面。通常，箱形图、直方图和茎叶图都是展示数据分布形态的常用图形，但茎叶图和直方图对展示数据的峰态（如单峰或多峰）更为直观，而箱形图对展示数据的偏态以及是否具有离群值往往更为直观。柱状图、雷达图、箱形图、饼图和环形图是展示目标变量随定性变量变化情况的常用图形，但是，这种定性变量取值一般不能太多，否则会使人难以分清主次。

线图既可以展示目标变量随定性变量变化而变化的情况，也可以展示目标变量随定量变量变化而变化的情况，也就是说，线图的横坐标既可以是定性变量，也可以是定量变量。当线图的横坐标为定性变量时，可以把前面需要多个直方图、柱状图、雷达图、饼图或环形图才能表现的内容绘制在同一幅图中，从而增加图形的信息量，使比较更加容易。

点图更适合于展示两个定量变量之间的关系，箱形图则可以展示定性变量与定量变量之间的关系。

（二）选择合适的统计指标

统计图形是根据统计数据绘制而成的。这里的数据既可以是原始数据，也可以是根据数据而得到的某种指标。如图 2-20 所示为根据 2006～2009 年 78 家大型煤炭企业固定资产数据绘制而成的，但该图使用的并不是固定资产的原始数据，而是原始数据的 5 个分位数。从图形中可以看出，在大型煤炭企业内部存在分化趋势。

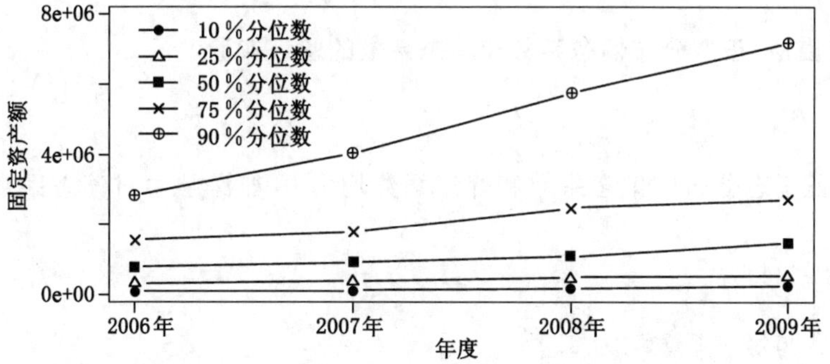

图 2-20　78 家大型煤炭企业固定资产额分位数变化图

此外，在一幅图中，目标变量值的差异不应太大，否则，过大的那部分数据就会把较小的那部分数据“挤扁”，从而带来比较上的困难。因此，当目标变量值差异过大时，应考虑对数据进行适当变换，如进行标准化或者把频数值变为比例值，然后再进行作图。

（三）选择合适的方式、工具

通常，统计表更加准确，信息量比较大，而统计图形更加直观、生动。在实际应用过程中，也可以把二者有机结合起来。比如，在统计表中嵌入统计图形，或者在统计图上标注相应的数据、图例或必要的文字说明，从而充分利用统计图和统计表各自的优点。可以把不同的统计图结合，从而形成新的统计图形，达到更好的效果。此外，在图形绘制过程中，当仅靠一种软件无法实现绘图要求时，也可以考虑采用多种软件绘图。比如，可以把统计软件输出的图形放到 Microsoft Visio 软件中进行二次编辑，以充分发挥不同软件的优势。

本章要点

对数据进行基本分析的方法主要有两种：一是利用统计量，对数据进行定量概括；二是利用统计图形，对数据进行直观展示。

定量数据的概括统计量可以分为三类：一是概括数据整体水平的统计量，主要有均值、众数、中位数和分位数；二是概括数据离散程度的统计量，主要有极差、四分位差、方差、标准差和离散系数；三是概括数据分布形态的统计量，包括偏态系数和峰态系数。对定性数据来说，频数和比例是最常用的概括统计量，主要用于概括分组数据的分布情况。异众比率主要用来衡量众数对一组数据的代表程度。

不同的图形有各自不同的特点，在绘图过程中，应根据绘图目的选择合适的图形。

附 录 2

附录 2A

统计模拟：正态分布偏态系数和峰态系数的验证实验

一、模拟目的

通过实验直观地验证正态分布的偏态系数和峰态系数均为 0，加深学生对偏态系数与峰态系数的直观理解。

二、理论结论

正态分布的偏态系数与峰态系数均为 0。

三、模拟思路与具体步骤

(1) 通过随机抽样确定正态分布的参数 *mu*、*sigma*。

(2) 生成一组随机数 $x_1, x_2, \cdots, x_n$，使其服从正态分布，即 $x \sim N(mu, sigma)$。

(3) 运用式(2-8)与式(2-9)，计算 x 的偏态系数值 sk 以及峰态系数值 ku。

(4) 把步骤(2)、(3)重复 t 次，得到 t 组 x，以及相应的 t 个 sk 值、ku 值。这 t 组 x 都服从同一个正态分布 $N(mu, sigma)$，因此这 t 个 sk 值应该基本相等，t 个 ku 值也应该基本相等(无论 sk、ku 是否等于 0)。

(5) 根据这 t 个 sk 值与 t 个 ku 值分别绘制 sk 值与 ku 值的箱形图。

(6) 把步骤(1)～(5)重复 r 轮，得到 r 组 sk 值与 ku 值(每组 t 个)，以及 r 个 sk 值与 ku 值的箱形图。

(7) 考察这 r 组 sk 值与 ku 值及其箱形图。从理论上说，无论每轮的正态分布 mu、$sigma$ 参数为何值，sk 值、ku 值均应等于 0。即使考虑到生成随机数过程中会产生一些随机误差，sk 值、ku 值也应该与 0 相差不大。

四、模拟结果

得到的箱形图见附图 2-1、附图 2-2。

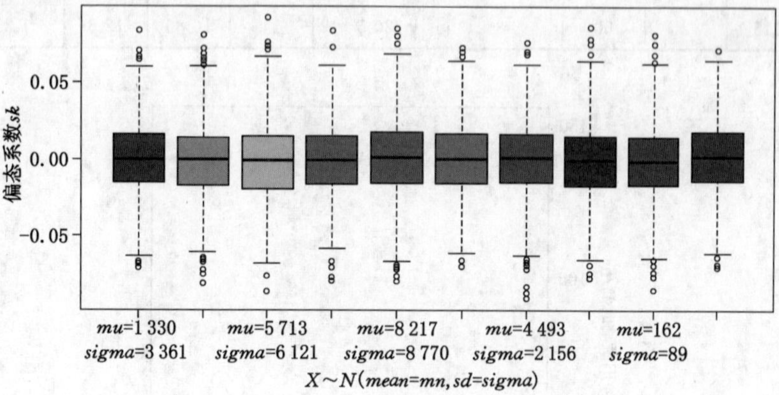

附图 2-1　正态分布的偏态系数统计模拟

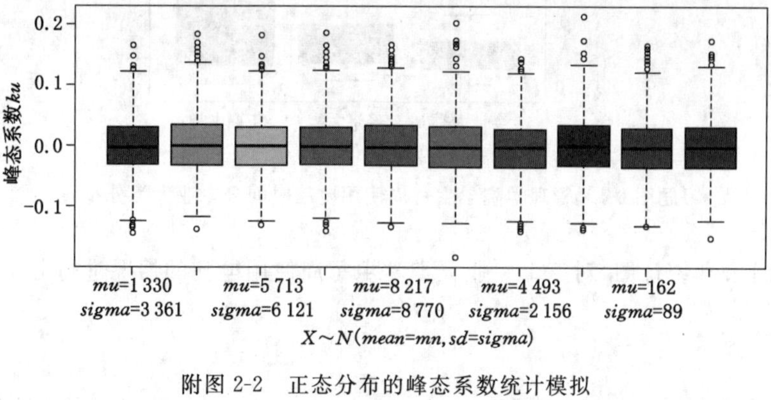

附图 2-2　正态分布的峰态系数统计模拟

附图 2-1、附图 2-2 中横坐标是形成每个箱形图的(t 个)sk 值与 ku 值的随机数 x 正态分布的参数 mu、$sigma$ 值；纵坐标是这些服从不同参数的正态分布的($t \times r$ 组)x 所对应的偏态系数值 sk 和峰态系数值 ku。从两图中可以看出，无论正态分布的两个参数为何值，sk

值与 ku 值都在 0 附近，比较接近于 0。

思考与练习

1. 举例说明离散系数的用途。

2. 举例说明均值、众数和中位数的特点及用途。

3. 现欲了解管理学院学生的电脑使用情况，从管理学院中抽取 397 名学生作为样本进行调查。这些学生每周使用电脑的时间分专业大类统计数据见习题表 2-1 和习题图 2-1。

习题表 2-1　　管理学院学生每周使用电脑时间分专业大类统计数据表

专业大类	频数	每周使用电脑时间/h								
		最小值	最大值	25%分位数	75%分位数	中位数	均值	标准差	偏态系数	峰态系数
工商大类	175	1	150	7	30.0	18	20.08	20.3	3.53	17.6
会计大类	107	1	90	6	15.0	10	13.70	12.2	3.22	14.7
经济大类	115	2	60	8	20.5	14	16.86	12.6	1.21	0.95

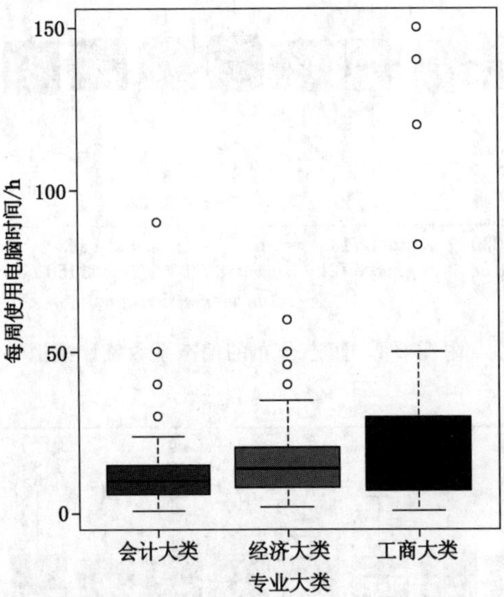

习题图 2-1　管理学院学生每周使用电脑时间分专业大类分布图

根据统计表和统计图，对三个专业大类学生每周使用电脑的情况进行分析和比较。

第三章　简单统计推断

推断就是根据现有信息进行推理和判断的过程。例如，人们在出行前会根据相关信息来推断接下来的天气情况和是否需要携带雨具或者太阳帽，医生会根据病人的病情来推断病人可能患上的疾病，警察会凭借现场的侦察信息来推断犯罪分子的作案动机和作案过程。

统计推断(statistical inference)是利用统计数据和统计方法进行推理和判断的过程。统计推断的意义很广泛，它既可以是根据事物的部分信息来推断事物的整体性质，如根据一部分灯泡的使用寿命数据来推断同批次所有灯泡的使用寿命；也可以是根据事物的以前信息来推断它的未来，如根据一种新产品的销售数据来推断这种产品的未来销售情况；还可以是根据一些事物的部分信息来推断它们之间的相互关系，如根据一定时期的广告投入和销售额数据来推断公司的销售额与广告投入额之间的关系。

术语

统计推断：利用统计数据和统计方法进行推理和判断的过程。

本章只介绍如何根据事物的部分信息来统计推断事物的整体性质，命名为简单统计推断。

第一节　统计推断基础

学习目标

了解样本与总体之间的关系；掌握统计推断的基本思想与基本问题。

一、样本的代表性

在实际中，有时很难直接获得某一事物的总体信息。例如，要研究一个城市的居民收入水平，总体是这个城市所有居民的收入，但这种信息的获取并不容易。还有些时候，直接获得某一事物的总体信息不太现实。例如，要了解一批待购灯泡的使用寿命，我们不能对这批灯泡逐一进行损坏性试验。另外，对于无限总体，则根本无法获得其全部总体信息。在这些情况下，只能通过样本来推断总体的相关信息。

要使用样本来推断总体特征，首先要考虑所选择的样本是否具有代表性。所谓样本的代表性，就是样本与总体的一致性，即样本信息所能够代表的总体相关信息的程度。样本代表性既表现在样本个体的性质上，也表现在样本个体的分布上。

如果样本具有很好的代表性，那么样本指标就与总体指标之间存在某种“必然”的关系。在这种情况下，就可以利用样本统计量来推断总体参数，如利用样本的均值、方差等来推断总体的均值、方差等。

即问即答

怎样才能使得抽取的样本更具有代表性？

如果使用了不具有代表性的样本，就很难准确地推断出总体特征。例如，我们经常听到某一宿舍的几名大学同学都考取了硕士研究生。如果我们选取这一个宿舍学生作为样本来考察该校应届毕业生的考研升学率，那么势必会很难得出真实的总体信息。可见，样本是否具有代表性与获取样本所使用的抽样方法密切相关。

二、样本的数量

即使选择了具有代表性的样本，使用样本指标来推断总体指标时，仍然会产生误差。这种情况下产生的误差就是代表性误差，又称抽样误差。代表性误差主要是指使用样本数据对总体特征进行推断时所产生的随机误差。从理论上讲，这种误差是不可避免的，但是它是可以计算并加以控制的。代表性误差产生的原因主要有：抽取样本时没有遵循随机原则，样本结构与总体结构存在差异，样本容量不足等。

术语

代表性误差：用样本指标来推断总体指标时所产生的误差，又称抽样误差。

一般来说，样本数量越多，用来推断总体特征的个体就越多，统计推断的效果就越好；反之，如果样本数量过少，无法获得携带总体信息的足够个体，就很难推断出足够好的总体特征。因此，样本数量过少将无法达到预期的推断效果。

那么，在统计推断时，如何确定合适的样本数量呢？

首先，确定样本数量需要考虑由样本推断总体特征时所要达到的精确程度。要想获得足够精确的推断结论，就必须选取足够大的样本。一般而言，推断结论的精确程度与样本数量呈正相关关系，即要求推断结论的精确程度越高，所需要的样本数量就越大，反之亦然。

其次，确定样本数量需要考虑总体中的个体差异性。总体中的个体差异越大，由相同数量样本推断出来的总体结论就越不精准。因此，在确保相同推断精度的前提下，如果总体中的个体差异越大，则需要抽取的样本数量也应该越大，反之亦然。

重要知识点

确定合适的样本数量需要综合考虑推断精度、个体差异性、抽样方法、成本、可行性等各种因素。

再次，确定样本数量还需要考虑获得样本的方法、成本、可行性等因素。由于使用不同抽样方法获取样本的代表性存在差异，所以要想获得一定精度的推断结论，使用不同抽样方法所需要的样本数量是不同的。一般来说，某种抽样方法所抽出的样本越具有代表性，其所需要的样本数量就可以越少。当然，确定样本数量时还需要考虑获取样本的成本等经济因素，以及是否可行等现实因素。

三、样本统计量及其抽样分布

由样本来推断总体特征主要是通过分析和计算样本的相关信息来实现的。具体讲，就是通过计算样本的一些样本指标量的数值来推断总体参数的数值。样本统计量是能够统计表达样本特征的各种样本指标量的总称，也可以称作样本指标统计量。例如，样本的均值、标准差、中位数等都是用来表达样本特征的一些样本指标量，它们都属于样本统计量的范畴。

术语

样本统计量：是指用来表达样本特征的各种样本指标量的总称，也称作样本指标统计量。

样本是被人们“抽取”出来用来推断总体特征的一些个体的集合，针对同一个总体，人们既可以“抽取”出一个样本，也可以“抽取”出多个样本；既可以“抽取”多个数量相同的样本，也可以“抽取”多个数量不同的样本。这样“抽取”的样本不同，各种样本指标的数值就可能存在差异，即样本均值、样本标准差等样本统计量可能会随着样本的不同而取不同的值。

统计推断所考察的总体往往是确定的，因此总体参数也是确定的，然而样本并不是确定的，样本统计量的数值会随样本的变化而变化，并不能唯一地确定。那么，如何根据各种样本统计量的数值来推断总体参数值呢？

即问即答

待推断总体参数、样本统计量、样本统计值三者的关系是什么？

通常情况下，特定的样本统计量的数值会随样本的变化而变化，是样本的函数。针对同一确定总体，随机抽取一定容量的样本，其样本统计量的数值是随机的。

从同一总体中随机地抽取一定容量的多个样本，这些样本的统计量所对应的概率分布称为抽样分布(sampling distribution)。人们使用样本统计量来推断总体特征，其优良性主要取决于其样本统计量的抽样分布。从这个意义上说，抽样分布是统计推断的理论基础。

术语

抽样分布：是指从同一总体中随机地抽取一定容量样本的样本统计量的概率分布。

以总体均值的统计推断为例。假如我们从总体均值为 μ、总体标准差为 σ 的总体中随机取出 n 个个体构成样本，由此来考察总体的均值。由于我们可以从这个总体中随机抽取多个由 n 个个体构成的样本，而每一个这样的样本都有自己的样本均值 $\bar{x}$、样本标准差 S 等，并且它们的取值可能各不相同，因此，这种由 n 个个体构成样本的样本均值实际上是一个随机变量，所有这样的样本均值服从一种概率分布，即样本均值的抽样分布（类似地，样本标准差也有自己的抽样分布）。

样本均值的抽样分布与抽样所依据的总体和样本数量的大小有关。统计表明，如果总体服从正态分布，那么无论样本数量的大与小，样本均值的抽样分布都近似地服从正态分布。如果总体不服从正态分布，但是样本数量比较大（通常要大于 30），样本均值的抽样分布也近似地服从正态分布，这就是统计学上的中心极限定理。此时的样本均值具有如下性质：

重要知识点

中心极限定理。

(1) 样本均值的抽样分布的总体均值等于 μ。

(2) 样本均值的抽样分布的总体标准差等于 $\sigma/\sqrt{n}$。

即样本均值的抽样分布为：$\bar{x} \sim N\left(\mu, \frac{\sigma^2}{n}\right)$。

对于样本比例（成数）来说，中心极限定理也同样成立：

设从成数为 P_0 的总体中抽取大小为 n 的样本，当 n 充分大时，样本成数总是近似服从 $N\left[P_0, \frac{P_0(1-P_0)}{n}\right]$ 的正态分布。即：

$$E(\hat{P}) = P_0, D(\hat{P}) = \frac{1}{n}P_0(1-P_0)$$

$$\hat{P} \sim N\left[P_0, \frac{1}{n}P_0(1-P_0)\right]$$

利用这种抽样分布的规律，我们就可以使用样本数据来估算总体均值或者总体比例，并且给出这样的估算所具有的相关统计性质。

同理，我们也可以利用其他一些样本统计量的抽样分布规律来估算与之相应的一些总体特征。

第二节 参数估计

人们常常需要根据样本数据，通过构建一定的统计量来推断总体指标的具体参数值，这就是参数估计。简单地讲，参数估计(parameter estimation)就是使用样本的指标统计量去估算总体的参数值(即总体指标值)。比如，使用样本均值去估算总体的均值，用样本比例去估算总体的比例，用样本方差去估算总体的方差，等等。

用于估计的样本统计量称为估计量。根据一个具体的样本计算出来的估计量的数值称为估计值，或称为估计量的一个实现。

常见的参数估计形式有点估计和区间估计两种。

一、点估计

点估计(point estimation)就是对总体参数的具体数值进行估计，也就是使用样本的数据信息来估计总体参数的具体数值，又称定值估计。比如，用样本均值来估计总体均值的具体值，用样本比例来估计总体比例的具体值，用样本方差来估计总体方差的具体值，等等。

例如，在一次在校大学生消费状况调查中，接受调查的 320 名在校大学生的当月平均消费额为 1 200 元。如果将这些接受调查的大学生的月消费额看作该校所有在校大学生月消费额的一个样本，那么就可以将 1 200 元直接作为该校所有在校大学生月消费额的估计值，这就是一个点估计(这里估计的总体参数是总体均值，所使用的样本统计量是样本均值，估计得到的是总体参数的一个具体数值)。

对于同一个总体参数，有时可以使用不同的样本统计量来进行估计。比如，人们既可以使用样本均值作为总体均值的估计量，也可以使用样本中位数作为总体均值的估计量。人们使用的样本统计量不同，估计得到的总体参数的估计值也可能不同。即使使用同一个样本统计量，人们也可能会“抽取”多组容量相同或不同的样本来对其参数进行估计。一般来说，所“抽取”的样本不同，计算得到的样本统计量的数值也可能不同，由此得到的总体参数的估计值就可能不同。那么，哪个样本的估计值更接近或者等于总体参数的真实值？这就需要明确一个问题，即如何评价一个样本估计值的优与劣。

由于点估计只是给出了总体参数的一个估计数值，无法计算得到这个估计值的置信水平，所以人们很难判断一个具体估计值的优与劣。尽管如此，理论上人们可以从以下三个方面对样本估计量的优良性加以判断。

(1) 样本估计量的无偏性

学习目标

掌握点估计和区间估计方法。

术语

参数估计：就是使用样本的指标统计量去估算总体的参数值。

点估计：就是对总体参数的具体数值进行估计，即使用样本信息来估计总体参数的具体数值，又称定值估计。

重要知识点

使用的样本或者样本统计量不同，所得到的点估计值也不同。因此，人们很难获知点估计值与总体参数真实值之间的关系。

即问即答

怎样使点估计值更加接近总体参数的真实值？

样本估计量的无偏性是指样本估计量抽样分布的期望值等于被估计的总体参数的真实值。

尽管单个样本的统计指标值可能与未知的总体参数的真实值存在一定的偏差，但是经过多次抽样所得到的样本统计指标值，其数学期望 $E(\hat{\theta})$ 应该等于总体参数的真实值 θ。也就是说，使用所有可能的样本统计指标值的平均值对总体指标值进行估计应该是无偏误的。

重要知识点

虽然人们无法得到一个点估计值的置信水平，但是可以事先对其所使用的样本估计量的优良性进行判断和选择。其中无偏性、一致性和有效性是用来衡量所选择样本统计量优良性的常用指标。

无偏性可以用以下公式来表达：

$$E(\hat{\theta})=\theta$$

式中，$\hat{\theta}$ 表示样本的统计指标值；θ 表示总体指标值。

样本均值和样本比例(成数)分别是总体均值和总体比例(成数)的无偏估计量。

例如，在随书数据 score2.csv 中，共收录了 582 名同学的统计学成绩，成绩的均值为 79.36。以这 582 个统计学成绩为总体，每次随机抽取 100 个成绩作为样本，然后计算这些样本的均值；重复抽样 2 000 次，就得到了 2 000 个样本均值。由于样本存在随机性，因此这 2 000 个样本均值可能有大有小，偏离总体均值的程度各不相同，但是这 2 000个样本均值的期望应该等于总体均值的真实值，其过程如图 3-1 所示。这就是样本均值统计量的无偏性。

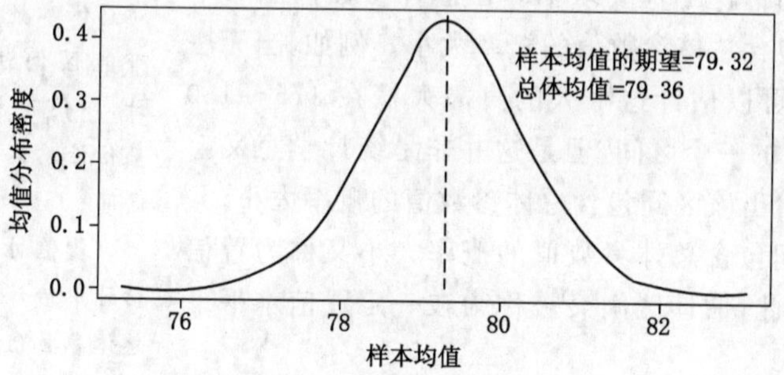

图 3-1　样本均值统计量的无偏性

(2) 样本估计量的一致性

样本估计量的一致性是指随着样本容量的增大，样本统计量的数值 $\hat{\theta}$ 越来越接近被估计的总体参数的真实值 θ。这意味着，通常使用一个大样本的样本估计值来估计总体参数的真实值要比使用一个小样本更准确。

样本估计量的一致性可以用以下公式来表达：

$$\lim_{n\to\infty} p(|\hat{\theta}-\theta|<\varepsilon)=1$$

样本均值和样本比例分别是总体均值和总体比例的一致估计量。图 3-2 所示为样本估计量的一致性。

(3) 样本估计量的有效性

样本估计量的有效性是指样本估计量的方差应尽可能小。

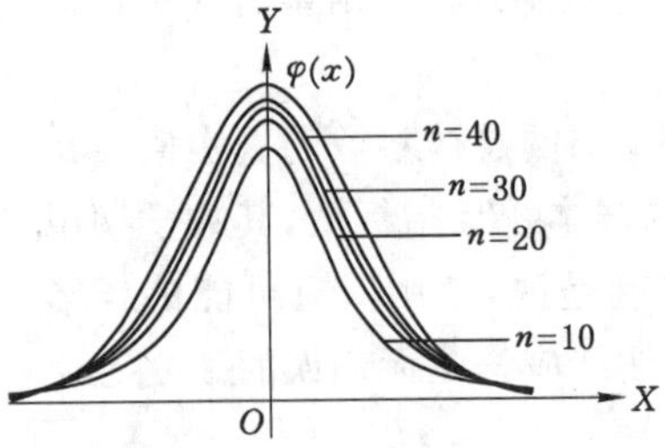

图 3-2 样本估计量的一致性

总体参数的无偏估计量通常不止一个。由于方差能够表征数据的离散程度，所以在所有无偏的样本估计量 $\hat{\theta}_i$（$i=1,2,\cdots,n$）中，最容易估计到总体参数值的是方差最小的那一个样本估计量 $\hat{\theta}$。

样本估计量的有效性可以用以下公式来表达：

$$V(\hat{\theta}) < V(\hat{\theta}_i) \quad (i=1,2,\cdots,n)$$

思考与研讨

上述判断样本统计量优良性的无偏性、一致性和有效性中哪个更为重要？

二、区间估计

与点估计不同，区间估计（interval estimation）给出的是总体参数值的一个可能区间。

从统计学意义上讲，区间估计不但要求估算出总体参数值的一个区间，而且要求给出该区间包含总体参数值的概率大小。例如，当无法获知一个人的真实身高时，可以估计这个人的身高大概在 175～180 cm。这里估计得出的是身高的一个区间，但是这并非是统计学意义上的区间估计，因为它并没有给出该区间包含总体参数值的概率大小。

在区间估计中，估计区间包含总体参数值的概率大小又称为置信水平、置信度、置信系数。因此，估计区间又被称为在一定置信水平下总体参数的置信区间。

在区间估计中，总体参数值的置信区间通常用其样本统计量的点估计值加减估计误差来表示。其中，估计区间的最小值称为置信下限，估计区间的最大值称为置信上限。区间估计的置信区间与点估计值之间的关系如图 3-3 所示。

术语

区间估计：就是对总体参数值的一个可能区间进行的估计，即使用样本信息来估计总体参数值的区间。

置信水平：区间估计中估计区间包含总体参数值的概率大小，又称置信度、置信系数。

置信区间：以一定的置信水平所估计得到的总体参数值的估计区间。

置信上限：即估计区间的最大值。

置信下限：即估计区间的最小值。

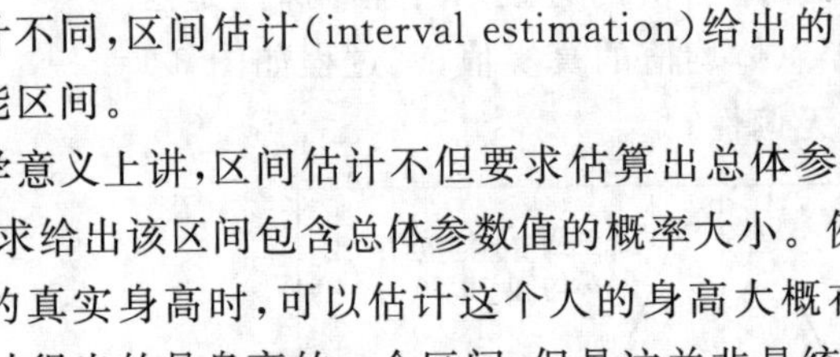

图 3-3 区间估计的置信区间与点估计值之间的关系

即问即答

区间估计中的估计区间是越大越好还是越小越好？

例如，美国一个公司曾就消费者对美国产品质量的看法，对美国、德国和日本三国共计 3 500 名消费者(每个国家约 1 200 名)分别进行了调查。调查结果为:55%的美国人认为美国产品质量好,26%的德国人和 17%的日本人持同样的看法。假如这次调查 95%置信水平的估计误差为±3%,则这三个国家消费者认为美国产品质量好的 95%置信水平的置信区间分别为:美国 52%～58%,德国 23%～29%,日本 14%～20%。

区间估计也是对总体参数值的一种"估计",只是它不是确定总体参数的一个具体数值,而是给出一个可能包含总体参数真实值的数值区间。因为总体参数值是一个待估计的确定数值,而样本统计量的估计值是随样本变化而变化的,因此使用一个样本数据来估计总体参数值,其估计值恰巧等于真实值的可能性几乎为零。但是,如果我们确定以这个估计值为中心的一个区间,那么这个区间就很有可能包含总体参数的真实值。所确定的区间越大,这个区间包含总体参数真实值的可能性也就越大。

因为样本统计量是随机变量,有自己的抽样分布,因此,我们可以根据其抽样分布构建一个样本统计量的估计值在一定概率水平下的区间。这个区间就是根据样本统计量的估计值获得的一定置信水平下包含总体参数值的置信区间。

样本均值落在总体均值左右一个标准差内的概率是 68.27%,落在两个标准差内的概率是 95.45%,而落在三个标准差内的概率则是 99.73%。由于样本均值与总体均值具有对称性,因此,总体均值 68.27%置信水平的置信区间是样本均值加减一个标准差,95.45%置信水平的置信区间是样本均值加减两个标准差,99.73%置信水平的置信区间是样本均值加减三个标准差。同理,也可以获得其他抽样分布条件下待估计总体参数值的一定置信水平的置信区间。

置信区间和置信水平是进行区间估计时必须明确的两个重要概念。人们往往希望能够获得一个拥有较高置信水平的较小置信区间。然而,置信区间的大小与样本量的大小密切相关。一般而言,样本量越大,相同置信水平下的置信区间就越小。因此,要想获得较小的置信区间,就需要使用较大的样本进行估计。

三、总体均值的区间估计

在一些问题的研究中,人们关心的往往是总体的均值、比例、方差等指标。

在对总体均值进行区间估计时,需要综合考虑待估计总体的分布规律、方差是否已知等情况。下面根据总体方差是否已知,分两种情况介绍总体均值的区间估计方法。

(一) 样本来自正态总体,总体方差已知

由正态总体样本均值的抽样分布规律可知,此时的样本均值近似

地服从期望值为 μ，方差为 σ^2/n 的正态分布。

因此，总体均值 μ 在 $(1-\alpha)$ 置信水平下的置信区间为：

$$\bar{x}\pm z_{\alpha/2}\frac{\sigma}{\sqrt{n}}$$

式中，$z_{\alpha/2}$ 是标准正态分布的 $\alpha/2$ 的下分位点。

【例 3-1】 已知某年级的统计学考试成绩服从正态分布，标准差为 11.16。请利用 1 班 30 名同学的统计学考试成绩（表 3-1），以 95% 的置信水平估计整个年级的统计学考试平均成绩的置信区间。

表 3-1　　1 班 30 名同学的统计学考试成绩（分）

80	60	78	85	67	65	63	78	72	87
80	85	84	82	91	87	74	82	73	74
87	90	88	90	78	86	67	79	89	64

解 由标准正态分布可知，95% 的样本会落在标准差为 −1.96～1.96 的区间。所以，本例中 $z_{\alpha/2}$ 为 −1.96。另外，样本数量 n 为 30 个，总体标准差 σ 为 11.16。于是有：

$$\bar{x}\pm z_{\alpha/2}\frac{\sigma}{\sqrt{n}}=78.83\pm 1.96\times\frac{11.16}{\sqrt{30}}=78.83\pm 3.99$$

因此，该年级统计学考试成绩 95% 置信水平的置信区间为 74.84～82.82 分。

【例 3-2】 某大学生记录了他一个月 31 天的伙食费。经计算，他这个月的伙食费日平均为 20.4 元。如果已知他日伙食费的标准差为 4.8 元。试估计该学生每日平均伙食费 95% 置信水平的置信区间。

解 这里假设该学生每日平均伙食费服从正态分布。所以，本例中 $z_{\alpha/2}$ 为 1.96。另外，样本容量 n 为 31，总体标准差 σ 为 4.8 元。于是有：

$$\bar{x}\pm z_{\alpha/2}\frac{\sigma}{\sqrt{n}}=20.4\pm 1.96\times\frac{4.8}{\sqrt{31}}=20.4\pm 1.69$$

因此，该学生日平均伙食费 95% 置信水平的置信区间为 18.71～22.09 元。

（二）样本来自正态总体，总体方差未知

在总体方差 σ^2 未知的情况下，一般可以近似地用样本方差 S^2 来替代。此时的样本统计量 $\frac{\bar{x}-\mu}{s/\sqrt{n}}$ 服从自由度为 $(n-1)$ 的 t 分布。

因此，总体均值 μ 在 $(1-\alpha)$ 置信水平的置信区间为：

$$\bar{x}\pm t_{\alpha/2}\frac{s}{\sqrt{n}}$$

式中，$t_{\alpha/2}$ 是自由度为 $(n-1)$ 的 t 分布的 $\alpha/2$ 的下分位点。

【例 3-3】 已知某年级的统计学考试成绩服从正态分布，请根据教学1班的前15名同学的统计学考试成绩(表3-1)，估计整个年级统计学考试平均成绩95%置信水平的置信区间。

解　由于总体服从正态分布，但是方差未知，并且样本量较小，因此需要使用t分布来估计总体均值的置信区间。利用样本数据可以计算得到，$\bar{x}=77.13$，$s=9.53$。由于自由度为14的t分布的5%的双侧分位点为2.14，因此本例中$t_{0.025}(14)=2.14$，于是有

$$\bar{x} \pm t_{\alpha/2}\frac{s}{\sqrt{n}}=77.13 \pm 2.14 \times \frac{9.53}{\sqrt{15}}=77.13 \pm 5.27$$

所以，这次整个年级统计学考试平均成绩95%置信水平的置信区间为71.86～82.40分。

重要知识点

因为样本均值统计量的抽样分布与总体方差是否已知有关，所以需要根据总体方差是否已知来确定总体均值的区间估计方法。

(三) 非正态总体方差已知条件下总体均值的区间估计

以上介绍的两种方法中，样本均来自正态总体。如果样本来自非正态总体，或者不知道样本是否来自正态总体，那么如何利用样本数据对总体均值进行区间估计呢？

中心极限定理指出，无论总体是否服从正态分布，当样本容量足够大时，样本均值的抽样分布都近似地服从正态分布。

因此，当样本容量足够大时(比如样本数量大于30)，无论总体方差是否已知，则样本均值统计量$\bar{x}$均可以看作近似地服从正态分布。此时总体均值μ在$(1-\alpha)$置信水平的置信区间仍然可以使用上述方法进行估计，并且$t_{\alpha/2}$也可以近似地使用$z_{\alpha/2}$来替代。在此不再赘述。

四、总体比例的区间估计

在总体比例的区间估计中，首先需要判定样本是否属于大样本。一个简单的近似判别方法是：根据样本数据计算以下区间$\left\{\left[\hat{p}-3\sqrt{\frac{\hat{p}(1-\hat{p})}{n}}\right],\left[\hat{p}+3\sqrt{\frac{\hat{p}(1-\hat{p})}{n}}\right]\right\}$，如果该区间完全包含在(0,1)区间内，则可以认为样本数量足够大。

根据样本比例的中心极限定理，当样本容量n足够大时，样本比例近似服从期望值为p、方差为$\frac{p(1-p)}{n}$的正态分布。此时，总体比例p在$(1-\alpha)$置信水平的置信区间为：

$$\hat{p} \pm z_{\alpha/2}\sqrt{\frac{\hat{p}(1-\hat{p})}{n}}$$

式中，$z_{\alpha/2}$是标准正态分布的$\alpha/2$下分位点。

软件应用

用SPSS求一个总体均值的置信区间(T检验)：

1. 打开数据文件后，选择【分析(A)】→【比较均值(M)】→【单样本T检验(S)】。

2. 然后将数据文件导入【检验变量(T)】，并在【选项(O)】中选择设定的【置信区间百分比(C)】。

3. 再依次点击【继续】和【确定】，则可以计算得到单样本T检验的置信区间等信息。

【例 3-4】 为了解某品牌汽车的消费者对其购买行为的满意情况，某公司委托一家调查公司进行了一项市场调查。调查人员随机访问了30名最近购买该品牌汽车的客户，发现受访的客户中有21名对他们的这次购买行为表示满意。试在95%的置信水平下对客户购买

该品牌汽车的满意比例进行区间估计。

解 这是一个关于总体比例的区间估计问题，其中 $n=30$，$z_{\alpha/2}=1.96$，$p=21/30=70\%$。于是有：

$$\hat{p} \pm z_{\frac{\alpha}{2}}\sqrt{\frac{\hat{p}(1-\hat{p})}{n}} = 70\% \pm 1.96 \times \sqrt{\frac{70\%(1-70\%)}{30}}$$

$$= 70\% \pm 16.40\%$$

所以，该品牌消费者的购买行为满意的 95%置信水平的置信区间为 53.60%～86.40%。

类似地，我们还可以进行单个正态总体的总体方差的区间估计、两个正态总体的总体均值之差的区间估计、两个正态总体的总体比例之差的区间估计、两个正态总体的总体方差之比的区间估计等。对于这些区间估计问题，不同之处在于所构造的检验统计量以及所使用检验统计量的分布规律不同而已。有兴趣的同学可以参考相关文献。

第三节 假设检验

学习目标

深刻理解假设检验的基本原理；掌握一个总体参数的假设检验方法。

与参数估计一样，假设检验(hypothesis testing)也是一种利用样本数据对一些总体参数值进行统计推断的方法。与参数估计不同的是，假设检验先是将一些总体参数设定为一些具体数值，再利用样本数据计算得到总体参数取这些数值的可能性大小和既定的判断标准，以此来推断总体参数数值的方法。

术语

假设检验：是先对总体参数提出某种假设，再利用样本信息检验该假设是否成立的一种统计方法。

简单地说，假设检验就是先对总体参数提出某种假设，再利用样本信息检验该假设是否成立的一种统计方法。例如，超市某种商品的合格率是 98%，在校大学生拥有手机的比例是 99%，等等。这些可能都只是对总体参数的一种假设，可以通过“抽取”样本来对这些假设加以检验，并给出检验结论。

假设检验的大体思路是：先根据具体问题提出针对总体参数的某种假设，然后构造一个包含这种假设的检验统计量，再“抽取”样本获得数据并对检验统计量进行计算，最后根据此检验统计量的计算结果与既定的评判标准之间的关系给出检验结论。

在介绍具体的假设检验的方法之前，先介绍几个与之相关的重要概念。

一、原假设与备择假设

在假设检验中，首先需要针对总体参数设置一个原假设和一个备择假设。

原假设通常是研究者希望通过收集样本信息予以推翻的假设。设置这个假设的目的主要是想利用一些样本数据来说明这个假设成立的可能性微乎其微，在实际情况中不太可能发生，进而拒绝这个原假设。

备择假设通常是研究者希望通过收集样本信息予以支持的假设。备择假设一般应与原假设对立地设置。研究者并不是通过收集证据直接证明备择假设是否准确，而是利用收集到的证据证明原假设是否可接受，从而间接地证明备择假设的可接受性。

假设检验主要是基于反证法和小概率事件这两种思想。一般而言，肯定一个命题往往需要找到所有的支撑证据，而否定一个命题只需要找到一个反例就可以了。例如，要评定一批产品的质量100%合格，往往需要认定所有产品的质量都合格。但是要否认这样的论断，只需要认定其中有一个产品的质量不合格就可以了。假设检验就利用了这种反证法的思想，通过将所要支持论断的对立命题设定为原假设，利用样本数据评定这种原假设成立只是一个小概率事件，就可以拒绝原假设，从而获得所要支持论断的结论。

那么在假设检验中，如何才能获知原假设命题的发生概率信息呢？由于原假设是针对总体参数提出的，因此可以根据具体的总体参数情况构造出对应的检验统计量。例如，要检验有关总体均值的假设，可以使用样本均值这个统计量。

由于样本统计量都是样本的随机函数，都有自己的概率分布，因此利用其概率分布就可以计算出原假设这个命题成立的概率数值。如果这个概率数值比较大，就没有理由拒绝原假设。但是，如果这个概率数值非常小，就有理由拒绝原假设，因为这时候根据样本数据计算得到的原假设这个命题只是一个小概率事件，因为认为这种事件实际上是很难发生的。

术语

原假设：研究者希望通过收集样本信息予以推翻的假设。

备择假设：研究者希望通过收集样本信息予以支持的假设。

重要知识点

假设检验主要是基于反证法和小概率事件这两种思想。也就是试图利用样本数据来说明原假设命题只是一个小概率事件，不太可能发生，从而拒绝原假设，接受备择假设的命题。

【例3-5】　某市场调查机构估计，企业广告方案的实施已经使企业的品牌知名度提高到了25%。为了检验这一估计是否正确，该研究机构随机地抽取了一个样本进行检验。试提出该检验的原假设和备择假设。

解　设企业目前实际的品牌知名度为M。显然，研究机构想收集信息予以支持的假设应该是“企业目前的品牌知名度为25%以上”。因此，建立的原假设和备择假设应该如下。

原假设：企业目前的品牌知名度为25%或以下；

备择假设：企业目前的品牌知名度为25%以上。

在假设检验中，原假设又被称为零假设，一般记为H_0。与原假设对立的命题就是备择假设，又被称为备选假设，一般记为H_1。

以总体均值的假设检验为例，原假设的提出一般有如下三种方式：

(1) $H_0:\mu=\mu_0, H_1:\mu\neq\mu_0$；

(2) $H_0:\mu\leqslant\mu_0, H_1:\mu>\mu_0$；

(3) $H_0:\mu\geqslant\mu_0, H_1:\mu<\mu_0$。

具体采取哪种方式需要根据实际问题确定。

【例3-6】　目前亲子鉴定一般采用DNA鉴定的方法。DNA的名称为脱氧核糖核酸。无论是动物还是植物，其细胞的染色体上都有来自父母双方、外观呈双股螺旋状的遗传因子，并且基本上延续了父母某部分的遗传特性。DNA 亲子鉴定就是从当事人的身体组织中提取 DNA，经由特别的方法显示出其条码，根据该条码与其他当事人(如父母)的基因条码的相符程度来鉴定是否为亲子关系。请列出这种亲子鉴定的原假设和备择假设。

解 在亲子鉴定中，我们希望否定的命题是被鉴定的两个当事人是亲子关系。同时，在整个社会中，任意两个当事人是亲子关系的概率是非常小的。因此，亲子鉴定的原假设和备择假设分别如下。

H_0：被鉴定的两个当事人是亲子关系；

H_1：被鉴定的两个当事人不是亲子关系。

思考与讨论

在亲子鉴定中，如果原假设和备择假设设置反了，结果会怎样？

二、两类错误和显著性水平

假设检验是建立在一次实验中小概率事件不可能实际发生的判断之上的。然而，小概率事件也不是完全不可能发生的。在假设检验中，如果因发生的概率小而拒绝了原假设，其实也是以同样的概率犯了拒绝一个正确命题的错误。拒绝正确原假设的错误被称为拒真错误，又称为假设检验的第一类错误。

拒绝原假设的概率并不是越小越好，因为过小的概率会使人们很难拒绝一个原本错误的原假设，从而无法选择正确的备择假设。接受错误原假设的错误称为纳伪错误，又称为假设检验的第二类错误。

在假设检验中，人们往往需要事前确定犯第一类错误的最大概率值，以此来评定是否接受原假设。这种事先确定的犯第一类错误的概率称为显著性水平，一般记作 α。只要使用样本数据计算出来的原假设命题发生的可能性小于这个显著性水平 α，人们就可以拒绝原假设，否则就无法拒绝原假设。

术语

拒真错误：拒绝正确原假设的错误被称为拒真错误，又称为假设检验的第一类错误。

纳伪错误：接受错误原假设的错误称为纳伪错误，又称为假设检验的第二类错误。

显著性水平：事先确定的犯第一类错误的概率称为显著性水平，一般记作 α。

在假设检验中，如果备择假设没有特定的方向性，如 $H_1:\mu\neq\mu_0$，则需要进行双侧检验，也称为双尾检验。如果备择假设具有特定的方向性，如 $H_1:\mu>\mu_0$ 或 $H_1:\mu<\mu_0$，则需要进行单侧检验，也称单尾检验。备择假设含有小于某一特定值的单侧检验称为左侧检验，例如 $H_1:\mu<\mu_0$；备择假设含有大于某一特定值的单侧检验称为右侧检验，例如 $H_1:\mu>\mu_0$。图 3-4 至图 3-6 为上述各种检验拒绝域示意图。

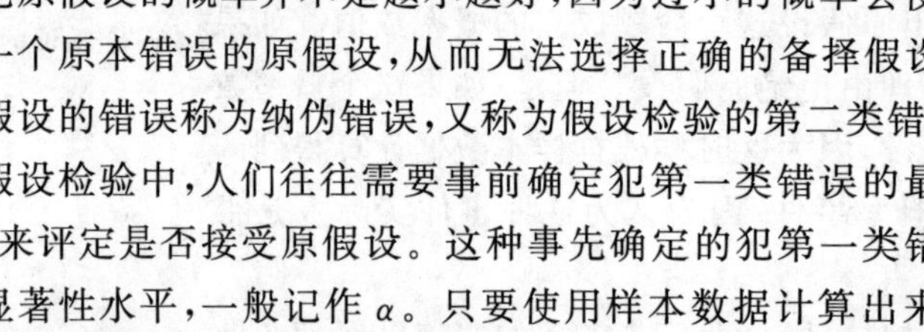

图 3-4 双侧检验拒绝域示意图

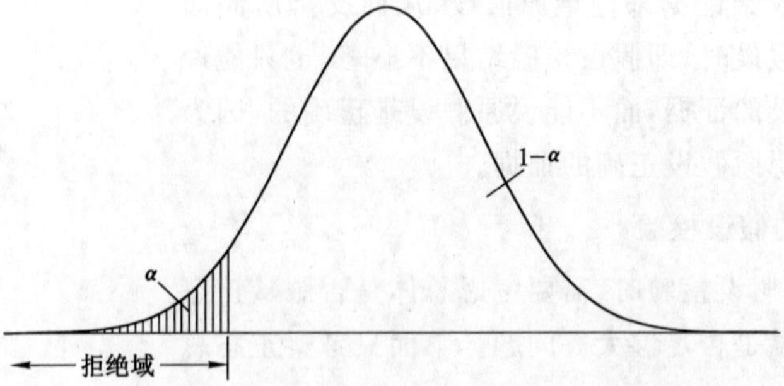

图 3-5　单侧检验(左侧)拒绝域示意图

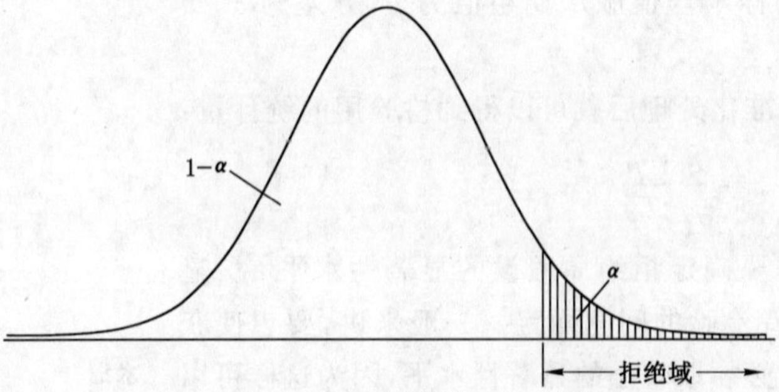

图 3-6　单侧检验(右侧)拒绝域示意图

基于样本数据实际计算出来的原假设发生的概率称为观察到的显著性水平,即 p 值。换句话说,p 值就是当原假设为真时所得到的样本观察结果或更极端结果出现的概率。p 值越小,犯第一类错误的概率就越小,拒绝原假设的理由就越充分。

因此,当 $p<\alpha$ 时,应该拒绝原假设,并且说检验结果显著①。当 $p\geqslant\alpha$ 时,不应该拒绝原假设,并且说检验结果不显著。一旦拒绝了原假设,则备择假设就得到了样本的支持。

当然,人们希望尽可能同时降低犯上述两类错误的概率,然而这在实际上是很难做到的。一个较好的办法就是使用大样本,因为增大样本数量可能会同时降低犯这两类错误的可能性。

一般来说,研究者比较容易控制犯第一类错误的概率,而很难计算获得犯第二类错误的概率(备择假设往往不是一个点,一般很难计算出犯第二类错误的概率),因此在实际的假设检验中,人们往往更重视控制第一类错误的发生概率。

---

① 随着计算机技术的发展,目前进行的假设检验越来越倾向于使用观察到的显著性水平 p 值来进行决策,主要原因是 p 值决策能够提供更多的信息,并且可以比较容易地获得 p 值。在过去主要是使用检验统计量的临界值和拒绝域来进行决策。这里的临界值就是根据事先确定的显著性水平 α 计算得到的检验统计量分布上的对应数值。根据该数值就可以确定从事假设检验决策的拒绝域。如果样本统计量的数值落在了拒绝域内,就可以拒绝原假设,否则就不应该拒绝原假设。有关这方面的进一步信息,读者可以参阅相关资料。

假设检验的目的主要是收集证据来拒绝原假设，从而支持所倾向的备择假设。当无法拒绝原假设时，即假设检验结果不显著，也只能说样本数据无法提供拒绝原假设的证据，而不能说原假设是正确的，因为样本数据并没有提供能够证明原假设正确的证据。

三、一个正态总体均值的假设检验

与区间估计一样，在进行假设检验时，需要考虑总体是否服从正态分布、方差是否已知、样本数量是否足够大等问题。下面只考察正态总体的总体均值假设检验问题。

(一) 样本来自正态总体，方差已知

据上所述，这种情况下的样本均值服从期望值为 μ，方差为 σ^2/n 的正态分布。

此时，将样本均值经过标准化处理后就可以得到检验用的统计量：

$$z=\frac{\bar{x}-\mu}{\sigma/\sqrt{n}}$$

在进行假设检验之前，需要确定拒绝原假设的显著性水平 α。显著性水平 α 的取值要视具体待检验的问题而定。一般来讲，要想使获得的备择假设更有说服力，就必须取较小的显著性水平，因为这样可以使拒绝原假设变得更为谨慎。常用的显著性水平有 $\alpha=0.05$，$\alpha=0.01$，$\alpha=0.001$ 等。

术语

***p* 值**：使用样本数据实际计算出来的原假设发生的概率，也称为观察到的显著性水平。

确定了显著性水平 α 后，就可以使用样本数据计算上述的样本统计量的数值了。根据该数值可以计算得到它在标准正态分布中发生的概率大小，而这个概率数值实际上就是由样本所观察到的显著性水平 p。如果 $p<\alpha$，说明原假设事件的发生概率很小，应该拒绝原假设，支持备择假设，此时，假设检验通过，假设检验达到了其既定的目的；如果 $p\geqslant\alpha$，就无法拒绝原假设，此时，假设检验未通过，假设检验没有达到其既定的目的。

重要知识点

假设检验的决策原则是：当 $p<\alpha$ 时，应该拒绝原假设，通过检验；当 $p\geqslant\alpha$，不应该拒绝原假设，未通过检验。

【例 3-7】 女性在薪酬方面受到歧视吗？假设一位女性银行雇员认为由于性别歧视的原因，女性雇员的薪酬会比较低。为了证实她的想法，她收集了银行中男性雇员和部分女性雇员的薪酬信息。她发现，男性雇员薪酬的平均值是 54 000 元，标准差是 1 000 元；而收集到 4 位女性雇员薪酬的平均值是 47 000 元。假设银行雇员的薪酬水平服从正态分布，那么这些信息能否支持她所说的女性在薪酬方面受到歧视的观点吗？($\alpha=0.001$)

即问即答

p 值是否越小越好？为什么？

解 要推断女性在薪酬方面是否受到歧视，需要将女性薪酬的分布看作与男性薪酬的分布相同，再利用上述数据对该观点进行假设检验。

根据案例，可以将上述问题的原假设和备择假设分别设为：

H_0：该银行女性雇员在薪酬方面不存在歧视，即女性平均薪酬等

于男性平均薪酬；

H_1：该银行女性雇员在薪酬方面存在歧视，即女性平均薪酬与男性平均薪酬不相等。

根据上述数据有：

$$z=\frac{\bar{x}-\mu}{\sigma/\sqrt{n}}=\frac{47\ 000-54\ 000}{1\ 000/\sqrt{1}}=-3.5$$

这说明，女性平均薪酬处于总体平均薪酬分布的 3.5 个标准差处。如图 3-7 所示，这种事情的发生概率是 $p=0.000\ 46$。因为 $p<\alpha$，所以应该拒绝原假设。于是，上述假设检验通过，即我们应该支持备择假设：该银行女性雇员在薪酬方面存在着歧视。

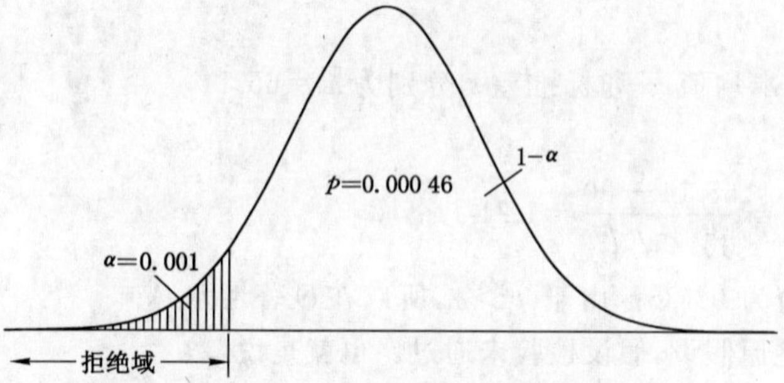

图 3-7 假设检验 p 值计算示意图

（二）样本来自正态总体，方差未知

据上所述，此时可以用样本的方差 S^2 来近似代替总体方差 σ^2。此时检验用的样本统计量为：

$$t=\frac{\bar{x}-\mu}{s/\sqrt{n}}$$

该统计量服从自由度为$(n-1)$的 t 分布。

接下来，首先要确定待检验的问题，即提出原假设、备择假设和检验用的样本统计量；其次要在确定显著性水平 α 的基础上，使用样本数据计算上述样本统计量的数值；然后再根据该统计量的数值计算得到它的发生概率值，即观察到的显著性水平 p[根据自由度为$(n-1)$的 t 分布来计算统计量的 p 值]；最后，根据 p 值和 α 值的关系给出假设检验的结论。如果 $p<\alpha$，就应该拒绝原假设，选择支持备择假设；如果 $p\geqslant\alpha$，就无法拒绝原假设，假设检验未通过，假设检验没有达到既定的目的。

【例 3-8】 已知某超市某种商品的日销售量服从正态分布，方差未知。根据以往经验，其正常日销售量的均值为 $\mu_0=60$。该超市进行了为期一周的促销活动，促销期间的日销售量分别为：64、57、49、81、76、70、59。为评估这次促销活动是否有效，试对其进行假设检验，并给出结论（$\alpha=0.05$）。

重要知识点

由于样本均值统计量的抽样分布与总体方差是否已知有关，所以需要根据总体方差是否已知来确定总体均值的假设检验方法。

即问即答

在假设检验中如何选取适当的显著性水平？

思考与研讨

无法拒绝原假设是否意味着原假设的命题正确？为什么？

解 依据常识，促销活动是否有效主要要看促销期间的销售量是否能够比正常销售量有明显提高。因此，本例可以选取促销期间和正常销售期间的日平均销售量的差异进行分析。据此可以提出如下假设：

H_0：促销期间的日平均销售量比正常的日平均销售量并没有明显增长，即 $\mu \leqslant \mu_0$；

H_1：促销期间的日平均销售量比正常的日平均销售量有明显增长，即 $\mu > \mu_0$。

这里样本数量比较小($n=7$)，所以样本统计量 $t=\frac{\bar{x}-\mu}{s/\sqrt{n}}$ 可以看作服从自由度为 6 的 t 分布。

由样本数据计算可得，样本均值 $\bar{x}$ 和标准差 s 分别为 $\bar{x}=65.14$，$s=11.25$。于是有

$$t=\frac{\bar{x}-\mu}{s/\sqrt{n}}=\frac{65.14-60}{11.25/\sqrt{7}}=1.21$$

经计算，该统计量的 p 值为 0.136。由于 $p>\alpha$，所以在显著性水平 $\alpha=0.05$ 的情况下无法拒绝原假设，假设检验未通过。也就是说，数据无法支持这次促销活动效果明显的结论。

【例 3-9】 某食品企业用自动包装机生产面粉，某日测得 9 包面粉的质量(单位为 kg)如下：49.7、49.8、50.3、50.5、49.7、50.1、49.9、50.5、50.4。设每包面粉的质量服从正态分布，是否可以认为每包面粉的平均质量为 50 kg(取显著水平 $\alpha=0.05$)？

解 设每包面粉的质量服从正态分布，要检验的假设如下：

H_0：每包面粉的质量是 50 kg，即 $\mu=50$；

H_1：每包面粉的质量不是 50 kg，即 $\mu \neq 50$。

因为面粉质量的方差 σ 未知，考虑检验统计量 $t=\frac{\bar{x}-\mu}{s/\sqrt{n}}$ 服从自由度为($n-1$)的 t 分布。其中，$\mu=50$，$n=9$，则样本均值与样本标准差分别为：$\bar{x}=50.1$，$s=0.335$。由此可得统计量的观测值为：

$$t=\frac{\bar{x}-\mu}{s/\sqrt{n}}=\frac{50.1-50}{0.335/\sqrt{9}}\approx 0.894$$

经计算，该统计量的 p 值为 0.397。由于 $p>\alpha$，所以在显著性水平 $\alpha=0.05$ 的情况下无法拒绝原假设，假设检验未通过。即在显著水平 $\alpha=0.05$ 下，不能否定每包面粉的平均质量为 50 kg。

由于随着自由度的增大，t 分布渐进服从标准正态分布，因此，在样本容量比较大时，统计量 $t=\frac{\bar{x}-\mu}{s/\sqrt{n}}$ 的分布可用标准正态分布近似。

此时，检验用的样本统计量为：

软件应用

用 SPSS 进行一个总体均值的检验(T 检验)：

1. 打开数据文件后，选择【分析(A)】→【比较均值(M)】→【单样本 T 检验(S)】。

2. 将数据文件导入【检验变量(T)】，在【检验值(V)】中输入待检验的总体均值，并在【选项(O)】中选择设定的【置信区间百分比(C)】。

3. 依次点击【继续】和【确定】，可以得到单样本假设检验等相关信息。其中，Sig.(双侧)即为双侧检验的显著性水平 p 值。

$$z=\frac{\bar{x}-\mu}{s/\sqrt{n}}$$

【例 3-10】 某任课教师认为，学生对他的统计学课程越来越感兴趣了。为此，他将用学生的考试成绩来说明这一点(假定学生的考试成绩能够反映他们的学习兴趣)。假定不同年度统计学考试试卷的难易程度是相同的。已知上一学年他所授课班级的统计学考试成绩的均值为 75 分。本学年他所授课的班级为 1 班和 2 班，考试成绩见表 3-2。这些数据能否说明他的观点的正确性(取显著水平 $\alpha=0.05$)?

表 3-2　　1 班和 2 班的统计学考试成绩

80	60	78	85	67	65	63	78	72	87
80	85	84	82	91	87	74	82	73	74
87	90	88	90	78	86	67	79	89	64
74	46	87	73	70	80	77	90	80	87
72	88	63	83	70	82	84	75	64	88
82	88	60	72	65	84	75	75	81	64

解　这里问题的关键是学生的统计学考试成绩是否有显著提高，如果学生的考试成绩有显著提高，则说明学生对他的统计学课程越来越感兴趣了。为此，可以提出如下假设：

H_0:本学年统计学考试的平均成绩比上一年度考试的平均成绩没有显著提高；

H_1:本学年统计学考试的平均成绩比上一年度考试的平均成绩有显著提高。

由于总体服从正态分布，但方差未知，并且样本数量比较大($n=60$)，所以可以使用样本的方差来代替总体的方差。根据样本的数据可以计算出样本的均值和均方差分别为：$\bar{x}=77.40, s=9.61$。此时，检验用的样本统计量为：

$$z=\frac{\bar{x}-\mu}{s/\sqrt{n}}=\frac{77.40-75}{9.61/\sqrt{60}}=1.93$$

由此可以计算出该统计量的 p 值为 0.026 8。由于 $p<\alpha$，所以在 $\alpha=0.05$ 的显著性水平下，应该拒绝原假设。因此，样本数据能够支持这位教师的说法。

假设检验的基本过程为：首先要根据问题提出待检验的原假设、备择假设和检验用的样本统计量；其次要在确定显著性水平 α 的基础上，使用样本数据计算样本统计量的数值；再次根据样本统计量的数值计算得到观察到的显著性水平 p；最后根据 p 值和 α 值的关系给出假设检验的结论。如果 $p\leqslant\alpha$，则拒绝原假设，选择支持备择假设；如果 $p>\alpha$，则假设检验未通过。

四、一个正态总体比例的假设检验

总体比例的假设检验问题实际上是对两项分布总体均值的检验，所以必须在大样本条件下进行。

当样本容量 n 足够大时，检验的统计量近似地服从正态分布。此时，经过处理后，检验用的样本统计量为：

$$z=\frac{\hat{p}-p}{\sqrt{\frac{p(1-p)}{n}}}$$

【例 3-11】 内幕交易是指证券交易内幕信息的知情人和非法获取内幕信息的人利用内幕信息从事证券交易活动。内幕交易对证券市场的健康发展十分不利。为了认识内幕交易问题，某证券市场监管部门曾对一个内部人员的股票购买行为进行了观察，结果发现在他 576 次购买股票之后，有 327 次出现股票价格上涨。如果正常购买股票后股票价格涨跌的概率都是 0.5，那么上述观察结果能否说明这个内部人员从事的是内部交易？

解 如果内幕人员购买股票后股票价格上涨的概率明显大于0.5，则可以认为该内部人员的购买股票行为属于内部交易。为此，可以将上述股票投资行为看作是独立地从事 576 次伯努利试验。于是，可以提出如下待检验的假设：

H_0：该内部人员购买股票后股票价格上涨的比例不大于 0.5（$p\leqslant 0.5$）；

H_1：该内部人员购买股票后股票价格上涨的比例大于 0.5（$p>0.5$）。

由于样本数量比较大，所以总体比例的样本检验统计量可以近似看作服从正态分布。根据上述样本数据，购买股票后股票价格上涨的比例为 $\hat{p}=327/576=0.568$。于是有：

$$z=\frac{\hat{p}-p}{\sqrt{\frac{p(1-p)}{n}}}=\frac{0.568-0.5}{\sqrt{\frac{0.5(1-0.5)}{576}}}=3.264$$

经计算，样本所观测到的显著性水平 p 值为 $p=0.001\,1$。由于 $p<\alpha$，所以在 0.05 的显著性水平下，应该拒绝原假设，接受备择假设。由于该内部人员购买股票后股票价格上涨的比例显著地大于 0.5，所以有理由说，该内部人员从事的是内部交易行为。

类似地，我们可以进行单个正态总体的总体方差的假设检验、两个正态总体均值之差的假设检验、两个正态总体比例之差的假设检验、两个正态总体方差之比的假设检验等。不同的只是所构造的检验统计量以及所使用检验统计量的分布不同而已。有兴趣的同学可以参考相关文献。

第四节　非参数检验

学习目标

了解非参数检验的特点，掌握 **K-S** 检验、中位数符号检验等方法的基本原理和方法。

参数检验通常要求所研究的总体服从某种特定的分布。但是，在数据分析过程中，由于种种原因，人们往往无法获知总体的分布特征，也无法作出适当的分布假定，此时就不适宜使用上述方法了。

非参数检验(nonparametric tests)是一类在总体分布未知或知道甚少的情况下，利用样本数据对总体进行统计推断的方法。非参数检验是统计分析方法的重要组成部分，它与参数检验共同构成了统计推断的基本内容。下面介绍几种比较简单的非参数检验方法。

一、Kolmogorov-Smirnov 检验

术语

非参数检验：是一类在总体分布未知或知道甚少的情况下，利用样本数据对总体进行统计推断的方法。

在区间估计和假设检验中，通常要求样本数据来自正态总体。怎样检验总体是否服从正态分布呢？

通过绘制直方图、Q-Q 图等，可以从形状上直观地判断数据是否服从正态分布。这类方法虽然比较简单，但它们并不能用作确凿的统计证据。

Kolmogorov-Smirnov 检验(K-S 检验)是检验单一样本是否服从某一特定分布的常用方法。这种检验方法是以样本数据的累积频数分布与特定理论分布比较，若两者间的差距很小，则推论该样本取自该分布。

以正态分布检验为例。此时对应的假设检验问题如下：

H_0：样本所来自的总体服从正态分布；

H_1：样本所来自的总体不服从正态分布。

令 $F_0(x)$ 表示正态分布的理论累积概率，$F_n(x)$ 表示样本观测值的实际累积概率(频率)，实际累积概率与理论累积概率的差值为 $D(x)$，则差值序列中的最大绝对值为：

$$D = \max \mid F_0(x_i) - F_n(x_i) \mid$$

由于实际累积概率为离散值，通常进行如下修正：

$$D = \max[\mid F_0(x_i) - F_n(x_i) \mid, \mid F_0(x_i) - F_n(x_{i-1}) \mid]$$

这就是 K-S 检验的统计量。在小样本的情况下，该统计量服从 Kolmogorov 分布。

在大样本情况下，可以看作近似服从正态分布，此时的检验统计量为：

$$z = \sqrt{n} D$$

如果原假设成立，每次抽取的 D 值应该不会与 0 偏离太远。对于给定的显著性水平 α，若检验统计量 D(或 z)的概率小于 α，则拒绝原假设，表明样本所依赖的总体与正态分布存在显著性差异。

【例 3-12】 某班前 15 名学生的统计学考试成绩为 80、60、78、85、

67、65、63、78、72、87、80、85、84、82、91，试检验其是否服从正态分布（$\alpha=0.05$）。

解 根据所要分析的问题，可以给出如下假设：

H_0：这些学生的统计学考试成绩服从正态分布；

H_1：这些学生的统计学考试成绩不服从正态分布。

使用SPSS软件的非参数检验的单样本检验方法，可以得到表3-3的检验结果。

软件应用

用SPSS进行一个样本的K-S检验：

1. 打开数据文件后，选择【分析(A)】→【非参数检验(N)】→【单样本(O)】。

2. 在【设置】→【选择检验(S)】→【自定义检验(T)】中勾选需要进行的检验，并在相应的选项中选择假设分布等。

3. 点击【运行(R)】就可以得到单样本的K-S检验的相关信息。

表3-3 **单样本K-S检验结果**

原假设	平均值	标准差	*df*	*Sig.*	决策者
考试成绩的分布为正态分布	77.13	9.53	15	0.567	保留原假设

检验结果显示，双尾检验的显著性水平为 $p=0.567>\alpha=0.05$，不能拒绝原假设。因此，无法否定该考试成绩服从正态分布的原假设。这就从反面说明，该考试成绩很可能服从正态分布。

二、中位数符号检验

符号检验就是利用正负号的数目对某种假设进行判定的非参数方法。

中位数的符号检验是检验总体的中位数是否是某一个数值。

设一个随机样本有 n 个样本数据（$x_1,x_2,\cdots,x_n$），总体中位数的实际值为 M，假设的总体中位数值为 M_0，当样本中的数据大于假设的中位数 M_0 时，用"+"表示，样本中的数据小于假设的中位数 M_0 时，用"−"表示，删除恰巧等于 M_0 的数据。检验步骤如下：

(1) 提出假设。例如 $H_0:M=M_0$；$H_1:M\neq M_0$。

(2) 计算检验统计量。中位数符号检验的统计量为 s^+ 和 s^-。其中，s^+ 表示样本数据中大于 M_0 的数据个数，s^- 表示样本数据中小于 M_0 的数据个数。

当原假设成立时，从总体中抽取的每一个观测数据大于或小于中位数 M_0 的概率都是0.5。也就是说，每一次抽样就相当于进行一次伯努利试验，因此 n 次抽样（$n=s^++s^-$）的结果就服从二项分布 $B(n,0.5)$。符号检验就是利用这个原理的。

(3) 计算样本统计量的 p 值。在 n 次伯努利试验中，样本数据中出现大于(或小于)中位数的累积概率就是 p 值，即在 n 次独立试验中出现 s^+ 次大于0.5的累积概率(或出现 s^- 次小于0.5的累积概率)。

(4) 再根据事前确定的显著性水平 α，确定最终的检验结果。如果 $p<\alpha$ 时，应该拒绝原假设，表明实际中位数与假设的总体中位数存在显著性差异。

【例 3-13】 假定预先确定的统计学考试成绩的中位数为 75 分，试用表 3-4 中 1 班的统计学考试成绩检验这次考试的中位数是否与 75 有显著差异。

表 3-4　　1 班 30 名同学的统计学考试成绩

80	60	78	85	67	65	63	78	72	87
80	85	84	82	91	87	74	82	73	74
87	90	88	90	78	86	67	79	89	64

解　要检验的问题是统计学成绩的中位数是否为 75 分。因此，可以给出以下假设：

H_0：统计学成绩的中位数是 75 分；

H_1：统计学成绩的中位数不是 75 分。

使用 SPSS 分析菜单中的非参数检验方法，选择分割点为 75，则输出检验的显著性水平为 $p=0.1$。由于 $p>\alpha=0.05$，所以不能拒绝原假设。这说明，无法否定该班的统计学成绩的中位数不是 75 分。

软件应用

用 SPSS 进行一个样本的中位数符号检验：

1. 打开数据文件后，选择【分析(A)】→【非参数检验(N)】→【单样本(O)】。

2. 在【设置】→【选择检验(S)】→【自定义检验(T)】中勾选需要进行【比较观察二分类可能性和假设二分类可能性】，并设置【假设比例】和【割点】等。

3. 确定后点击【运行(R)】就可以得到单样本的中位数符号检验(二项式检验)的相关信息。

三、Wilcoxon 符号秩检验

中位数符号检验只利用了样本数据与中位数之差的符号，而没有考虑其差值的大小，因此并没有充分利用样本数据这方面的信息。Wilcoxon 符号秩检验将样本数据与中位数之差的绝对值的秩分别按照不同的符号相加作为其检验统计量，从而较好地将这两方面信息结合起来。从这个意义上讲，Wilcoxon 符号秩检验比单纯的中位数符号检验更准确一些。

与中位数符号检验对总体分布没有任何要求不同，Wilcoxon 符号秩检验要求其样本数据来自一个连续对称的总体分布，因为在对称分布中总体中位数与总体均值是相等的，而这时对总体中位数的检验就等价于对总体均值的检验。

设 $x_1,x_2,\cdots,x_n$ 为一个来自连续对称总体的样本数据，要检验的假设为 $H_0:M=M_0;H_1:M\neq M_0$。

计算样本数值 x_i 与总体中位数 M_0 的差值 $x_i-M_0(i=1,2,\cdots,n)$及其绝对值$|x_i-M_0|$，并将这些绝对值按照从小到大的顺序排序，得到$|x_i-M_0|$的秩。

然后对所有大于中位数的秩加总得到 W^+，将所有小于中位数的秩加总得到 W^-，则有 $W^++W^-=1+2+\cdots+n=\dfrac{n(n+1)}{2}$。如果 M_0 是中位数，则 W^+ 和 W^- 应该大致相同，否则就怀疑中位数是 M_0 的零假设。设 $W=\min(W^+,W^-)$，则 W 就是检验的统计量。

计算样本数据的 W 值，查相应分布表可以得到具体的 p 值(或者由计算机计算获得)，与事先确定的显著性水平 α 比较，如果 $p<\alpha$ 就

拒绝原假设。

【例 3-14】 假定预先确定的统计学成绩的中位数为 75 分，试用上述 1 班的数据检验成绩的中位数是否与 75 有显著差异。

解 根据题意可以给出以下假设：

H_0：统计学成绩的中位数是 75 分；

H_1：统计学成绩的中位数不是 75 分。

使用 SPSS 分析菜单中的非参数检验的单样本检验方法，输出的检验结果见表 3-5。

表 3-5 单样本 Wilcoxon 符号秩检验结果

原假设	*df*	*Sig.*	决策者
考试成绩的中位数为 75 分	30	0.028	拒绝原假设

表 3-5 中给出的检验结果显示，双尾检验的显著性水平为 $p=0.028<\alpha=0.05$，所以应该拒绝原假设。说明该班的统计学考试成绩的中位数并不等于 75 分。

以上介绍的都是单一样本的检验问题，然而在实际工作中，也常常会遇到两个或者多个总体的比较问题，这时候就需要"抽取"两个或者多个样本进行相关问题分析。对这类问题有兴趣的读者，可以参阅相关资料。

软件应用

用 SPSS 进行一个样本的 Wilcoxon 符号秩检验：

1. 打开数据文件后，选择【分析(A)】→【非参数检验(N)】→【单样本(O)】。

2. 在【设置】→【选择检验(S)】→【自定义检验(T)】中勾选需要进行【比较中位数和假设中位数】，并设置假设中位数。

3. 点击【运行(R)】就可以得到单样本的 Wilcoxon 符号秩检验的相关信息。

案例分析：不同检验方法出现的问题

一个大米加工企业给超市供应大米，每袋大米标重是 10 kg。超市管理人员怀疑供应商缺斤少两，所以随机抽取 10 袋大米进行称重检测，得到如下数据（单位为 kg）：9.93、9.83、9.76、9.95、10.07、9.89、10.03、9.97、9.89、9.87。假设每袋大米的质量服从正态分布。

由于发生了分歧，所以大米加工企业和超市都进行了假设检验。其中，加工企业老板取了样本的头两个数值进行 t 检验，通过计算得：样本均值为 9.88 kg，$p=0.125\ 7$，因此在 $\alpha=0.05$ 的水平上"接受零假设"。但是，超市管理人员用样本的全部数据进行 t 检验，计算得到：样本均值为 9.92 kg，$p=0.010\ 6$，因此在 $\alpha=0.05$ 的水平上"拒绝零假设"。

双方各持己见，无法解决。于是加工厂请来了律师协助解决。律师对所有数据使用了中位数符号检验方法进行检验，结果发现：$p=0.054\ 7$，因此在 $\alpha=0.05$ 的水平上"接受零假设"。并认为"既然三个检验中有两个都接受零假设，就应该接受"。请问，你如何看待以上问题。（本案例选自吴喜之《统计学：从数据到结论》，略有改动）

解 (1) 加工厂老板实际上减少了作为证据的数据，因此应该是"证据不足，无法拒绝零假设"，而不应该"接受零假设"。

(2) 律师虽用了全部数据，但却用了不同的方法。也只能够说"在这个检验方法下，证据不足以拒绝零假设"而不能说"接受零假设"。

(3) 对于同一个检验问题,可能有多种检验方法,但只要有一个拒绝,就应该拒绝。那些不能拒绝的检验方法是能力不足或者效率低。实际上,只要零假设的均值和样本均值的确不一样,那么根据检验统计量的公式可以看出,如果样本量不断增大,就必然会拒绝零假设。当然,对于效率较低的检验,要拒绝零假设所需要的样本量较大。

本章要点

广义的统计推断内容十分丰富,本章只简要介绍统计推断的基本思想、总体参数估计和假设检验等问题。为了使总体参数值的统计推断更加有效,必须选择合适的样本统计量,并且确保样本具有代表性和一定的样本规模。样本统计量的抽样分布是判断样本统计量优劣和总体参数估计值可信程度的重要依据。

本章介绍的参数估计主要包括点估计和区间估计。点估计虽然能够给出总体参数的具体数值,但是它无法给出这个具体估计值的可信程度,而区间估计可以给出一定置信水平下的总体参数值的一个区间。无论是点估计还是区间估计,估计用的样本统计量是否优良都对估计结果影响很大,而无偏性、一致性、有效性是用来衡量一个样本统计量优良性的常用指标。一定置信水平下的置信区间主要是根据样本统计量的抽样分布确定的,而置信区间一般是用抽样分布的上、下分位点来表达的。

对总体均值进行区间估计需要综合考虑待估计总体的分布规律、方差是否已知等情况。对于来自正态总体的样本,总体方差已知时检验统计量近似地服从正态分布,总体方差未知时检验统计量服从 t 分布,此时需要根据各自的抽样分布来计算总体参数值在既定置信水平上的置信区间。当样本容量足够大时,依据中心极限定理,检验统计量的抽样分布都近似地服从正态分布,为此可以使用正态分布规律来估计总体参数的置信区间。同样,也可以对来自正态总体的大样本的总体比例等总体参数值进行区间估计。

与参数估计不同,假设检验主要是基于反证法和小概率事件这两种思想,先是对总体参数提出某种假设,再利用样本信息验证该假设命题只是一个小概率事件,从而否定这个原假设,支持其备择假设。假设检验不可避免地会产生两种错误,即拒真错误和纳伪错误,又称第一类错误和第二类错误。假设检验需要确定是进行双侧检验还是进行单侧检验,是进行左侧检验还是进行右侧检验。目前的假设检验越来越倾向于使用观察到的显著性水平(即 p 值)和事先确定的显著性水平(即 α 值)之间的关系来进行决策,即当 $p<\alpha$ 时拒绝原假设,当 $p\geqslant\alpha$ 时不拒绝原假设。

与参数估计一样,假设检验也需要考虑总体是否服从正态分布、方差是否已知等情况。对于来自正态总体的样本,当总体方差已知时,检验统计量可以看作近似服从正态分布;当总体方差未知时,检验统计量可以看作服从 t 分布(当样本容量足够大时,也可以看作近似服从正态分布)。然后根据各自的抽样分布规律计算出显著性水平(即 p 值),再按照既定的检验标准进行相应的检验决策。

非参数检验是一类在总体分布未知或知道甚少的情况下,利用样本数据对总体进行统计推断的方法。非参数检验方法比较多,本章只简要介绍了其中三种常用方法,即 K-S 检验法、中位数符号检验法和 Wilcoxon 符号秩检验法。

附 录 3

附录 3A

几种常用的概率分布

概率表示的是随机事件在一次试验中出现的可能性大小，而要全面了解随机事件的情况，就必须知道随机试验的概率分布。简单地讲，概率分布表达的是随机变量取各种可能值的概率规律。知道了一个随机变量的概率分布，并且能够用一定的公式表达出来，就能够计算出该随机变量任意一个取值的概率。下面介绍几种常用的随机变量的概率分布。

1. 二项分布

二项分布是建立在伯努利试验基础上的。重复进行 n 次独立的试验，每次试验都只有两种互相对立的结果，并且每一次试验中事件发生的概率 p 都不变，则称这一系列试验为 n 重伯努利试验。

在 n 重伯努利试验中，事件结果发生的次数 k 对应一个随机变量 X，此随机变量的概率分布就是二项分布，为 $X \sim B(n,p)$。当试验次数为 1 时，二项分布就是伯努利分布。

n 重伯努利试验中事件结果 X 发生 k 次的概率可以表示为：

$$p(X=k)=\binom{n}{k}p^k(1-p)^{n-k} \quad (k=0,1,2,\cdots,n)$$

二项分布的期望值和方差分别为：

$$\mu=E(X)=np$$
$$\sigma^2=D(X)=np(1-p)$$

2. 泊松分布

泊松分布是一种常见的离散概率分布，用来描述“一定时间内或一定区域内或某一特定单位内某一事件出现的次数”。例如，一定时间内到达某一车站的旅客人数等。泊松分布可以记为 $X \sim P(\lambda)$。

泊松分布的概率函数为：

$$P(X=k)=\frac{e^{-\lambda}\lambda^k}{k!}$$

式中，λ 是一定时间内或一定区域内或某一特定单位内随机事件的平均发生次数。

泊松分布的期望和方差均为 λ。

3. 正态分布

正态分布又名高斯分布，是一个非常重要的概率分布。

若随机变量 X 服从一个位置参数为 μ、尺度参数为 σ 的概率分布，且其概率密度函数为：

$$f(x)=\frac{1}{\sqrt{2\pi}\sigma}\exp\left[-\frac{(x-\mu)^2}{2\sigma^2}\right]$$

则这个随机变量就称为正态随机变量，正态随机变量服从的分布就称为正态分布。正态分布中有两个参数，参数 μ 是随机变量的均值，参数 σ^2 是随机变量的方差，所以正态分布记作：

$$x \sim N(\mu,\sigma^2)$$

当 $\mu=0,\sigma=1$ 时，正态分布就称为标准正态分布

$$f(x)=\frac{1}{\sqrt{2\pi}}\exp\left(-\frac{x^2}{2}\right)$$

4. t 分布

t 分布又称学生 t-分布，是威廉·戈塞于 1908 年署名学生(Student)所发表的一种随机变量分布。

t 分布是一种类似于正态分布的对称分布。t 分布主要与其自由度的大小有关。与标准正态分布曲线相比，自由度 ν 越小，t 分布曲线越平坦，曲线中间越低，曲线双侧尾部翘得越高；自由度 ν 越大，t 分布曲线愈接近正态分布曲线，当自由度 $\nu=\infty$ 时，t 分布曲线为标准正态分布曲线。

5. χ^2 分布

若 n 个相互独立的随机变量 $X_1,X_2,\cdots,X_n$，均服从标准正态分布(也称独立同分布于标准正态分布)，则这 n 个服从标准正态分布的随机变量的平方和构成一个新的随机变量，其分布规律称为 χ^2 分布，其中参数 n 称为自由度。

正如正态分布中均值或方差不同就是另一个正态分布一样，自由度不同就是另一个 χ^2 分布，记为 $Y\sim\chi^2(n)$。

χ^2 分布具有如下性质：

(1) χ^2 分布在第一象限内的取值都是正值，呈正偏态(右偏态)，随着参数 n 的增大，χ^2 分布趋近于对称分布。

(2) χ^2 分布的均值为 n，方差为 $2n$，并且随着自由度 n 的增大，χ^2 分布向正无穷方向延伸(因为均值 n 越来越大)，分布曲线也越来越低阔(因为方差 $2n$ 越来越大)。

(3) χ^2 分布具有可加性。由两个独立 χ^2 分布的和构成的随机变量，服从其自由度和的 χ^2 分布。即如果 $\chi^2(n_1)$ 和 $\chi^2(n_2)$ 互相独立，则 $\chi^2(n_1)+\chi^2(n_2)$ 服从 χ^2 分布，自由度为 n_1+n_2。

χ^2 分布通常用于总体方差的估计和非参数检验之中。

6. F 分布

F 分布是 1924 年由英国统计学家 Fisher 提出，并以其姓氏的第一个字母命名的。

设 X、Y 为两个独立的随机变量，X 服从自由度为 n_1 的 χ^2 分布，Y 服从自由度为 n_2 的 χ^2 分布，则 $\dfrac{X/n_1}{Y/n_2}$ 服从自由度为 n_1 和 n_2 的 F 分布，记为 $F\sim F(n_1,n_2)$。

F 分布的图形与 χ^2 分布类似，其形状取决于两个自由度。

F 分布通常用于比较两个总体的方差是否具有显著性差异等问题。

附录 3B

统计模拟：中心极限定理的验证实验

一、模拟目的

通过实验直观地验证中心极限定理，加深学生对中心极限定理的理解。

二、中心极限定理

设从均值为 μ、方差为 σ^2(有限)的任意一个总体中抽取大小为 n 的样本，当 n 充分大时，样本均值 $\overline{X}$ 的分布总是近似服从 $N\left(\mu,\frac{\sigma^2}{n}\right)$ 的正态分布。

三、模拟思路与具体步骤

(一) 模拟思路

以统计学成绩为总体，随机抽取样本并计算样本均值，重复多次，观察样本均值的分布是否符合中心极限定理。

(二) 具体步骤

(1) 绘制统计学课程成绩的直方图、箱形图，计算其均值 μ、方差 σ^2、偏态系数 sk、峰态系数 ku，考察统计学课程成绩的分布形态。

(2) 设定样本容量 n 为 n_1，从统计学课程成绩中随机抽取 n_1 个成绩组成样本，计算样本均值 $\overline{X}$。

(3) 把步骤(2)重复 t 次，得到 t 个样本均值 $\overline{X}$。

(4) 计算这 t 个 $\overline{X}$ 值的均值 m、方差 S^2 以及偏态系数 sk、峰态系数 ku，考察 m、S^2 与 μ、$\frac{\sigma^2}{n}$是否比较接近；并绘制这 t 个 $\overline{X}$ 值的箱形图，通过图形以及偏态系数 sk、峰态系数 ku 考察 $\overline{X}$ 的分布是否接近正态分布。

(5) 改变 n_1 的值为 $n_2,n_3,\cdots,n_{10}$，分别重复步骤(2)至步骤(4)，得到 10 组样本均值 $\overline{X}$ 的均值 m、方差 S^2 以及 10 个箱形图，通过这 10 组结果考察 $\overline{X}$ 的分布是否符合中心极限定理。理论上说，无论统计学课程成绩的分布状态如何，随着样本容量的增大，样本均值 $\overline{X}$ 的分布都应该越来越接近正态分布 $N\left(\mu,\frac{\sigma^2}{n}\right)$。

四、模拟结果

得到的模拟结果见附图 3-1、附表 3-1 和附图 3-2。

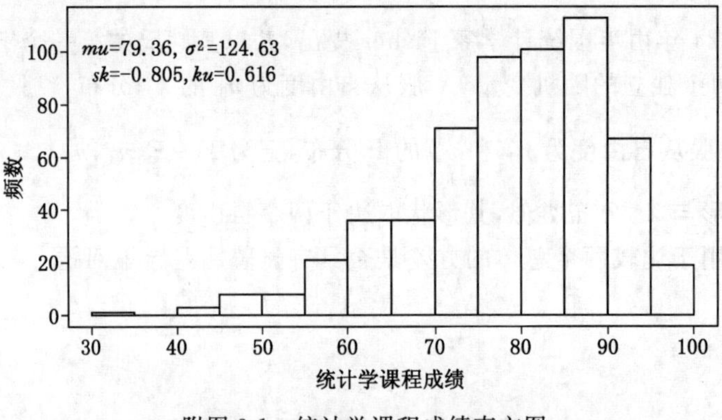

附图 3-1 统计学课程成绩直方图

从附图 3-1 可以看出，统计学课程成绩呈左偏分布，偏态系数为 −0.805；峰态系数为 0.616，比正态分布更陡峭；成绩均值与方差分别为 79.36 与 124.63。根据中心极限定理，如果在统计学课程成绩中进行随机抽样，则随着样本容量 n 的增加，样本均值 $\overline{X}$ 应该越来越服从正态分布 $N\left(79.36,\dfrac{124.63}{n}\right)$。

附表 3-1　　统计学课程成绩样本均值统计量

样本容量 n	抽样次数 t	样本均值 $\overline{X}$ 的实际均值	样本均值 $\overline{X}$ 的实际方差	样本均值 $\overline{X}$ 的理论方差	样本均值 $\overline{X}$ 的实际偏态系数	样本均值 $\overline{X}$ 的实际峰态系数
40	5 000	79.367	2.867	3.116	−0.149	0.045
80	5 000	79.362	1.403	1.558	−0.095	0.093
120	5 000	79.343	0.800	1.039	−0.089	−0.082
160	5 000	79.362	0.578	0.779	0.023	−0.056
200	5 000	79.366	0.400	0.623	−0.039	−0.052
250	5 000	79.365	0.282	0.499	0.060	−0.002
300	5 000	79.366	0.201	0.415	−0.024	−0.060
350	5 000	79.354	0.145	0.356	0.007	0.041
400	5 000	79.355	0.098	0.312	0.079	−0.019
450	5 000	79.353	0.063	0.277	0.088	0.028

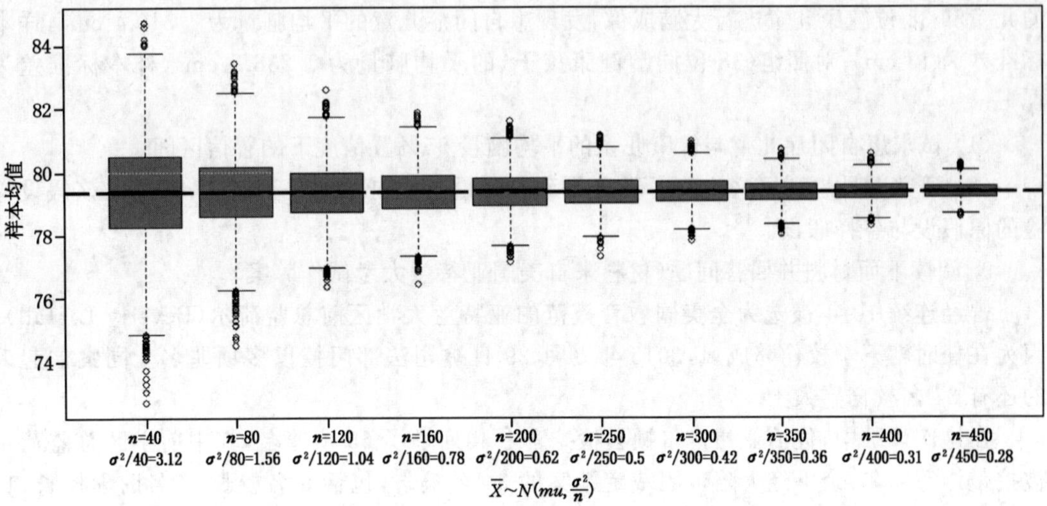

附图 3-2　统计学课程成绩样本均值箱形图

从附表 3-1 和附图 3-2 可以看出，在随机抽样过程中，随着样本容量 n 的增加，无论是样本均值 $\overline{X}$ 的均值、方差还是偏态系数、峰态系数，总体上都比较接近理论值。

思考与练习

1. 如何提高统计推断的可信度？
2. 什么是代表性误差？如何降低代表性误差？

3. 无法拒绝原假设是否意味着原假设就是可信的？

4. 从某超市销售的面粉中随机抽取7包，称重得到如下数据(kg)：9.7、10.1、10.0、9.9、10.4、9.7、10.1。假定面粉的质量近似于正态分布，求置信水平为95%的情况下，这7包面粉平均质量的置信区间。

5. 某酒厂用自动装瓶机装酒，每瓶规定重500 g，标准差不超过10 g，每天定时检查。某天抽取9瓶，测得平均重=499 g，标准差=16.03 g。假设瓶装酒的质量服从正态分布，那么这台机器目前的工作状态是否正常？

6. 一项调查显示，每个家庭平均每天看电视的时间为5.5 h，假定该调查包括了180个家庭，且样本标准差为平均每天2.1 h。据报道，五年前每个家庭平均每天看电视的时间为4.5 h。请问这次调查能否证明"现在每个家庭平均每天看电视的时间比五年前有所增加"($\alpha=0.01$)。

7. 某电视收视率一直保持在35%，即100人中有35人收看该电视节目。在最近的一次电视收视率的调查当中，调查了400人，发现其中有120人收看了该电视节目，可否认为该电视节目的收视率仍保持原有水平($\alpha=0.05$)？

8. 2011年5月《华尔街日报》刊登了一篇文章，报道了北卡罗来纳州立大学研究人员发表在《普通精神医学纪要》中的研究成果：本周一刊登的一项新研究发现，患自闭症儿童的脑量要比其他儿童的脑量大，而且这一趋势在孩子未满两周岁时就出现了。由于自闭症病因至今尚未明确，因此该发现被认为是一项重大的研究突破。该研究抽取了59名患有自闭症的儿童和38位健康儿童进行大脑成像，发现患自闭症儿童的平均脑量为1 310.4 cm^3，样本标准差为13 cm^3；对照组(38位同龄健康孩子)的平均脑量为1 238.8 cm^3，样本标准差为18 cm^3。

(1) 试求患自闭症儿童与健康儿童的平均脑量95%置信度下的置信区间。

(2) 研究人员想利用这些数据研究儿童的脑量与患自闭症是否有关，请写出该假设检验的原假设与备择假设。

9. 阅读下面材料并回答问题(材料来自美国亚特兰大考试作弊案)。

曾经连续10年被选为全美国教育模范的亚特兰大学区前总监荷尔(Beverly L. Hall)，因为在任时辖下学校作弊成风，2013年3月29日被司法部门控以多项罪名。同案被起诉的还有34名教育界人士。

在这次诉讼中，佐治亚州富尔顿县检控官一共列举了65项罪名，其中前学区总监荷尔被控敲诈等罪名，余下经大陪审团裁定涉案的34名被告，包括6名校长、2名助理校长、14名教师、6名考试官员、1名提升学校成绩专家以及多名学校人事部门与资源部门行政人员。

控方相信，美国亚特兰大学区从2001年开始作弊，直至2011年事件被揭发为止，一共历时10年，当地学校为了让学生在全美国州统一资格考试中成绩突出，不惜篡改考生试卷，甚至有学校举行薄饼派对，召集老师一起改卷。

控方又表示，在这宗全国最大规模的考试作弊案中，1999年上任至2011年辞职的荷尔难辞其咎，荷尔本人虽没有直接参与弊案，但当丑闻开始传出时却没有尽力追查，反而企图隐瞒资料，当2005年出现"明确而重要"的证据时更是袖手旁观。据了解，由于在任期间亚特兰大学区成绩优异，荷尔得到了几十万美元的奖金。

佐治亚州在2009年开始调查此事，当时报纸、文章引述专家的说法：亚特兰大学区考生的成绩好得异乎寻常，几乎可以断言有人作弊。不作弊而出现这样的现象，概率只有十亿分之一。

佐治亚州 2011 年发表报告，指事件涉及 44 家学校的 178 名教育工作者，占整个学区雇员人数的 3%，又指学区已经出现作弊文化，抗拒作弊的教育人员碍于压力，或者害怕学生成绩不好会影响自己事业，最终同流合污。

除了亚特兰大以外，田纳西州的曼菲斯，得克萨斯州的埃尔帕索及纽约的长岛大颈也出现过考试集体作弊案。

请回答下列问题：

(1) 作弊案发的起因是试卷中的错误答案被大面积地修改为正确答案。在该案例中，原假设、备择假设是什么？

(2) 如何计算该假设检验的 p 值，从而断言存在作弊行为呢？

10. 阅读下面材料并回答问题（材料来自道格拉斯公司案例，略有改动）。

在 1978 年年初，道格拉斯公司食品部的市场开发经理就已经想到为方便微波炉使用者而销售瓶装即食汤。瓶装的优点在于汤可以直接放到微波炉中加热而不必更换包装。但瓶装即食汤预计要比一般的罐装浓缩汤每份贵 1～2 美分。如果道格拉斯公司要实现这一想法，就必须说服一家较大的汤品公司安装玻璃瓶装生产线并试销这种产品。

道格拉斯公司在决定是否值得向汤品公司有偿转让这种想法之前，不得不预测瓶装即食汤的市场潜力。斯坦让肯·鲍尔波负责调查以玻璃瓶作即食汤品包装的可行性。肯是加拿大一所重点商学院的 MBA 学生，他已在道格拉斯公司工作了一个夏季。

道格拉斯公司经营着 6 个现代化的玻璃容器生产厂，这些厂的产品包括盛装软饮料、花生油、酒精饮料、色拉调味汁的各种玻璃容器。道格拉斯公司认为在这个行业中的领先地位是由于他们优质的产品、卓越的顾客服务，以及现代化的设施所成就的。

肯的分析从调查微波炉在加拿大的拥有状况开始。在 1972 年，仅有 12 000 户加拿大家庭拥有微波炉，到 1978 年，增加到了 350 000 户。电子和电器生产厂商协会已经对主要电器产品的国内销售情况进行了预测，对微波炉的销售和拥有情况的预测见习题表 3-1。

习题表 3-1

年度	国内销售量/台	总拥有量/台	占全部家庭的百分比/%
1979 年	110 000	458 000	6.1
1980 年	125 000	583 000	7.5
1981 年	150 000	733 000	9.2
1982 年	180 000	913 000	11.2
1983 年	220 000	1 133 000	13.5
1984 年	265 000	1 398 000	16.2

之所以预测到微波炉拥有量会出现激增是由于加拿大家庭数量的不断增长（预计至少在 1988 年会超过人口增长率）以及生活方式的改变。生活方式的改变带来了对高效器具的需求。

用微波炉进行烹饪有一个问题：由于微波无法透过金属器具，因而不能将金属器具置于微波炉中，餐具上涂色或上光用的金属颜料都会造成破坏。许多微波炉使用者使用微波炉专用器具，但这样就需要洗更多的餐具。

道格拉斯公司对微波炉烹饪中能否使用碱石灰玻璃器具进行了全面的测试，发现碱石灰玻璃器具可以在微波炉中使用。海德鲁通过进一步测试发现“有足够耐热强度的纯净玻璃是最适合微波烹饪的”。

肯设计了一份问卷以估测顾客对于微波炉烹饪中使用玻璃包装的态度。1978 年 6 月，这份问卷被寄给了 600 名调查对象，人名是从返回的立登-默富特牌微波炉保修卡中得到的。在 20 个问题中，第 15 题和第 20 题是直接就玻璃瓶装即食汤提出的。

第 15 个问题：如果有一种可以直接放入微波炉中加热，加热完后再倒入碗中的独立包装[大约 10 盎司(oz)(1 oz≈28.35 g)]即食汤。你会购买吗(假定每份汤的价格与罐装汤价格一样)？回答“是”的填写大约每月购买多少份，回答“不”的说明为什么。

第 20 个问题：请再阅读一下第 15 题至第 19 题，对于每一个问题，请指出你是否愿意为问题中所描述的产品每份多付出 1～2 美分。

此调查一共返回了 312 份问卷。在习题表 3-2 中总结了对第 15 题的反馈答案以及对第 20 题中与瓶装汤有关的反馈答案。

肯的下一个任务是估计这种新产品的年度需求量。

习题表 3-2

每月使用次数	对第 15 题的回答数	对第 20 题的回答数(即愿意多付 1～2 美分的人数)
0	103	185
1	8	3
2	12	7
3	5	3
4	26	19
5	9	6
6	2	0
8	16	9
9	2	0
10	11	5
12	17	8
15	2	1
16	21	14
18	9	4
20	26	20
24	8	7
25	2	2
30	1	0
36	6	

续习题表 3-2

每月使用次数	对第 15 题的回答数	对第 20 题的回答数(即愿意多付 1～2 美分的人数)3
40	11	5
45	3	3
48	8	5
50	3	2
60	1	1

试回答下列问题：

(1) 肯应该如何估计这种新产品的年度需求量?

(2) 肯使用这种方法估计新产品的市场潜力是否会成功？为什么?

第四章 变量之间的关系

前面我们主要讨论了单变量的统计分析，所介绍的统计分析方法也主要是针对单变量的，即使是对两个变量均值是否相等的检验，也是转化为一个变量来处理的。在本章中，我们将讨论变量和变量之间的关系，也就是相关(correlation)问题。

变量之间的关系可以分为两种基本类型：函数关系和相关关系。所谓函数关系，就是指变量之间存在着确定的、严格对应的数量依存关系。如果给定变量 x 一个特定的值，变量 y 总有确定的值与之相对应，则变量 x 与变量 y 之间就是函数关系。例如，圆形的面积 S 与圆的半径 r 这两个变量之间就是函数关系。而相关关系是指变量之间密切关联，但又不能用函数关系精确表达的关系。比如，在一定条件下，居民的可支配收入越高，消费支出就越高，但二者之间并不是严格的函数对应关系，而是相互关联、相随而动的相关关系。正因如此，考察变量之间相关问题的各种方法虽然形式不同，但大都是基于变量之间"相互关联、相随而动"的特征。本章将分别讨论定性变量之间的相关问题、定量变量的相关问题、多变量之间的协同系数以及偏相关问题。

术语

相关关系：变量之间相互关联、相随而动，但又不能用函数关系精确表达的关系。

第一节 定性变量之间的相关

一、列联表的基本概念

学习目标

掌握定性变量之间相关的分析方法。

列联表(contingency table)是展示定性变量的常用形式。表 4-1 就是一个泰坦尼克号海难数据(随书数据 titanic.csv)二维列联表。

表 4-1 泰坦尼克号海难数据二维列联表

		舱位等级			
		一等舱(1st)	二等舱(2nd)	三等舱(3rd)	船员(crew)
是否生还	否	122	167	528	673
	是	203	118	178	212

表 4-1 包括"舱位等级"和"是否生还"两个变量，因此称为二维列联表。这些变量中每个都有两个或更多的可能取值，这些取值也称为水平。比如，变量"舱位等级"有一、二、三等舱和船员四个水平，变量"是否生还"有"是"和"否"两个水平[①]，表格中的 8 个数字是两个变量

① 因子与水平的概念其实在本书第一章第三节中就已经引入。感兴趣的读者可以查阅。

各个水平形成的各种组合的频数。更多维的列联表称为高维列联表。

二、运用图形对列联表进行分析

对于这样的列联表，我们经常关心的一个问题是行变量与列变量是否相关，如本例中的“是否生还”或者说生还概率是否与“舱位等级”有关。当然，相关是与独立相对而言的，因此，考察行变量与列变量是否相关也就是考察二者是否相互独立。

为了能有一个直观的认识，我们首先通过图形来考察。为此，绘制各舱位遇难比例与生还比例的条形图，如图 4-1 所示。其中，纵坐标分别为遇难比例与生还比例，横坐标均为舱位等级。从图形可以直观地看出，生还比例与舱位等级是相关的，一等舱的生还比例最高，二等舱次之，船员的生还比例最低。

重要知识点

定性变量之间的相关可以通过图形来考察。

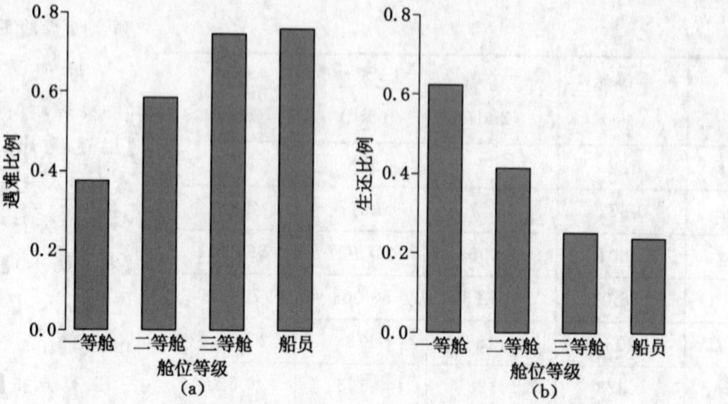

图 4-1 泰坦尼克号海难各舱位遇难与生还比例

三、Pearson χ^2 检验

在有了直观认识的基础上，可以通过假设检验的方法对两个变量之间的关系进行进一步的考察。检验的原假设和备择假设分别如下：

H_0:“舱位等级和是否生还”变量之间独立；

H_1:“舱位等级和是否生还”变量之间相关。

思考与研讨

在这个假设检验中，能否把原假设与备择假设对换？为什么？

所用的检验统计量一般为 Pearson χ^2 统计量，它在原假设成立的前提下有大样本近似的 χ^2 分布。下面，以表 4-1 为例，说明通过 Pearson χ^2 统计量来检验两变量相关关系的具体方法。

即学即练

请根据表 4-1 的数据，计算生还概率相等时每种舱位生还人数的理论值。

在表 4-1 中，如果原假设成立，也就是说如果舱位等级与是否生还无关，则每种舱位的生还概率（即原假设成立时的理论概率）应该相等，为 0.323（生还总人数 711/船上总人数 2 201），因此每种舱位的生还人数（即原假设成立时的理论频数）分别为 0.323×该舱位里的人数。如果原假设真的成立的话，这些理论频数（或理论概率）与表 4-1 的实际频数（或实际频率）就应该基本相等，至少应该比较接近。Pearson χ^2 检验就是用这种思路①来检验原假设是否成立的。Pearson χ^2 检验统计量是这样构成的：

$$\sum_{i=1}^{k}\sum_{j=1}^{m}\frac{(\text{实际频数 } f_{rij}-\text{理论频数 } f_{tij})^2}{\text{理论频数 } f_{tij}} \tag{4-1}$$

式中，k、m 分别为列联表（表 4-1）的行数与列数；f_r、f_t 分别为实际频数与理论频数。

在原假设成立的前提下，该统计量在大样本时（实际应用过程中，通常要求每个单元格的理论频数都大于 5）近似服从自由度 $df=(k-1)(m-1)$ 的 χ^2 分布。在本例中，$k=2$，$m=4$，$df=3$。

为了直观起见，我们分别计算出各单元格的理论频数以及实际频数与理论频数之差，并形成表 4-2。

表 4-2

舱位等级			一等舱 (1st)	二等舱 (2nd)	三等舱 (3rd)	船员 (crew)
是否生还	否	实际频数 f_r	122	167	528	673
		理论频率 p_t	0.677	0.677	0.677	0.677
		理论频数 f_t	220.014	192.935	477.937	599.114
		f_r-f_t	−98.014	−25.935	50.063	73.886
	是	实际频数 f_r	203	118	178	212
		理论频率 p_t	0.323	0.323	0.323	0.323
		理论频数 f_t	104.986	92.065	228.063	285.886
		f_r-f_t	98.014	25.935	−50.063	−73.886

根据式(4-1)可以计算出 Pearson χ^2 检验统计量的值为 190.401 1。如果原假设真的成立的话，表 4-2 中的理论频数与实际频数就应该基本相等，此时 Pearson χ^2 检验统计量的值就应该比较接近于 0，至少不应该太大②。通过软件可以算出，在 Pearson χ^2 检验统计量的值为 190.401 1、自由度为 3 时，该假设检验的 p 值为 0。可见，生还概率与舱位等级相关。Pearson χ^2 检验所得到的结论，可以进一步丰富和深化在图 4-1 中形成的认识。

如果 Pearson χ^2 检验拒绝了原假设的话，说明行变量与列变量二者之间不独立，存在一定的相关性。在这种情况下，可以进一步考察二

重要知识点

Pearson χ^2 检验统计量构成式。

即学即练

请将表 4-2 的数据代入式(4-1)，列出 Pearson χ^2 统计量的计算式。

软件应用

用 SPSS 进行 χ^2 独立性检验的步骤：

1. 打开数据文件，选择【分析(A)】→【描述统计】→【交叉表】，进入主对话框。
2. 将行变量选入【行(Rows)】，将列变量选入【列(Columns)】。
3. 点击【统计量】并选中【卡方】，然后点击【继续】返回主对话框。
4. 点击【单元格】并选中【期望值】，然后点击【继续】返回主对话框。
5. 点击【确定】。

如果点击【统计量】后选中【Phi 和 Cramer 变量】，则可得到 Cramer's V 系数等相关系数。

① 在数据分析中，经常用类似的方法来构造表示事物某方面发展程度的指标。所谓程度，就是事物的给定状态与某一特殊状态的距离，如平均程度或集中程度（基尼系数）、相似程度或相异程度（信度）、进展程度或实现程度（社会进程指数）等。其中，作为基准状态的特殊状态通常是最均衡或最极端的“理想”状态。可见，要想构造这种指标，首先要研究事物处于理想状态时的数据特征。给定数据与理想状态的距离或者用绝对距离来表示，如差值；或者用相对距离来表示，如比值。当然，如果构造出来的指标能够具有某些特别的性质就更好了。

② 可见，该假设检验的拒绝域在 χ^2 分布（自由度 $df=3$）概率密度函数的右侧。

者之间的相关程度。考察二者之间相关程度的统计量有多个，其中最常用的是 Cramer 提出的，具体表达式如下：

$$V=\sqrt{\frac{\chi^2}{n\times\min[(k-1),(m-1)]}} \tag{4-2}$$

式中，χ^2 是按式(4-1)计算得到的 χ^2 统计量的值；n 为列联表的总频数；k、m 分别为列联表的行数与列数；$\min[(k-1),(m-1)]$ 指在 $(k-1)$ 和 $(m-1)$ 中取小的那个值。

式(4-2)也被称为 Cramer's V 系数。该系数的取值范围为[0,1]。两个变量之间的相关性越强，V 的值越大。当两个变量相互独立时，$V=0$；当两个变量完全相关时，$V=1$。

从 Pearson χ^2 统计量的构成可以看出，利用 Pearson χ^2 统计量来检验列联表中的两个定性变量之间是否独立，其实质是检验一组数据的实际分布和给定分布是否存在明显差异。这种检验通常被称为拟合优度检验。因此，类似问题都可以用 Pearson χ^2 统计量来进行检验。例如，人们往往希望自己用来进行统计分析的数据服从某种分布。在学校，有些校方希望学生成绩能服从或近似服从正态分布。那么该如何用 Pearson χ^2 统计量来检验一组成绩是否服从正态分布呢？其主要步骤如下：

(1) 计算成绩的均值 x_{bar}、方差 S^2，统计数据量 n。

(2) 把成绩分为 k 组，如不及格、及格、中等、良好、优秀。分组要合理，以便使每组的理论频数都大于 5。

(3) 假设该门课成绩服从正态分布 $N(x_{\text{bar}},S^2)$，计算成绩落在各组的理论概率，进而计算出 n 个成绩中落在各组的理论频数。

(4) 统计在给定的 n 个成绩中落在各组的实际人数。

(5) 根据 Pearson χ^2 统计量计算该统计量的值。

(6) 计算该统计量在自由度 $df=k-1$ 的 χ^2 分布中的显著性检验的 p 值，并给出检验结论。

更一般地，给出 Pearson χ^2 检验的步骤如下：

(1) 分析问题，设立原假设、备择假设。

(2) 计算在原假设成立的情况下，变量值落在各组(各单元格)中的理论频数。

(3) 把各组(各单元格)中的实际频数与理论频数相对照，构造 Pearson χ^2 统计量，计算该统计量的值。

(4) 根据 Pearson χ^2 统计量的值，计算假设检验的 p 值，得出检验结论。

重要知识点

Pearson χ^2 检验可以用来检验数据的实际分布是否服从某种分布。

思考与研讨

在该假设检验中，你觉得分组数 k 的多少会对检验产生什么影响？

软件应用

用 SPSS 检验数据的实际分布是否符合某种给定分布的步骤：

1. 打开数据文件，选择【分析(A)】→【非参数检验】→【旧对话框】→【卡方】，进入主对话框。

2. 将被检验变量选入【检验变量列表】。

3. 选中【所有类别相等】，或者选中【值】并依次添加各组的期望值，然后点击【确定】。

第二节 定量变量之间的相关

一、运用图形分析变量的相关问题

与定性变量相比，定量变量含有的信息更丰富，支持的统计分析方法也更多一些。图形是考察变量之间关系最直观、最基本的方法。两个定量变量之间的相关关系，首先可以通过散点图来考察。下面我们看一个例子：

【例 4-1】 （随书数据：score2.csv）统计学的许多内容是以概率论与数理统计知识为基础的，因此，在很多高校，概率论与数理统计被规定为统计学的先修课程。那么，这两门课的成绩之间是否具有相关性呢？为此，我们绘制二者的散点图（图 4-2）。从图中可以看出，总体来说，概率论与数理统计成绩高的学生其统计学成绩也较高，而概率论与数理统计成绩低的学生其统计学成绩也相对较低，二者之间的变动趋势大体相同，这样的相关称为正相关。反之，如果两个变量之间变动趋势相反，则称为负相关。

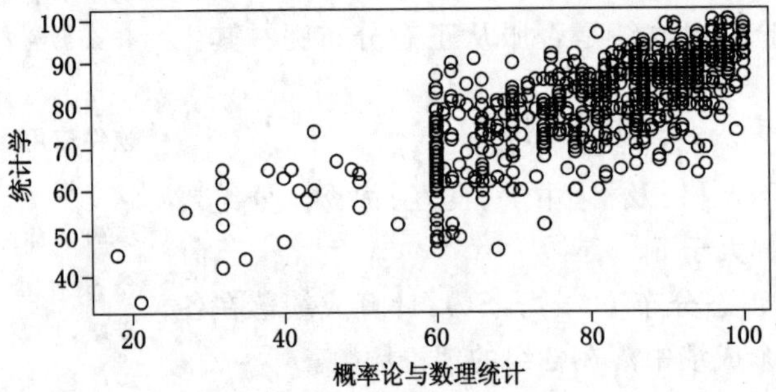

图 4-2 某学院 2007 级学生统计学和概率论与数理统计成绩散点图

利用散点图还可以考察变量之间的曲线相关关系。图 4-3 展示的是某地区实际产值与总人口数散点图。显然，随着地区总人口数的增加，地区实际产值的增长速度有加快的趋势，二者之间并不是直线关系，而是曲线关系。

有时，我们要考察的变量中一个是定量变量，另一个是定性变量。在这种情况下，可以通过箱形图来考察。图 4-4 展示的是某煤矿 2006 年煤炭发热量随时间的变化情况，可以看出，该矿煤炭发热量在第一季度至第四季度中不断下降的总体趋势。

二、运用相关系数分析变量的相关问题

变量之间的相关关系不仅可以通过图形进行定性考察，还可以通过相关系数进行定量考察，其中较常用的是 Pearson 相关系数（又称积差相关系数）、Spearman 相关系数和 Kendall 相关系数（二者又称秩相

学习目标

掌握定量变量之间相关的分析方法；理解 Pearson、Spearman 和 Kendall 相关系数的计算思路；能够使用 Pearson、Spearman 和 Kendall 相关系数对变量进行相关分析。

重要知识点

根据变量之间相关的方向，相关包括正相关、负相关；根据变量之间相关的形态，相关包括直线相关、曲线相关。

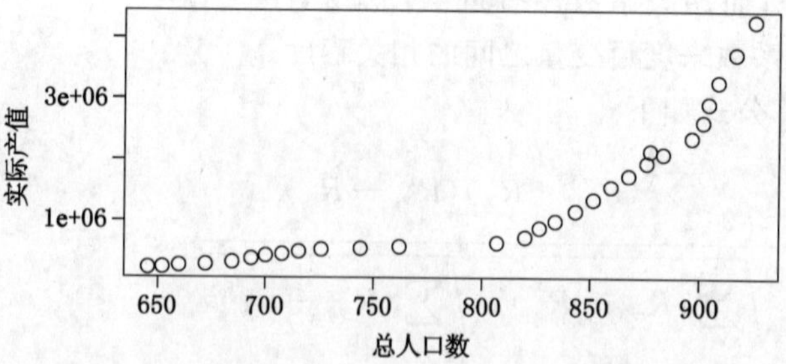

图 4-3　某地区实际产值与总人口数散点图

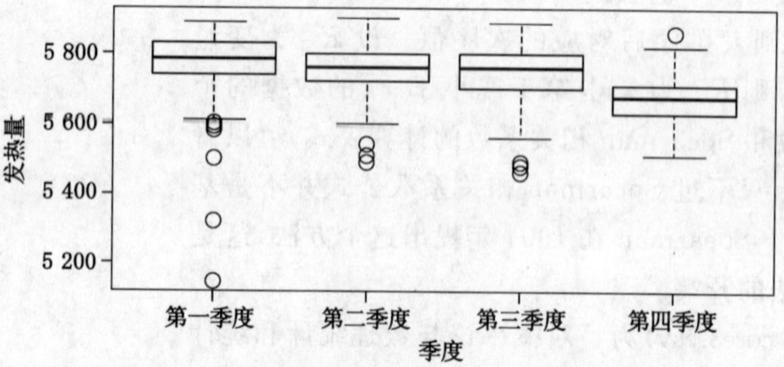

图 4-4　某煤矿煤炭发热量-季度箱形图

关系数、等级相关系数，其中 Kendall 相关系数又称 Kendall τ 相关系数）。

Pearson 相关系数的计算公式如下：

$$r_{\mathrm{P}}=\frac{\operatorname{cov}(x,y)}{\sqrt{\operatorname{var}(x)}\sqrt{\operatorname{var}(y)}}=\frac{\sum_{i=1}^{n}(x_i-\bar{x})(y_i-\bar{y})}{\sqrt{\sum_{i=1}^{n}(x_i-\bar{x})^2}\sqrt{\sum_{i=1}^{n}(y_i-\bar{y})^2}} \tag{4-3}$$

式中，$\operatorname{var}(x)$ 与 $\operatorname{var}(y)$ 分别为变量 x 与变量 y 的方差，$\operatorname{cov}(x,y)=E\{[x-E(x)][y-E(y)]\}=\frac{1}{n}\sum_{i=1}^{n}(x_i-\bar{x})(y_i-\bar{y})$ 为变量 x 与变量 y 的协方差。

那什么是协方差呢？协是一个会意字，由“办”和“十”组合而成，其中，“办”表示同力，“十”表示众多；合起来表示众人同力，有联合、协同的意思。因此，协方差是变量 x 与变量 y 的“联合方差”，度量了变量 x 与 y 之间的相关性。一个正的协方差表示两个随机变量具有同向变动的趋势，一个负的协方差则表示两个随机变量的变动趋势相反。不过，协方差作为变量相关性的度量，其缺点是大小与变量的度量单位有

重要知识点

理解 Pearson 相关系数、Spearman 相关系数与 Kendall 相关系数的计算思路。

即问即答

当变量 x 与变量 y 的标准差都为 1 时，协方差与相关系数的关系如何？

关，随度量单位的变化而变化①；而相关系数没有量纲，克服了这一缺点，因此，我们更倾向于用相关系数来度量变量之间的相关程度。

Spearman 相关系数的计算公式如下②：

$$r_S=\frac{\operatorname{cov}(R_x,R_y)}{\sqrt{\operatorname{var}(R_x)}\sqrt{\operatorname{var}(R_y)}}=\frac{\sum_{i=1}^{n}(R_{xi}-\bar{R}_x)(R_{yi}-\bar{R}_y)}{\sqrt{\sum_{i=1}^{n}(R_{xi}-\bar{R}_x)^2}\sqrt{\sum_{i=1}^{n}(R_{yi}-\bar{R}_y)^2}} \tag{4-4}$$

式中，R_x、R_y 分别为变量 x 与变量 y 的秩；cov、var 分别为协方差、方差；$\bar{R}_x$、$\bar{R}_y$ 分别为变量 x 与变量 y 的秩的均值。

所谓秩，就是数据从小到大排序后对应的次序值。设 R_{xi} 为变量 x 的第 i 个变量值 x_i 的秩，则 R_{xi} 为 x 中等于或小于 x_i 的数据的个数。比较 Pearson 相关系数和 Spearman 相关系数的计算公式，可以看出，两者在形式上有些相似，只不过 Spearman 相关系数公式并不是基于数据本身，而是基于秩的。Spearman 在 1904 年提出这个方法，这是秩方法以至整个非参数方法的开端。

【例 4-2】 （随书数据 score3.csv）为了对概率论与数理统计和统计学两门课成绩之间的相关性进行定量分析，现在我们从例 4-1 的数据中随机抽取 30 对，分别计算其 Pearson 相关系数和 Spearman 相关系数。

抽取出的数据与秩次③见表 4-3。

即学即练

请将表 4-3 中的数据代入公式，分别列出 Pearson 相关系数、Spearman 相关系数的计算式(或者前三项)。

表 4-3

概率论 x	秩 R_x	统计学 y	秩 R_y	概率论 x	秩 R_x	统计学 y	秩 R_y
44	1	74	9	82	16.5	70	6.5
47	2	67	3	82	16.5	78	11.5
60	3	70	6.5	86	18.5	92	27
66	5	77	10	86	18.5	69	5
66	5	65	1	88	20	79	13
66	5	82	17.5	92	21.5	90	23.5
70	8.5	81	15.5	92	21.5	82	17.5
70	8.5	81	15.5	93	23	80	14
70	8.5	78	11.5	94	24.5	97	30

① 以图 4-3 的数据为例，如果地区产值的单位由原来的万元更改为百万元，则在数据所代表的事物内涵没有任何变化的情况下，仅仅由于数值的级数减小，两个变量的协方差也大大减小。由于协方差反映了变量之间的相关，因此有时也用协方差来讨论变量之间的相关性。

② 有些教材对该公式进行了变形，因此给出的公式可能与此公式并不完全一致。

③ 在计算秩次时有时会遇到数据相等的情况。如在表 4-3 中，概率论成绩为 66 分的有 3 位同学。数据相等之处通常被称为结(ties)。在存在结的地方，计算数据的秩次主要有三种方法：取最小的次序值(小秩)、取平均的次序值(平均秩)、取最大的次序值(大秩)。本例中使用的是平均秩，因此这三位同学的秩次值均为 5；如果取小秩或取大秩的话，这三位同学的秩次值则应该为 4 或 6。

续表 4-3

概率论 x	秩 R_x	统计学 y	秩 R_y	概率论 x	秩 R_x	统计学 y	秩 R_y
70	8.5	68	4	94	24.5	92	27
75	11	86	20	95	26	66	2
76	12	86	20	96	27	92	27
77	13	89	22	98	28	91	25
79	14.5	86	20	100	29.5	90	23.5
79	14.5	72	8	100	29.5	94	29

在此基础上，可以分别根据式(4-3)和式(4-4)算出两门课成绩之间的 Pearson 相关系数 $r_P=0.564$，Spearman 相关系数 $r_S=0.579$。

从式(4-3)与式(4-4)可看出，当所有的(x_i,y_i)变化都相同时[①]，r_P 与 r_S 等于 1；当所有(x_i,y_i)变化趋势都相反时，r_P 与 r_S 等于−1。

与 Pearson 和 Spearman 相关系数的思路稍有不同，Kendall 相关系数是基于协同的思想。我们仍然以概率论与数理统计和统计学成绩为例来讨论 Kendall 相关系数的计算。

【例 4-3】 (随书数据 score3.csv)对例 4-2 中的数据进行整理：删除讨论中不需要的变量秩 R_x、秩 R_y，按照概率论 x 从小到大的顺序对数据进行排序(统计学 y 随概率论 x 的顺序而改变)。整理后，我们得到表 4-4。

表 4-4

序号	概率论 x	统计学 y	序号	概率论 x	统计学 y
1	44	74	16	82	70
2	47	67	17	82	78
3	60	70	18	86	92
4	66	77	19	86	69
5	66	65	20	88	79
6	66	82	21	92	90
7	70	81	22	92	82
8	70	81	23	93	80
9	70	78	24	94	97
10	70	68	25	94	92
11	75	86	26	95	66
12	76	86	27	96	92
13	77	89	28	98	91
14	79	86	29	100	90
15	79	72	30	100	94

① 一方面，两变量变化方向相同，即当 $x_i>\bar{x}$ 时，y_i 也大于 $\bar{y}$；$R_{xi}>\bar{R}_{xi}$ 时，R_{yi} 也大于 $\bar{R}_{yi}$；反之，当 $x_i<\bar{x}$ 时，y_i 也小于 $\bar{y}$；$R_{xi}<\bar{R}_{xi}$时，R_{yi} 也小于 $\bar{R}_{yi}$。另一方面，两变量的变化幅度相同。

现在从序号中任取两个值 i、j $(1\leqslant i<j>n)$，如果 $(x_j-x_i)(y_j-y_i)>0$，则称 (x_j,y_j) 与 (x_i,y_i) 是协同的，此时，x 与 y 具有相同的变化趋势，记 $\varphi=1$；反之，如果 $(x_j-x_i)(y_j-y_i)<0$，则称 (x_j,y_j) 与 (x_i,y_i) 不协同。此时，x 与 y 具有相反的变化趋势，记 $\varphi=-1$；如果 $(x_j-x_i)(y_j-y_i)=0$，则表明 x 与 y 在这两点之间的协同趋势无法判断，此时记 $\varphi=0$。即：

(1) 如果 $(x_j-x_i)(y_j-y_i)>0$，则 $\varphi=1$；

(2) 如果 $(x_j-x_i)(y_j-y_i)<0$，则 $\varphi=-1$；

(3) 如果 $(x_j-x_i)(y_j-y_i)=0$，则 $\varphi=0$。

以 $j=5$ 为例 $(x_5=66, y_5=65)$，则在 $i<j$ 的前提下，i 分别可以取 4、3、2、1，对应的结果分别是：

(1) $j=5, i=4$：$(66-66)(65-77)=0, \varphi_{j=5,i=4}=0$；

(2) $j=5, i=3$：$(66-60)(65-70)<0, \varphi_{j=5,i=3}=-1$；

(3) $j=5, i=2$：$(66-47)(65-67)<0, \varphi_{j=5,i=2}=-1$；

(4) $j=5, i=1$：$(66-44)(65-74)<0, \varphi_{j=5,i=1}=-1$。

在 $1\leqslant i<j\leqslant n$ 的条件下，这样的 (i,j) 组合共有 C_n^2 个，因此可以得到 C_n^2 个 φ 值。把这些 φ 值相加，再除以 C_n^2，就得到了 Kendall 相关系数。其计算公式为：

$$r_K=\frac{\sum\limits_{1\leqslant i<j\leqslant n}\varphi}{C_n^2} \tag{4-5}$$

从式(4-5)可以看出，当所有的 φ 值均为 1 时，$\sum\varphi=C_n^2$，此时 $r_K=1$；当所有的 φ 值均为 -1 时，$\sum\varphi=-C_n^2$，此时 $r_K=-1$。根据式(4-5)可以算出，概率论与统计学两门课成绩之间的 Kendall 相关系数 $r_K=0.422\,988\,5$[①]，$\sum\limits_{1\leqslant i<j\leqslant 30}\varphi=184$。$j$ 取不同值时所对应的 φ 值见表 4-5。

即学即练

请将表 4-5 中的数据代入公式，列出 Kendall 相关系数的计算式（或者前三项）。

表 4-5

j	φ 值(小计)	j	φ 值(小计)
2	−1	17	0
3	0	18	17
4	3	19	−11
5	−3	20	3
6	3	21	18
7	4	22	9

① 当数据中存在结时，用软件直接得到的相关系数(包括 Spearman 相关系数)有可能因为软件取秩的方法不同而有所不同，但一般差别不大。

续表 4-5

j	φ 值(小计)	j	φ 值(小计)
8	4	23	2
9	4	24	23
10	−2	25	22
11	10	26	−23
12	10	27	22
13	12	28	19
14	9	29	17
15	−5	30	26
16	−8		

三种相关系数 r 的共同特点：r 是一个无量纲的量，取值范围在 $-1\sim+1$，即 $-1\leqslant r\leqslant 1$。$|r|$ 越接近于 1，则两变量之间的相关程度越强；当相关系数 $r>0$ 时，说明两变量整体上同向变化，为正相关；当相关系数 $r<0$ 时，说明两变量整体上反向变化，为负相关。

在实际应用中，人们有时会根据相关系数把变量之间的线性关系划分为不同等级：$|r|\geqslant 0.8$ 时，认为两个变量高度相关；$0.5\leqslant|r|<0.8$ 时，认为两个变量中度相关；$0.3\leqslant|r|<0.5$ 时，认为两个变量低度相关；$|r|<0.3$ 时，认为两个变量相关程度极弱，可视为不相关。不过，这种划分更多地带有习惯因素。

应该注意的是，虽然三种相关系数都是对变量之间相关程度的度量，但由于计算方法不同，因此用途和特点也不尽相同。Pearson 相关系数是在变量的方差和协方差的基础上计算得到的，对极端值比较敏感，度量的是变量之间的线性相关。因此，对于 Pearson 相关系数而言，$|r_P|=1$ 表明变量 x 和 y 之间是完全相关关系，即函数关系。不过，即使 Pearson 相关系数 $r_P=0$，也只能说明变量之间不存在线性相关，但仍有可能存在曲线相关。Spearman 相关系数和 Kendall 相关系数是在变量的秩和观测值的相对大小（等价于秩的相对大小）的基础上计算得到的，是一种更为一般性的非参数方法，对极端值的耐受性（稳健性）更强，度量的主要是变量之间的联系。图 4-5 以图 4-3 的数据为基础，展示了曲线相关情况下三种相关系数值以及极端值进入后三种相关系数值的变化①。其中，r_{P0}、r_{S0}、r_{K0} 与 r_{P1}、r_{S1}、r_{K1} 分别代表没有极端值与有极端值情况下的 Pearson、Spearman、Kendall 相关系数值。

由于样本数据只是总体的一个实现，因此，根据现有数据计算出来的相关系数只是变量（总体）相关系数的一个观测值，又称为样本

软件应用

用 SPSS 计算变量相关系数的步骤：

1. 打开数据文件，选择【分析】→【相关】→【双变量】，进入主对话框。

2. 选中【Pearson】、【Kendall 的 tau-b】或者【Spearman】，然后点击【确定】，即可得到 Pearson、Kendall 或 Spearman 相关系数，以及相应的显著性检验结果。

① 其实，从图中可以看出，实际产值和总人口数两个变量之间的相关关系为曲线相关，相关系数难以准确地刻画二者之间曲线相关程度的强弱，不过并不影响我们的讨论。

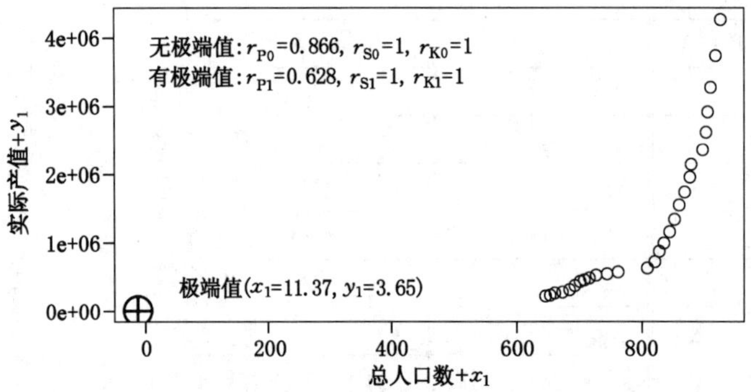

图 4-5 曲线相关情况下三种相关系数的比较

相关系数。如果要根据这个样本相关系数来估计总体相关系数，还必须进行显著性检验。显著性检验的原假设是：在总体中，两个变量的相关系数(总体相关系数)为零。可见，这种检验的意义在于：计算在原假设成立的情况下[也就是在两个变量(总体)相关系数为零的情况下]，由于抽样的原因(收集样本数据的原因)得到当前的样本相关系数的概率[①]。对于三种相关系数的显著性检验所用的统计量及其分布分别是：

(1) Pearson 相关系数 r_P

检验所用的统计量：

$$r_P\sqrt{\frac{n-2}{1-r_P^2}} \tag{4-6}$$

在变量(x,y)服从二元正态分布时，该统计量服从自由度为$(n-2)$的 t 分布，即 $t(n-2)$。

(2) Spearman 相关系数 r_S

检验所用的统计量：

$$r_S\sqrt{n-1} \tag{4-7}$$

在样本容量 n 充分大时，该统计量渐近服从标准正态分布，即 $N(0,1)$。

(3) Kendall 相关系数 r_K

检验所用的统计量：

$$\sum_{1\leqslant i<j\leqslant n}\varphi_{ij}\sqrt{\frac{18}{n(n-1)(2n+5)}} \tag{4-8}$$

在样本容量 n 充分大时，该统计量渐近服从标准正态分布，即 $N(0,1)$。

---

① 由于样本的随机性，即使在总体中两个变量之间的相关系数为零，得到的样本数据中两个变量之间的相关系数也可能并不为零，甚至还比较大。当然，容易理解的是，样本容量越大，这种情况发生的可能性就越小。

第三节 Kendall 协同系数

一、协同系数的基本思想

学习目标

理解 Kendall 协同系数的基本思想及其含义。

前面几个相关系数考察的是两个变量之间的相关。有时,需要考察多个变量之间是否相关。比如,对于某种疾病,患者的多项生化指标之间是否相关;m 个评判者对 n 个对象的评价结果之间是否相关等。这时可以用 Kendall 协同系数(协和系数、和谐系数)来考察。

例如,在研究生招生过程中,考生通过全国统考后,往往还要参加各学校各学院自己组织的面试。表 4-6 为某学院 2014 年同一专业 23 名考生的面试成绩数据(随书数据 interview1.csv)。

表 4-6 研究生面试专家打分数据

学生序号	专家 1	专家 2	专家 3	专家 4	专家 5
1	125	160	164	160	150
2	120	151	164	155	147
3	148	162	166	190	165
4	143	152	176	180	162
5	137	152	161	170	145
6	142	155	170	185	166
7	134	161	161	174	160
8	137	151	166	186	164
9	146	159	176	187	164
10	140	145	160	152	160
11	123	144	150	138	140
12	155	151	190	188	172
13	145	151	186	180	168
14	122	142	150	160	140
15	125	145	150	162	137
16	142	153	170	186	167
17	142	152	180	188	169
18	130	150	150	153	151
19	121	150	155	158	153
20	128	143	155	172	159
21	122	141	140	156	150
22	127	150	150	152	155
23	144	155	193	188	168

从数据中可以看出,组内有 5 位专家,分别对本组内的每位考生打分。专家打分的满分为 200 分。这里关心的问题是:虽然专家之间对每个学生的打分不会完全相同,但大体上应该有相同的趋势,具有“英

雄所见略同”的一致性。那么,如何考察各位专家评分的一致性呢?

对此,Kendall 协同系数是基于这样的思想:如果这 5 位专家对某位学生的评分差异很大,则这位学生所得到的分数秩次值就会呈现出明显的随机性。如果 5 位专家在每位学生的评分上都是如此,互不一致,则每位学生的 5 个评分的秩次值的期望(或总秩次值)就会趋于相等。换言之,这 5 位专家的一致性越高,这 23 行中每一行的秩次值(的期望)之间的差别就应该越大;这 5 位专家的一致性越低,每一行的秩次值(的期望)之间的差别就应该越小。当然,具体到每个问题,这种差别的大小还与评判者数量 m 以及被评对象数量 n 等有关。

二、协同系数的计算

为了直观起见,将表 4-6 中专家对每位考生的打分的秩列在表 4-7 中。有结存在的,取平均秩。

表 4-7 研究生面试专家打分秩次数据

考生序号	专家 1 评分秩	专家 2 评分秩	专家 3 评分秩	专家 4 评分秩	专家 5 评分秩	R_i	$R_i-\frac{m(n+1)}{2}$
1	6.5	21	12.5	8.5	6.5	55	−5
2	1	11.5	12.5	5	5	35	−25
3	22	23	14.5	23	17	99.5	39.5
4	18	15	18.5	14.5	14	80	20
5	12.5	15	10.5	11	4	53	−7
6	16	18.5	16.5	16	18	85	25
7	11	22	10.5	13	12.5	69	9
8	12.5	11.5	14.5	17.5	15.5	71.5	11.5
9	21	20	18.5	19	15.5	94	34
10	14	5.5	9	2.5	12.5	43.5	−16.5
11	5	4	4	1	2.5	16.5	−43.5
12	23	11.5	22	21	23	100.5	40.5
13	20	11.5	21	14.5	20.5	87.5	27.5
14	3.5	2	4	8.5	2.5	20.5	−39.523
15	6.5	5.5	4	10	1	27	−33
16	16	17	16.5	17.5	19	86	26
17	16	15	20	21	22	94	34
18	10	8	4	4	8	34	−26
19	2	8	7.5	7	9	33.5	−26.5
20	9	3	7.5	12	11	42.5	−17.5
21	3.5	1	1	6	6.5	18	−42
22	8	8	4	2.5	10	32.5	−27.5
23	19	18.5	23	21	20.5	102	42

Kendall 协同系数的计算公式:

软件应用

用 SPSS 计算 Kendall 协同系数的步骤:

1. 打开数据文件,选择【分析】→【非参数检验】→【旧对话框】→【K 个相关样本】,进入主对话框。

2. 将变量选入【检验变量】,然后在下方的【检验类型】中选中【Kendall 的 W】。

3. 点击【确定】。

$$W=\frac{S}{m^2n\left(\frac{n^2-1}{12}\right)-\frac{m}{12}\sum_{j=1}^{m}\sum_{t=1}^{k}(l_{jt}^3-l_{jt})} \tag{4-9}$$

S 是 n 个对象中每个对象的 m 个秩之和与 n 个对象秩和均值的偏差的平方和：

$$S=\sum_{i=1}^{n}\left[R_i-\frac{\sum_{i=1}^{n}R_i}{n}\right]^2=\sum_{i=1}^{n}\left[R_i-\frac{m(n+1)}{2}\right]^2 \tag{4-10}$$

R_i 为对象 i 的 m 个秩之和，$\frac{m(n+1)}{2}$ 为所有对象秩和的均值。从表 4-7 可以看出，这 23 位同学的秩和的均值 $\frac{m(n+1)}{2}=\frac{5(23+1)}{2}=60$，第一位同学的 5 个得分的秩次值之和 $R_1=6.5+21+12.5+8.5+6.5=55$。

其中，$\frac{n^2-1}{12}$ 为秩序列 $i=1,2,3,\cdots,n$ 的方差。$m^2n\left(\frac{n^2-1}{12}\right)$ 为当 n 个对象（本例 $n=23$）中每个对象的 m 个秩（本例 $m=5$）完全相同时，这 n 个对象中每个对象的 m 个秩之和与 n 个对象秩和均值的偏差的平方和（此时秩和的偏差平方和 S 达到最大）。l_{jt} 为结取平均秩时第 j 个专家的 n 个评分中第 t 个结的长度，也就是形成结的数据个数；$\sum_{j=1}^{m}\sum_{t=1}^{k}(l_{jt}^3-l_{jt})$ 表示对数据中所有结的长度进行 $l_{jt}^3-l_{jt}$ 运算的和。从表 4-7 可以看出，在第一个专家的 23 个评分中共有 4 个结，其中前三个结的平均秩分别为 3.5、6.5 和 12.5，长度均为 2；第四个结的平均秩为 16，长度为 3。因此，对于第一位专家的评分（$j=1$），$\sum_{t=1}^{k}(l_{jt}^3-l_{jt})=(2^3-2)+(2^3-2)+(2^3-2)+(3^3-3)=42$。

当数据中不存在结时，Kendall 协同系数公式简化为：

$$W=\frac{S}{m^2n\left(\frac{n^2-1}{12}\right)} \tag{4-11}$$

如果评分所对应的秩不一致，则 S 较小，一致性程度较低。如果完全不一致，则评分所对应的秩之和应该相等，S 应为零。

这样，实际数据的秩和的偏差平方和与最大可能值之间的比值就是协同系数，其值必介于 0 与 1 之间，越接近于 1，一致性程度越高；越接近于 0，一致性程度越低。

给定 m，当 $n\to\infty$ 时：

$$m(n-1)W\to\chi^2(n-1)$$

即学即练

1. 以前 5 位同学的数据为例，计算 Kendall 协同系数公式中的 S 值。

2. 以前 5 位同学的数据为例，假设第 i 位同学的得分的秩全取 $i(i=1,2,3,4,5)$，试列出在这种情况下协同系数的具体计算式。

3. 以前 5 位同学的数据为例，这几位同学的得分的秩如何排列时，专家之间的一致性最低？试列出在这种情况下秩的排列形式，并计算在这种情况下协同系数的具体计算式。

在此基础上，可以进一步进行多变量之间相关性的假设检验，并计算出显著性检验的 p 值[①]。该检验的原假设是：m 个变量之间不相关（m 个评判者之间不一致）。

经计算，在本例中，对于这组考生来说，5 位专家评分的 Kendall 协同系数为 0.782。

第四节 偏 相 关

一、偏相关系数的基本概念

学习目标

理解偏相关系数的含义，能够使用偏相关系数进行数据分析。

前面几节讨论了如何用相关系数来度量两个变量之间的相关程度。两个变量之间的相关又称简单相关，这种相关往往包含了其他变量的影响。例如，在研究商品的需求量和价格、消费者收入之间的关系时，需求量和价格之间的相关关系实际上还包含了消费者收入对商品需求量的影响。与此同时，收入对价格也会产生影响，并通过价格变动传递到对商品需求量的影响中。换言之，在需求量与价格的相关系数中，不仅包含了两个变量之间直接影响的成分，还包含了其他因素间接影响的成分。在这种情况下，如果能够在剔除其他相关因素影响的条件下计算这两个变量间的相关，将有助于我们理解和认识变量之间的相互影响、相互作用的机理。偏相关（partial correlation）分析的意义就在于此。

术语

偏相关系数是指在诸多相关的变量中，剔除了其中的一个或若干个变量的影响后，两个变量之间的简单相关系数。

偏相关系数是指在诸多相关的变量中，剔除了其中的一个或若干个变量的影响后，两个变量之间的简单相关系数。由于偏相关是剔除其他因素之后的相关系数，因此也称为净相关系数；与此对应，简单相关系数（即两个变量之间的相关系数如 Pearson 相关系数、Spearman 相关系数或 Kendall 相关系数）也被称为完全相关系数，意思是说，在这个相关系数中总结了变量之间由一切影响带来的相关性。

二、偏相关系数的计算

设 x、y、z 彼此相关，则剔除变量 z 的影响后，变量 x、y 的偏相关系数为：

$$r_{xy,z}=\frac{r_{xy}-r_{xz}r_{yz}}{\sqrt{(1-r_{xz}^2)}\sqrt{(1-r_{yz}^2)}} \tag{4-12}$$

同理，设 x、y、z_1、z_2 彼此相关，则剔除变量 z_1、z_2 的影响后，变量 x、y 的偏相关系数为：

$$r_{xy,z_1z_2}=\frac{r_{xy,z_1}-r_{xz_2,z_1}r_{yz_2,z_1}}{\sqrt{(1-r_{xz_2,z_1}^2)}\sqrt{(1-r_{yz_2,z_1}^2)}} \tag{4-13}$$

① 该假设检验的拒绝域在 χ^2 分布（自由度 $df=n-1$）概率密度函数的右侧。

偏相关系数显著性检验所用的统计量与 Pearson 相关系数的显著性检验所用的统计量相似，为：

$$r_{\text{partial}}\sqrt{\frac{n-k-2}{1-r_{\text{partial}}^{2}}} \tag{4-14}$$

式中，r_{partial} 为偏相关系数；n 为样本容量；k 为控制变量个数。

在变量(x, y)服从二元正态分布时，该统计量服从自由度为 $n-k-2$ 的 t 分布，即 $t(n-k-2)$。

【例 4-4】 （随书数据：invest1.csv①）26 个旅游区的商业投资、游客增长率和经济增长率数据见表 4-8。计算变量之间的简单相关系数与偏相关系数。

表 4-8

旅游区号	商业投资/万元	游客增长率/%	经济增长率/%
1	1 636	4.62	2.75
2	1 465	3.35	2.5
3	1 562	3.71	2.75
4	1 564	3.55	2
5	1 655	4.95	3
6	1 350	2.76	1.25
7	1 530	4.1	2.75
8	1 520	3.2	1.75
9	1 605	4.72	2.25
10	1 530	3.2	1.75
11	1 476	4.05	2
12	1 575	4.33	2.25
13	1 430	3.15	1.75
14	1 499	3.39	2.25
15	1 608	4.04	2.75
16	1 590	3.85	2.25
17	1 582	3.75	2
18	1 445	3.47	2.25
19	1 546	3.95	2.5
20	1 565	3.2	1.75
21	1 351	3.2	1.75
22	1 399	3.04	1.75
23	1 497	3.1	1.5
24	1 450	3.3	2.5
25	1 485	3.72	2.25
26	1 655	4.95	3

① 该数据引自马庆国.应用统计学[M].精要版.北京：科学出版社，2007.

在计算相关系数之前，我们先看变量的散点图(图 4-6)。

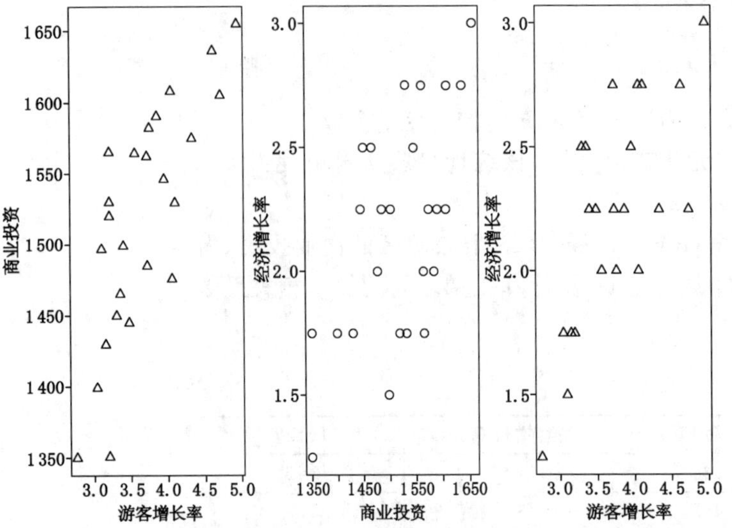

图 4-6　旅游区商业投资、游客增长率、经济增长率散点图

从图 4-6 可以看出，三者之间似乎存在比较明显的正相关关系。经计算，三者之间的 Pearson 相关系数见表 4-9。

表 4-9　　Pearson 相关系数

相关性				
		商业投资	游客增长	经济增长
商业投资	Pearson 相关性	1	0.791*	0.644*
	显著性(双侧)		0.000	0.000
	N	26	26	26
游客增长	Pearson 相关性	0.791*	1	0.773*
	显著性(双侧)	0.000		0.000
	N	26	26	26
经济增长	Pearson 相关性	0.644*	0.773*	1
	显著性(双侧)	0.000	0.000	
	N	26	26	26

注："*"表示在 0.01 水平(双侧)上显著相关。

软件应用

用 SPSS 计算偏相关系数的步骤：

1. 打开数据文件，选择【分析】→【相关】→【偏相关】，进入主对话框。

2. 将相关变量选入【变量】，然后将被控制变量也就是想要剔除掉其影响的变量，选入【控制】。

3. 点击【确定】。

商业投资与地区经济增长之间剔除游客增长影响后的偏相关系数见表 4-10。

表 4-10 给出了剔除游客增长这个变量的影响后商业投资与经济增长两个变量之间的偏相关系数，为 0.083，比表 4-9 中二者之间的简单相关系数 0.644 降低了很多；同时，显著性检验的 p 值也由 0.000 增加到 0.695。可见，商业投资与经济增率之间的关系主要是以游客增长率为中

介的间接关系，在这种情况下，游客增长率通常称为中介变量①。显然，这对于理解商业投资、经济增长率和游客增长率这三个变量之间的因果关系和相互作用机理十分有益。

表 4-10　　　变量偏相关系数表

相关性				
控制变量			商业投资	地区经济增长
游客增长	商业投资	相关性	1.000	0.083
		显著性（双侧）	0.000	0.695
		df	0	23
	经济增长	相关性	0.083	1.000
		显著性（双侧）	0.695	0.000
		df	23	0

虽然相关分析研究变量之间的依赖关系，但依赖关系并不一定意味着因果关系。例如，火灾中财产的损失数量与救火的消防队员的人数有关，但并不意味着消防队员越少，损失越小。实际上，财产损失数量与消防员数目同时受第三个变量——火灾大小的影响。利用偏相关识别变量之间的相互作用关系，有助于更好地理解变量之间的因果关系和相互作用机理②。

本章要点

相关是指变量之间相互关联、相随而动。图形是考查变量之间相关关系最为直观的方法。Pearson χ^2 检验是考查列联表行变量与列变量是否相互独立的常用方法，它在原假设成立的前提下有大样本近似的 χ^2 分布。这种方法也常用于检验变量是否服从某种特定的分布。

相关系数也可以用来考查变量之间的相关关系，如 Pearson 相关系数、Spearman 相关系数和 Kendall 相关系数。其中，后两种相关系数是基于数据的秩来考查变量之间的相关问题，因此更为稳健，不容易受到异常值的影响。

偏相关系数是指在诸多相关的变量中，剔除了其中的一个或若干个变量的影响后，两个变量之间的简单相关系数。偏相关分析有助于识别变量之间的相互作用关系，理解变量之间的相互作用机理。

---

① 中介变量是自变量对因变量产生影响的中介。如果变量 X 通过影响 M 来影响 Y，则 M 就是 X 和 Y 的中介变量。通常情况下，中介变量和自变量 X、因变量 Y 的相关都比较显著，而调节变量则不一定。与自变量或因变量不相关的变量不可能成为中介变量，但可以成为调节变量。

② 偏相关系数也可以通过回归分析的方法来求得，具体如下：建立回归方程 $x=a_1+b_1 \cdot z$ 和 $y=a_2+b_2 \cdot z$，分别得到残差 res x 和 res y，则 res x 和 res y 之间的 Pearson 相关系数就是剔除变量 z 的影响后变量 x、y 的偏相关系数 $r_{xy,z}$。从这里，我们可以进一步理解偏相关的含义。这也是为什么回归分析常被用于因果分析的原因。

附 录 4

附录 4A

统计泛舟:相关在"护士健康研究"项目中的误用

20 世纪 90 年代,哈佛大学医学院和公共卫生学院共同主持的"护士健康研究"项目对 12.2 万名女性进行的纵向调查,调查显示雌激素摄入量和心脏病之间存在负相关关系,定期摄入雌激素的女性突发心脏病的概率只有其他女性的 1/3。

与此同时,科学家和医生们还为补充雌激素有利于女性健康提供了医学上的理论支持:随着年龄的增长,女性卵巢分泌雌激素的能力下降,如果雌激素真的对身体非常重要的话,那么在老年时补充这一不足将有利于女性的长期健康。

此后,通过摄入雌激素来预防心脏病、骨质疏松以及其他与更年期有关的疾病逐渐成为很多医疗机构和医生的常规方法。到 2001 年,有差不多 1 500 万名女性服用了雌激素。

但是,随后进行的科学审查——临床试验(这是一种包含对照组、处理组的控制实验)结果却表明,补充雌激素确实存在一些益处,但这些益处与其他风险相比根本不值一提,摄入雌激素的女性患中风、血栓、乳腺癌和其他疾病的风险要明显高于对照组。

《纽约时报》杂志在报道中指出:有多少女性是因为服用了医生"出于病人健康考虑"开出的雌激素药物而患上中风或乳腺癌过早离世的? 答案是:至少有上万人。

附录 4B

信度分析简介

在人文社会科学中,很多数据是通过调查问卷或量表得到的。得到这些数据后,还需要对这些数据的信度和效度进行评估。其中,对信度的评估大都是基于相关分析的方法,应用的主要方法包括再测信度、复本信度、分半信度、Cronbach α 信度系数等。

一、再测信度

使用同一份量表,在不同的时间,对同一群对象前后测试两次,然后计算这两次数据的相关系数作为该测量的信度系数,又称为稳定系数。由于是针对同一群对象进行的测量,理想情况下,这两次测量的结果应该高度相关。因此,得到的信度系数越高,表明这份调查问卷(和这两次测量)的信度越高。当然,应该注意的是,如果两次测量之间的时间间隔太短,受测者可能仍然对第一次测量时自己的选项记忆犹新;如果两次测量之间的时间间隔太长,受测者的心智可能已经发生了明显变化,从而影响信度评估的准确性。因此,使用再测信度来评估问卷或调查的信度时,必须选择适宜的时间间隔。

二、复本信度

所谓复本,是指功用相同、内容相似、难易程度相当的两份量表。当某一套量表有两种以上等价的版本可供使用时,可以使用不同版本对同一群对象进行两次测量,第一次使用第一份量表,第二次使用与第一份量表等价的第二份量表进行测量,再计算这两次测量结果之间的相关系数作为该测量的信度系数，称为复本信度。得到的信度系数越高，表明这两份调查问卷(和这两次测量)的信度越高。显然，使用复本信度来评估信度时，两份复本在形式、功能、难度以及鉴别度等方面应该等价，但内容又不能相同。复本信度有利于克服受测对象的记忆能力对再测信度的影响，但对复本的编写提出了很高的要求。

三、分半信度

如果受条件所限，无法计算再测信度或复本信度时，可以使用分半信度。分半信度指在进行完测量后，把一份量表的题目分为两半，分别计算这两半题目的总分之间的相关系数，称为分半信度。从分半信度的计算方法可以看出，只有量表中两半的题目之间确实有相关性的情况下，采用分半信度来评估量表和测量的信度才是恰当的。

四、Cronbach α 信度系数

Cronbach α 信度系数是 Cronbach 提出的。如果一个研究构面由很多题目组成，每道题目都与构面相关，则通过每份问卷中这些题目总分的方差与每道题目得分的方差作为信度的度量指标，即为 Cronbach α 信度系数。题目之间的相关性越强，Cronbach α 信度系数越接近于 1。其计算公式为：

$$\text{Cronbach } \alpha = \frac{k}{(k-1)}\left(1-\frac{\sum_{i=1}^{k} S_i^2}{S_p^2}\right)$$

式中，k 为组成构面的题目数量；S_i^2 为这些题目中每道题目得分的方差；S_p^2 为每份问卷中这些题目总分的方差。

在计算 S_i^2、S_p^2 的值时，首先要检查各题目的得分方向是否相同，对于得分方向不同的题目进行转化。

Cronbach α 信度系数是人文社会科学中应用最为广泛的信度系数。SPSS 软件的【分析】→【度量】→【可靠性分析】对话框则可以进行 Cronbach α 信度系数的计算。通常认为，在基础研究中，Cronbach α 信度系数至少应达到 0.8 才可接受；在探索性研究中，Cronbach α 信度系数只要达到 0.70 就可以接受，而若低于 0.35，其信度就必须予以拒绝。在实际应用中，Cronbach α信度系数只要达到 0.6，即可认为该测量的信度是可以接受的。

思考与练习

一、复习与练习

1. Pearson χ^2 检验的用途是什么？

2. Pearson 相关系数、Spearman 相关系数、Kendall 相关系数各有什么特点？

3. Kendall 协同系数的主要用途是什么？

4. 偏相关系数的主要用途是什么？

5. 人们往往希望自己用来进行统计分析的数据服从某种分布。在学校，有些校方希望学生成绩能服从或近似服从正态分布。思考：如何利用 Pearson χ^2 统计量，检验本章中使用的统计学成绩数据(随书数据 score3.csv)是否服从正态分布？

二、思考与研讨

葡萄酒质量的评价问题(随书数据 grapewine1.csv)。要确定葡萄酒质量，一般是聘请

有资质的评酒员进行品评。每个评酒员在对葡萄酒进行品尝后对其进行打分，然后求和得到其总分，从而确定葡萄酒质量。讨论下列问题：

(1) 在两组评酒员的评价结果中，哪一组更可信？

(2) 即使在评价结果不大可信的那一组当中，也不一定是全部都不可信，在哪个指标上不可信？

(3) 在评价结果不大可信的那一组当中，哪位评酒员的评价结果和其他人的评价结果相距甚远？

(4) 如何充分利用现有数据和分析结论改进评价结果。

第五章 回归分析

统计学上的回归来源于趋势分析。1870 年，英国生物统计学家弗朗西斯·高尔顿(Francis Galton)在研究身高遗传时发现，高个子父母的子女，其身高有低于其父母身高的趋势，而矮个子父母的子女，其身高有高于其父母的趋势，即有“回归”到总体身高平均数的趋势。这正是统计学上“回归”一词的最初含义。

本章在分析阐述回归分析基本概念的基础上，介绍回归模型的构建和模型中相关参数的确定方法，以及构建模型的基本假设、参数检验和残差分析。

回归分析研究的对象是具有相关关系的变量之间的数量关系，研究内容是通过测试试验或观测数据，寻找出这些变量之间统计规律，并据此从 1 个或 k 个变量的值预测与它们相关的另一个变量的值。具体来讲，回归分析主要解决以下三个方面的问题：

(1) 从一组样本(试验)数据出发，研究变量之间数学关系式。

(2) 对这些关系式的可信程度进行统计检验，并从影响某一特定变量的诸多变量中找出哪些变量的影响是显著的，哪些是不显著的。

(3) 利用确定的关系式，根据一个或几个变量的取值来估计或预测另一个特定变量的取值，并给出这种估计或预测的可靠程度。

进行回归分析，首先要确定自变量(independent variable)和因变量(dependent variable)。在回归分析中，被解释或预测的变量称为因变量，一般用 y 表示。用来解释或预测因变量的变量称为自变量，一般用 x 表示。例如用商品价格、消费者可支配收入、替代品价格、互补品价格来预测一定时期的特定商品需求量时，这些变量称为自变量，而商品的需求量就是因变量。

术语

因变量：被解释或预测的变量称为因变量。

自变量：用来解释或预测因变量的变量称为自变量。

当回归分析模型中只有一个自变量时，称为一元回归。当自变量 x 与因变量 y 之间为线性关系时，称为一元线性回归。

一个因变量同多个自变量的回归，称为多元回归。当因变量与各个自变量之间为线性关系时，称为多元线性回归。

回归分析与相关分析联系密切，二者都是对客观事物数量依存关系的分析。但相关分析是利用相关系数来测度变量之间的关系强度，而回归分析是通过数学表达式将这种相互依存关系描述出来，以考察变量之间的数量关系。一般地，只有当变量之间存在相关关系时，才进行回归分析。变量之间的相关程度越高，进行回归分析的效果越好。但回归分析和相关分析中各变量的地位、数据分析的作用各不相同，主要体现在：

（1）相关分析中，变量 x 变量 y 处于平等的地位。回归分析中，变量 y 称为因变量，处在被解释的地位；x 称为自变量，用于预测因变量的变化。

（2）相关分析中所涉及的变量 x 和 y 都是随机变量；回归分析中，因变量 y 是随机变量，自变量 x 可以是随机变量，也可以是非随机的确定变量。

（3）相关分析主要是描述两个变量之间线性关系的密切程度；回归分析不仅可以揭示变量 x 对变量 y 的影响大小，还可以利用回归方程进行预测和控制。

第一节 一元线性回归

一、一元线性回归模型

对于具有线性关系的两个变量，可以用一个线性方程来表示它们之间的关系。描述因变量 y 如何依赖于自变量 x 和误差项 ε 的方程称为回归模型。一元线性回归模型可以表示为：

$$y=\beta_0+\beta_1x+\varepsilon \tag{5-1}$$

式中 β_0 和 β_1 为模型参数。

由回归模型可以看出，y 是 x 的线性函数（部分）加上误差项 ε，线性部分反映了由于 x 的变化而引起的 y 的变化；ε 是被称为误差项的随机变量，反映了除 x 和 y 之间的线性关系之外的随机因素对 y 的影响，是不能由 x 和 y 之间的线性关系所解释的变异性。

建立一元线性回归模型时，做了如下假定：

（1）线性假定，即假定因变量 y 和自变量 x 之间具有线性关系。

（2）在重复抽样中，自变量 x 的取值是固定的，即假定 x 是非随机的。

对于任意一个给定的 x，y 的取值都对应着一个分布。$E(y)=\beta_0+\beta_1x$ 代表一条直线。但是具体到每一个数据点，因变量又是由自变量唯一确定的，可能不在 $E(y)$ 的直线上。为此，可以引入误差项 ε，通过包含这个误差项 ε 来描述数据点。

（3）误差项 ε 是服从零均值、同方差、正态分布的随机变量，且相互独立。

零均值，即 $E(\varepsilon)=0$，意味着对于一个给定的 x 值，y 的期望值为 $E(y)=\beta_0+\beta_1x$。同方差意味着对于特定的 x 值，y 的方差也等于 σ^2。独立性意味着对于一个特定的 x 值，它所对应的 ε 与其他 x 值所对应的 ε 不相关。因此，对于一个特定的 x 值，它所对应的 y 值与其他 x 所对应的 y 值也不相关。

在上述假定条件下，对于任何一个给定的 x 值，y 都服从期望值

学习目标

掌握一元线性回归分析方法。

术语

回归模型：描述因变量如何依赖于自变量和误差项的方程称为回归模型。

思考与研讨

误差项是由什么引起的？

重要知识点

一元回归模型的基本假定。

为 $\beta_0+\beta_1x$、方差为 σ^2 的正态分布，且对于不同的 x 具有相同的方差，如图 5-1 所示。

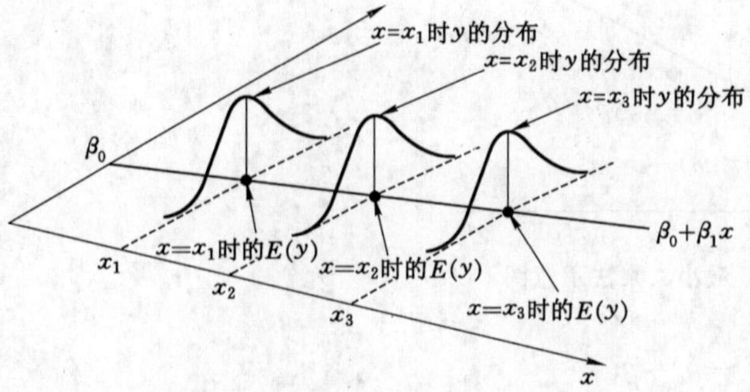

图 5-1 对应于不同 x 值的 y 的分布

根据回归分析的理论模型，假定误差项 ε 的期望值等于 0。因此，y 的期望值可以描述为 x 的线性函数 $E(y)=\beta_0+\beta_1x$。描述因变量 y 的期望值如何依赖于自变量 x 的方程称为回归方程。一元线性回归方程的形式为：

$$E(y)=\beta_0+\beta_1x \tag{5-2}$$

一元线性回归方程的图示是一条直线，因此也称为直线回归方程，其中 β_0 是回归直线在 y 轴上的截距，是当 $x=0$ 时 y 的期望值。β_1 是直线的斜率，它表示当 x 每变动一个单位时，y 的平均变动值。

通常总体回归参数 β_0 和 β_1 未知的，需要用样本数据来估计。用样本的统计量 $\hat{\beta}_0$ 和 $\hat{\beta}_1$ 代替回归方程中的未知参数 β_0 和 β_1，就得到了估计的回归方程。对于一元线性回归，估计的回归方程为：

$$\hat{y}=\hat{\beta}_0+\hat{\beta}_1x \tag{5-3}$$

式中，$\hat{\beta}_0$ 是估计的回归直线在 y 轴上的截距；$\hat{\beta}_1$ 是直线的斜率，表示 x 每变动一个单位时，y 的平均变动值。

二、一元线性回归模型的参数估计

对于 x 和 y 的 n 组观察值，用于描述其关系的直线有许多条，用其中距离各样本点距离最近的一条直线来反映它们之间的关系最为合适，对此，德国数学家卡尔·高斯提出用最小化图中竖直方向的离差平方和来估计参数 β_0 和 β_1（图 5-2）。根据这一方法估计模型参数 β_0 和 β_1 的方法称之为最小二乘法，也称为最小平方法。

即问即答

简述参数最小二乘法估计的基本原理。

若用 $(x_i,y_i)(i=1,2,3,\cdots,n)$ 表示 n 组观察值，因变量 y 与自变量 x 的一元线性模型是：

$$y=\beta_0+\beta_1x+\varepsilon$$

因变量 y 的期望值与自变量 x 的回归方程是 $E(y)=\beta_0+\beta_1x$，希望找到的拟合回归直线表示为 $\hat{y}=\hat{\beta}_0+\hat{\beta}_1x$，对于给定的数据点 (x_i,y_i)，y 的观察值是 y_i，y 的预测值可以通过把 x_i 代入预测方程

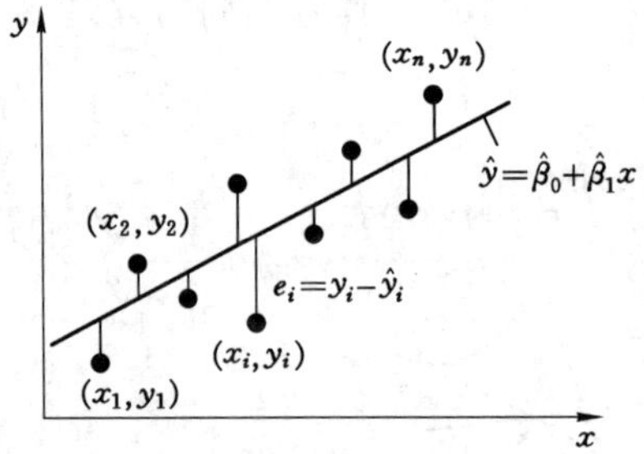

图 5-2 最小二乘法示意图

$$\hat{y}_i=\hat{\beta}_0+\hat{\beta}_1 x_i$$

得到，观察值和预测值通常会有一定的离差，称为残差，残差是因变量的观察值与根据拟合回归方程所求出的预测值之差。

$$y_i-\hat{y}_i=y_i-\hat{\beta}_0-\hat{\beta}_1 x_i \tag{5-4}$$

记残差平方和为：

$$\sum_{i=1}^{n}(y_i-\hat{y}_i)^2=\sum_{i=1}^{n}(y_i-\hat{\beta}_0-\hat{\beta}_1 x_i)^2 \tag{5-5}$$

根据最小二乘法，令 $Q=\sum(y_i-\hat{y}_i)^2$，在给定样本数据后，Q 就成为 $\hat{\beta}_0$ 和 $\hat{\beta}_1$ 的函数，且最小值存在。按照极值定理，对 Q 分别对 $\hat{\beta}_0$ 和 $\hat{\beta}_1$ 求偏导数，并令其等于零，于是有：

$$\begin{cases}\dfrac{\partial Q}{\partial \hat{\beta}_0}=-2\sum_{i=1}^{n}(y_i-\hat{\beta}_0-\hat{\beta}_1 x_i)=0\\ \dfrac{\partial Q}{\partial \hat{\beta}_1}=-2\sum_{i=1}^{n}(y_i-\hat{\beta}_0-\hat{\beta}_1 x_i)x_i=0\end{cases} \tag{5-6}$$

解上述方程组，得：

$$\begin{cases}\hat{\beta}_1=\dfrac{n\sum_{i=1}^{n}x_i y_i-\sum_{i=1}^{n}x_i\sum_{i=1}^{n}y_i}{n\sum_{i=1}^{n}x_i^2-\left(\sum_{i=1}^{n}x_i\right)^2}\\ \hat{\beta}_0=\bar{y}-\hat{\beta}_1\bar{x}_i\end{cases} \tag{5-7}$$

这样，就得到了估计的一元线性回归方程参数的估计值。由上式可知，当 $x=\bar{x}$ 时，$\hat{y}=\bar{y}$，即回归直线 $\hat{y}=\hat{\beta}_0+\hat{\beta}_1 x$ 通过点 $(\bar{x},\bar{y})$，这是回归直线的一个重要特征。

在给定的经典假定条件下，用最小二乘法拟合直线，具有一些优点：

(1) 根据最小二乘法得到的回归直线能使离差平方和达到最小。

(2) 由最小二乘法求得的回归直线可知 β_0 和 β_1 的估计量的抽样分布。

(3) β_0 和 β_1 的最小二乘估计量具有无偏性，即 $E(\hat{\beta}_0)=\beta_0$，$E(\hat{\beta}_1)=$

术语

残差：是因变量的观察值与根据拟合回归方程所求出的预测值之差。

软件应用

用 SPSS 进行回归的步骤：

1. 打开数据文件，选择【分析】→【线性回归】，进入主对话框。

2. 将因变量选入【因变量】，将自变量选入【自变量】。

3. 点击【继续】回到主对话框。点击【确定】。

β_1，而且同其他估计量相比，其抽样分布具有较小的标准差。

正是由于上述性质，最小二乘法广泛应用于回归模型参数的估计。

【例 5-1】（随书数据 income1.csv）为了研究某地区家庭的年可支配收入和年消费支出之间的关系，随机抽取了 10 个家庭组成一个样本并进行了调查，调查数据见表 5-1，根据这组数据建立可支配收入和年消费支出之间的关系式。

表 5-1　　10 个家庭年可支配收入与年消费支出额

家庭	1	2	3	4	5	6	7	8	9	10
年可支配收入/万元	3	5	8	9	15	20	10	12	13	17
年消费支出/万元	1.6	2.4	3.8	5	8	10	5.4	6	7	8.4

解　为了研究两个变量之间的关系，我们首先以自变量年可支配收入为横轴，以因变量年消费支出为纵轴画散点图，如图 5-3 所示。

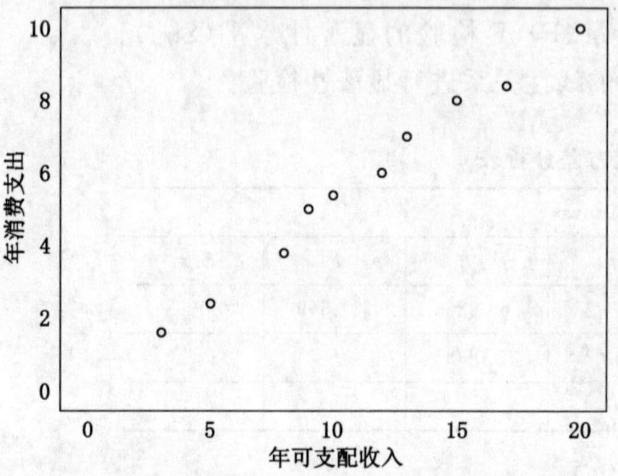

图 5-3　年可支配收入与年消费支出散点图

从散点图上可直观地看出年可支配收入和年消费支出之间基本上是线性关系，在此基础上，可以根据调查数据，计算相关系数，进一步分析它们之间的线性相关关系，SPSS 输出结果见表 5-2。

表 5-2　　年可支配收入与年消费支出的相关性

		年消费支出	年可支配收入
年消费支出	Pearson 相关性	1	0.994*
	显著性(双侧)		0.000
	N	10	10
年可支配收入	Pearson 相关性	0.994*	1
	显著性(双侧)	0.000	
	N	10	10

注:“*”表示在 0.01 水平(双侧)上显著相关。

由表5-2可见，年可支配收入与年消费支出之间的线性相关系数为0.994，说明它们之间存在高度线性相关关系。因此，可以建立它们之间的线性回归方程。SPSS输出结果见表5-3、表5-4和表5-5。

表5-3给出了回归分析中的一些主要统计量，包括相关系数(R)、判定系数(R^2)、调整的判定系数(调整R^2)、估计标准误差。

表5-3　　模型的主要统计量

模型汇总①

模型	R	R^2	调整R^2	估计标准误差
1	0.994②	0.989	0.987	0.299 9

① 因变量：年消费支出。

② 预测变量：(常量)，年可支配收入。

表5-4给出的是回归分析的方差分析表，包括回归平方和、残差平方和、总平方和(sum of squares)及相应的自由度(df)，回归均方和残差均方(mean square)、检验统计量(F)、F检验的显著性水平(Sig.)。方差分析表主要用于对回归模型的线性关系进行显著性检验。

表5-4　　模型的方差分析表

Anova①

模型		平方和	df	均方	F	$Sig.$
1	回归	63.985	1	63.985	711.569	0.000②
	残差	0.719	8	0.090		
	总计	64.704	9			

① 因变量：年消费支出。

② 预测变量：(常量)，年可支配收入。

表5-5是模型中参数估计的有关内容。包括回归方程的常数项(constant)、非标准化系数(unstandardized coefficients)、常数项和回归系数检验的统计量(t)、检验的显著性水平(Sig.)，以及回归系数95%的置信区间(95% confidence interval for B)等。

表5-5　　模型参数的估计和检验

系数①

模型		非标准化系数		标准系数	t	$Sig.$
		B	标准误差	试用版		
1	(常量)	0.112	0.232		0.482	0.642
	年可支配收入	0.504	0.019	0.994	26.675	0.000

① 因变量：年消费支出。

此外，还有残差分析部分，这里暂时未给出其输出结果。对于本章内容所涉及的一些结果，将在后面陆续介绍。

由表 5-5 可知，年消费支出与年可支配收入估计的回归方程为 $\hat{y}=0.112+0.504x$。回归系数 $\hat{\beta}_1=0.504$，表示：家庭年可支配收入每变动(增加或减少)1 万元，年消费支出平均变动(增加或减少)0.504 万元。在回归分析中，对截距项 $\hat{\beta}_0$ 通常不作实际意义上的解释，除非 $x=0$ 时有意义。

将 x_i 的样本观察值代入上述估计方程，可以得到年消费支出的各个估计值 $\hat{y}_i$。图 5-4 给出了散点图和回归直线的关系。

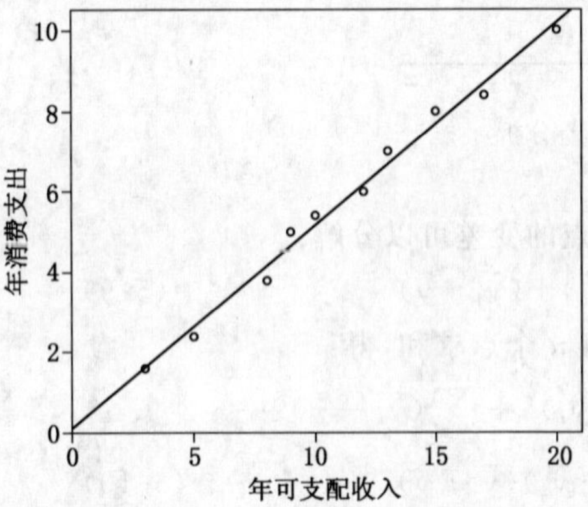

图 5-4　年消费支出与年可支配收入的回归直线

三、一元线性回归模型的检验

1. 拟合优度检验

根据样本观察值拟合出的回归方程在一定程度上描述了变量 x 与 y 之间的数量关系。运用估计的回归方程，可以根据自变量 x 的取值来估计或预测因变量 y 的取值。但估计或预测的精度取决于回归方程对观察数据的拟合程度。在理想状况下，若所有样本点均落在回归直线上，则直线对数据完全拟合。用估计的回归方程来估计因变量就没有误差了。但现实中难以保证样本点均在直线上。一般地，样本点越是紧密地围绕直线就说明直线对样本点的拟合程度越好。否则，就说明直线对样本点的拟合程度不佳。

术语

拟合优度是指回归直线与样本点的接近程度。

回归直线与各观察点的接近程度称为回归直线对数据的拟合优度，可通过判定系数来描述。

(1) 判定系数

在回归方程中，由于自变量 x 的不同取值，因变量的取值也不相同；另外，因变量 y 不仅受自变量 x 的影响，而且要受到样本点采集、测量误差等其他随机因素的影响。因此，因变量客观上存在一定的波动，这种波动称为变差。对于一个具体的样本来讲，变差的大小可以通过实际观察值 y 与样本均值 $\bar{y}$ 的差 $(y-\bar{y})$ 来表示。而 n 次观测值的变差平方和，称为总平方和，记为 SST。

重要知识点

总平方和：样本观察值 y 与样本均值 $\bar{y}$ 的离差平方和。

$$SST = \sum (y_i - \bar{y})^2 \tag{5-8}$$

因变量的变差可以进一步分解为观察值 y 与预测值 $\hat{y}$，预测值 $\hat{y}$ 与平均值 $\bar{y}$ 的差（图 5-5）。

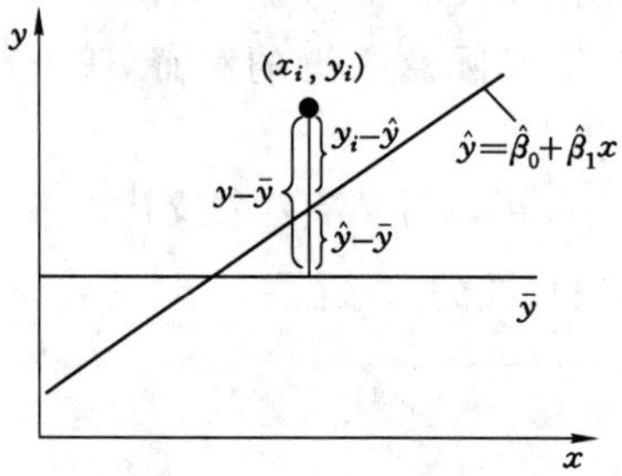

图 5-5 变差分析

由图 5-5 中可以看出，每个样本点的变差可以分解：

$$y_i-\bar{y}=(y_i-\hat{y}_i)+(\hat{y}_i-\bar{y}) \tag{5-9}$$

进一步将上式两边平方并对所有 n 个点求和，得：

$$\sum (y_i - \bar{y})^2 = \sum (y_i - \hat{y}_i)^2 + \sum (\hat{y}_i - \bar{y})^2 + 2\sum (y_i - \hat{y}_i)(\hat{y} - \bar{y}) \tag{5-10}$$

因为

$$\begin{aligned}\sum (y_i - \hat{y}_i)(\hat{y}_i - \bar{y}) &= \sum (y_i - \hat{y}_i)(\hat{\beta}_0 + \hat{\beta}_1 x_i - \bar{y}) \\ &= \sum (y_i - \hat{y}_i)(\hat{\beta}_0 - \bar{y} + \hat{\beta}_i x_i) \\ &= (\hat{\beta}_0 - \bar{y})\sum (y_i - \hat{y}_i) + \hat{\beta}_1 \sum (y_i - \hat{y}_i) x_i \\ &= (\hat{\beta}_0 - \bar{y})\sum (y_i - \hat{\beta}_0 - \hat{\beta}_1 x_i) + \hat{\beta}_1 \sum (y_i - \hat{\beta}_0 - \hat{\beta}_1 x_i) x_i\end{aligned}$$

根据最小二乘原理有：

$$\sum (y_i - \hat{\beta}_0 - \hat{\beta}_1 x_i) = 0$$

$$\sum (y_i - \hat{\beta}_0 - \hat{\beta}_1 x_i) x_i = 0$$

所以

$$\sum (y_i - \hat{y}_i)(\hat{y}_i - \bar{y}) = 0$$

所以

$$\sum (y_i - \bar{y})^2 = \sum (y_i - \hat{y}_i)^2 + \sum (\hat{y}_i - \bar{y})^2 \tag{5-11}$$

由此，总平方和 SST 可以分解为两个部分。一部分为回归预测值 $\hat{y}$ 与均值 $\bar{y}$ 的离差平方和，反映了由于自变量 x 和因变量 y 之间的线性关系引起的 y 的变化，是可以由回归直线来解释的 y_i 的变差，称之为回归平方和，记为 SSR。另一部分为样本实际值与回归预测值的残差 $(y_i-\hat{y}_i)$ 的平方和，反映除了 x 对 y 的线性影响之外的其他随机因素对 y 的影响，是不能由回归直线来解释的 y_i 的变差部分，称之为残差平方和，记为 SSE。

三个平方和的关系为：

总平方和(SST)＝回归平方和(SSR)＋残差平方和(SSE)　　(5-12)

因此，回归直线拟合的优劣主要取决于回归平方和 SSR 占总平方和 SST 的比例 $\frac{SSR}{SST}$ 的大小。各样本点越是靠近回归直线，回归平方和与总平方和的比值就越大，直线拟合得就越好。因此，可以用回归平方和与总平方和的比值来判定回归直线的拟合优度，称为判定系数，记为 R^2。

重要知识点

三个平方和的关系。

术语

判定系数：回归平方和与总平方和的比值。

$$R^2=\frac{SSR}{SST}=\frac{\sum_{i=1}^{n}(\hat{y}_i-\bar{y})^2}{\sum_{i=1}^{n}(y_i-\bar{y})^2}=1-\frac{\sum_{i=1}^{n}(y_i-\hat{y}_i)^2}{\sum_{i=1}^{n}(y_i-\bar{y})^2} \tag{5-13}$$

判定系数 R^2 可以测度回归直线对于样本数据的拟合程度。

① 如果所有的样本点都落在回归直线上，则残差平方和 SSE 为 0，$R^2=1$，拟合是完全的。

② 如果 y 的变化与 x 无关，x 完全无助于解释 y 的变差，此时 $\hat{y}=\bar{y}$，则 $R^2=0$。

可见，R^2 的取值范围是[0,1]。R^2 越接近 1，表明回归平方和占总平方和的比例越大，回归直线与各样本点越接近，用自变量 x 来解释 y 值变差的部分也就越大，回归直线的拟合程度就越好。反之，R^2 越接近 0，回归直线的拟合程度就越差。

例如表 5-3 中给出的判定系数 $R^2=0.989=98.9\%$，其实际意义是：年消费支出的总变差中，有 98.9%可以由年消费支出与年可支配收入之间的线性关系来解释，可见回归方程的拟合程度非常高。

结合相关分析可以发现，在一元线性回归中，判定系数 R^2 在数量上等于相关系数 r 的平方。因此，判定系数也可以由相关系数来计算。相关系数 r 也可以从另一个角度说明回归直线的拟合优度，r 越接近 1，表明回归直线对样本点的拟合程度越高。

知识点

判定系数和相关系数的关系。

值得注意的是，利用相关系数 r 来说明回归直线的拟合优度要慎重。因为 $|r|=\sqrt{R^2}$，所以 $|r|\geqslant R^2$，用 r 代替判定系数来解释拟合优度就有放大的效果。如当 $r=0.5$ 时，表面上来看相关程度已达 50%，但实际上判定系数只有 0.25，这表明自变量 x 只能解释因变量 y 的总变差的 25%。

(2) 估计标准误差

估计标准误差是度量各个样本点在回归直线周围散布状况的统计量，用以说明回归预测值 $\hat{y}_i$ 与实际观察值 y_i 之间的差异程度。估计标准误差用残差均方的平方根来表示，记为 s_e。

$$s_e=\sqrt{\frac{\sum_{i=1}^{n}(y_i-\hat{y}_i)^2}{n-2}}=\sqrt{\frac{SSE}{n-2}}=\sqrt{MSE} \tag{5-14}$$

估计标准误差是对误差项 ε 的标准差 σ 的估计。它可以看作是在排除了 x 对 y 的线性影响之后，y 随机波动大小的一个估计量。在实际中，估计标准误差反映了用估计的回归方程预测因变量 y 时预测误差的大小。样本点越靠近回归直线，则 s_e 就越小，回归直线的代表性就越好，根据回归方程进行的预测就越准确。理想状态下，样本点全都落在回归直线上，则 $s_e=0$。此时，用回归直线来预测因变量就没有误差。因此，估计标准误差 s_e 也从另一个角度说明了回归直线的拟合优度。

术语

估计标准误差：残差均方的平方根 s_e，是对误差项 ε 的标准差 σ 的估计。

即问即答

估计标准误差的实际意义是什么？

例如表 5-3 给出的 $s_e=0.299\ 9$，其实际意义是：根据家庭年可支配收入来预测年消费支出时，平均预测误差为 0.299 9 万元。

2. 显著性检验

回归分析的主要目的是利用样本值拟合估计方程，并据此来估计或预测因变量的取值。但建立了回归方程后，还不能马上就进行估计或预测。因为所建立的回归方程是根据样本数据得出的，而根据样本数据拟合回归方程时，已经假定变量 x 与变量 y 之间存在着线性关系。这种假定是否成立，需要进行检验。

在回归分析中，显著性检验包括线性关系检验和回归系数检验。

(1) 线性关系检验

线性关系检验是要检验自变量 x 和因变量 y 之间的线性关系是否显著，即变量之间的关系能否用一元线性模型 $y=\beta_0+\beta_1x+\varepsilon$ 来表示。

为了检验两个变量之间的线性关系是否显著，需要构建用于检验的统计量。以回归平方和(SSR)和残差平方和(SSE)为基础，将回归平方和 SSR 除以其相应的自由度(自变量的个数 k)后的结果称为回归均方，记为 MSR；同时将残差平方和 SSE 除以其相应的自由度(SSE 的自由度为 $n-k-1$，k 为自变量个数，一元线性回归中自由度为 $n-2$)后的结果称为残差均方，记为 MSE。如果原假设成立($H_0:\beta_1=0$，两个变量之间的线性关系不显著)，则回归均方和残差均方的比值服从分子自由度为 1，分母自由度为 $n-2$ 的 F 分布。

$$F=\frac{SSR/1}{SSE/(n-2)}=\frac{MSR}{MSE}\sim F(1,n-2) \tag{5-15}$$

当原假设 $H_0:\beta_1=0$ 成立时，MSR/MSE 的值接近 1；但如果原假设 $H_0:\beta_1=0$ 不成立，MSR/MSE 的值将变得无穷大。因此，较大的 MSR/MSE 将导致拒绝原假设，并因此而判定变量 x 与 y 之间存在着显著的线性关系。

线性关系检验的具体步骤包括三步。

第一步，提出假设。

$H_0:\beta_1=0$，即两个变量之间的线性关系不显著。

$H_1:\beta_1\neq 0$，即两个变量之间的线性关系显著。

第二步，计算检验统计量 F。

$$F=\frac{SSR/1}{SSE/(n-2)}=\frac{MSR}{MSE}\sim F(1,n-2)$$

第三步，确定显著性水平 α，作出决策。根据分子自由度 $df_1=1$ 和分母自由度 $df_2=n-2$ 求出统计量的 P 值，若 $P<\alpha$，则拒绝 H_0，表明两个变量之间的线性关系显著；否则，不拒绝 H_0，不能证明两个变量之间的线性关系显著。

例如表 5-4 给出了各个平方和、均方及检验的统计量 F。由于 P 值接近于 0，拒绝 H_0，表明家庭年消费支出与年可支配收入之间的线性关系显著。

(2) 回归系数检验

回归系数的显著性检验是要检验自变量对因变量的影响是否显著。在一元线性回归模型 $y=\beta_0+\beta_1x+\varepsilon$ 中，如果回归系数 $\beta_1=0$，则表明自变量 x 对因变量 y 没有影响，即两个变量之间没有线性关系。因此，在回归分析中，回归系数的显著性检验就是要检验回归系数 β_1 是否为 0，并就此判定自变量对因变量影响的显著性。

要检验原假设 $H_0:\beta_1=0$ 是否成立，需要构造用于检验的统计量。为此，需要首先知道回归系数 β_1 的抽样分布。

统计已经证明，$\hat{\beta}_1$ 服从正态分布①，且其数学期望满足 $E(\hat{\beta}_1)=\beta_1$，其标准差可以表示为：

$$\sigma_{\hat{\beta}_1}=\frac{\sigma}{\sqrt{\sum_{i=1}^{n}x_i^2-\frac{1}{n}\left(\sum x_i\right)^2}} \tag{5-16}$$

其中：σ 为误差项 ε 的标准差。

由于 σ 是未知的，可以用 σ 的估计量 s_e 代入式(5-16)中，求得 σ_{β_1} 的估计量。$\hat{\beta}_1$ 标准差的估计量为：

$$s_{\hat{\beta}_1}=\frac{s_e}{\sqrt{\sum x_i^2-\frac{1}{n}\left(\sum x_i\right)^2}} \tag{5-17}$$

将回归系数标准化，就可以构造出用于检验回归系数 $\hat{\beta}_1$ 的统计量 t：

$$t=\frac{\hat{\beta}_1-\beta_1}{s_{\hat{\beta}_1}} \tag{5-18}$$

---

① 证明：$\hat{\beta}=(x^{\mathrm{T}}x)^{-1}x^{\mathrm{T}}y=\beta+(x^{\mathrm{T}}x)^{-1}x^{\mathrm{T}}\varepsilon$，当 ε 服从多元正态分布时，$\hat{\beta}$ 是正态随机变量 $\varepsilon_1,\cdots,\varepsilon_n$ 的线性组合，因此它是正态的。

该统计量应该服从自由度为 $n-2$ 的 t 分布。

如果原假设成立，则 $\beta_1=0$，因此检验的统计量为：

$$t=\frac{\hat{\beta}_1}{s_{\hat{\beta}_1}}\sim t(n-2) \tag{5-19}$$

确定显著性水平 α，并根据自由度 $df=n-2$ 计算出统计量的 P 值，若 $P<\alpha$，则拒绝 H_0，表明 x 对 y 的影响是显著的。

因此，回归系数的检验一般要通过三步。

第一步，提出检验假设

$$H_0:\beta_1=0;H_1:\beta_1\neq 0$$

第二步，计算检验统计量 t

$$t=\frac{\hat{\beta}_1}{s_{\hat{\beta}_1}}$$

第三步，确定显著性水平 α，进行判定。并根据自由度 $df=n-2$ 计算出统计量的 P 值，若 $P<\alpha$，则拒绝 H_0，回归系数等于 0 的可能性小于 α，表明 x 对 y 的影响是显著的，即两个变量之间存在着显著的线性关系。否则，则不拒绝 H_0，不能证明变量 x 对变量 y 的影响是显著的，即两变量之间不存在显著的线性关系。

即问即答

进行系数检验的一般步骤是什么？

即问即答

进行线性回归分析的一般步骤是什么？

例如表 5-5 给出了检验统计量 $t=26.675$，以及用于检验的显著性水平(*Sig.*)。由于显著性水平 *Sig.* 接近于 0，拒绝 H_0，表明年可支配收入对年消费支出的影响是显著的。

在一元线性回归中，自变量只有 1 个，所以 F 检验和 t 检验是等价的。即如果 $H_0:\beta_1=0$ 被 t 检验拒绝，也同样会被 F 检验拒绝。但在多元回归分析中，这两种检验的意义就不同了。一般地，F 检验用来检验总体回归关系的显著性，而 t 检验则是检验各个回归系数的显著性。

3. 回归模型的评价

在实际中，可以根据样本数据建立回归分析模型，但在具体应用之前，要先对模型与实际的吻合程度进行评价。

(1) 所建立的回归方程中回归系数 $\hat{\beta}_1$ 的符号是否与理论或预先设想的一致。例如，在家庭年消费支出与年可支配收入的回归分析中年可支配收入越多，年消费支出也越多，即回归系数 $\hat{\beta}_1$ 的值应该是正的。

(2) 如果在理论上就可以确定自变量 x 与因变量 y 之间的关系不仅是正线性相关的，而且在统计上是显著的，那么所建立的回归方程也应该是一致的。例如前述范例中的家庭年消费支出与年可支配收入的回归中，二者是正的线性关系，那么回归系数 $\hat{\beta}_1$ 的 t 检验，也应该能证明是线性显著的。

(3) 回归模型在多大程度上解释了因变量取值的差异可以利用判定系数 R^2 来定量描述。

(4) 要注意误差项，考察误差项 ε 是否服从正态分布，也可以从另外的角度说明模型的合理性。在对线性关系进行 F 检验和对回归系数进行 t 检验时，都要求误差项 ε 服从正态分布。否则，所进行的检验是无效的。

四、利用回归方程进行预测

经过相关检验，证明回归模型符合实际以后，就可以利用建立的回归模型进行预测了。预测实际上是根据自变量 x 的取值，运用回归模型来预测因变量 y 的取值。包括对 y 进行点估计与区间估计。

1. 点估计

利用拟合的回归方程，对于 x 的一个给定的值 x_0，都可以计算出因变量 y 的一个对应的预测值 $\hat{y}_0$，即为点估计。具体来讲，点估计包括平均值的点估计和个别值的点估计。平均值的点估计是利用拟合的回归方程，对于 x 的一个给定的值 x_0，求出 y 的平均值的估计值 $E(y_0)$，即 $E(y_0)=\hat{\beta}_0+\hat{\beta}_1x_0$。个别值的点估计是利用估计得回归方程，对于确定的 x_0，求出 y 的一个个别估计值 $\hat{y}_0$，即 $\hat{y}_0=\hat{\beta}_0+\hat{\beta}_1x_0$。对于平均值和个别值的点估计，都是利用估计的回归方程计算求得。

可见，在点估计条件下，对于同一个 x_0，平均值的点估计和个别值的点估计结果是一致的。将它们统称为点估计值。但在区间估计时就有所不同了。

【例 5-2】 根据例 5-1 拟合的回归方程，取 $x_0=18$ 万元时，求年消费支出的点估计值。

解　根据例 5-1 拟合的回归方程 $\hat{y}=0.112+0.504x$ 可得

$$E(y_0)=\hat{y}_0=0.112+0.504\times18=9.184(\text{万元})$$

2. 区间估计

利用拟合的回归方程，对于自变量 x 的一个特定值 x_0，求出一个估计区间的过程就是区间估计。区间估计包括置信区间估计和预测区间估计。置信区间估计是对自变量 x 的一个给定值 x_0，求出 y 的平均值的估计区间。预测区间是对自变量 x 的一个给定值 x_0，求出 y 的一个个别值的估计区间。

(1) 平均值的置信区间估计

平均值的置信区间是对自变量 x 的一个给定值 x_0，求出因变量 y 的平均值或期望值的估计区间。$\hat{y}_0=\hat{\beta}_0+\hat{\beta}_1x_0$ 为 $E(y_0)$ 的估计值。

估计值 $\hat{y}_0=E(y_0)$ 是理想状态。因此，一般地，要用 $\hat{y}_0$ 推断 $E(y_0)$。根据参数估计的原理，y 的平均值的置信区间等于点估计±估计误差，即 $\hat{y}_0\pm E$，E 是由所要求的置信水平的分位数值和点估计量 $\hat{y}_0$ 的标准差构成的，对于给定的 x_0，记 $s_{\hat{y}_0}$ 为 $\hat{y}_0$ 标准差的估计量，统计学家给出了求 y 的平均值的置信区间时，$s_{\hat{y}_0}$ 的计算公式：

术语

平均值的置信区间估计：平均值的置信区间是对自变量的一个给定值，求出因变量的平均值或期望值的估计区间。

$$s_{\hat{y}_0}=s_e\sqrt{\frac{1}{n}+\frac{(x_0-\bar{x})^2}{\sum_{i=1}^{n}(x_i-\bar{x})^2}} \tag{5-20}$$

因此,对于给定的 x_0,$E(y_0)$在 $1-\alpha$ 置信水平下的置信区间就可以表示为:

$$\hat{y}_0\pm t_{\frac{\alpha}{2}}(n-2)s_e\sqrt{\frac{1}{n}+\frac{(x_0-\bar{x})^2}{\sum_{i=1}^{n}(x_i-\bar{x})^2}} \tag{5-21}$$

【例 5-3】 根据例 5-1 拟合的回归方程,建立年可支配收入为 18 万元时年消费支出在置信水平为 95%的置信区间。

解 根据前面的计算结果,已知 $n=10$,$s_e=0.299\ 9$,$t_{\alpha/2}(n-2)=2.306$。

当年可支配收入为 18 万元时,年消费支出的点估计值为 9.184 万元。

得 $E(y_0)$的置信区间为:

$$9.184\pm2.306\times0.299\ 99\times\sqrt{\frac{1}{10}+\frac{(18-11.2)^2}{251.6}}=9.184\pm0.369$$

即 $8.815\leqslant E(y_0)\leqslant9.553$,这就是说当年可支配收入为 18 万元时,年消费支出的平均值在 8.815 万元至 9.553 万元之间。

当 $x_0=\bar{x}$ 时,$\hat{y}_0$ 的标准差的估计值最小。此时,$s_{\hat{y}_0}=s_e\sqrt{\frac{1}{n}}$,对 y 的估计是最准确的。x_0 距离 $\bar{x}$ 越远,y 的平均值的置信区间就变得越宽,估计的效果越不好。

(2) 个别值的预测区间估计

对自变量 x 的一个给定值x_0,求出的因变量 y 的一个个别值的区间称之为预测区间估计。

为了求出预测区间,首先应知道用于估计的标准差。统计学上给出了关于因变量 y 的一个个别估计值 $\hat{y}_0$ 的标准差的估计量,记为 s_{ind}。

$$s_{ind}=s_e\sqrt{1+\frac{1}{n}+\frac{(x_0-\bar{x})^2}{\sum_{i=1}^{n}(x_i-\bar{x})^2}} \tag{5-22}$$

因此,对于给定的 x_0,y 的一个个别值 y_0 在 $1-\alpha$ 的置信水平下的预测区间可以表示为:

$$\hat{y}_0\pm t_{\frac{\alpha}{2}}(n-2)s_e\sqrt{1+\frac{1}{n}+\frac{(x_0-\bar{x})^2}{\sum_{i=1}^{n}(x_i-\bar{x})^2}} \tag{5-23}$$

比较平均值的置信区间,个别值的预测区间在根号内有所增加。因此,即便是对于同一个确定的 x_0,平均值的置信区间和个别值的预测区间也不一样。

术语

个别值的预测区间:对自变量 x 的一个给定值 x_0,求出的因变量 y 的一个个别值的区间。

即问即答

置信区间估计和预测区间估计有什么区别?

【例 5-4】　根据例 5-1 拟合的回归方程，建立年可支配收入为 18 万元时，年消费支出在置信水平为 95％时的预测区间。

解　根据前面的计算结果，已知 $n=10, s_e=0.299\ 9, t_{\alpha/2}(n-2)=2.306$，

当年可支配收入为 18 万元时，年消费支出的点估计值为 9.184 万元。

得 $\hat{y}_0$ 的区间为：

$$9.184 \pm 2.306 \times 0.2999\ 9 \times \sqrt{1+\frac{1}{10}+\frac{(18-11.2)^2}{251.6}} = 9.184 \pm 0.784$$

即 $8.4 \leqslant \hat{y}_0 \leqslant 9.968$，这就是说当年可支配收入为 18 万元时，年消费支出的个别值在 8.4 万元至 9.968 万元之间。

由上述两个例子可见，预测区间要比置信区间宽些。两个区间的示意图见图 5-6。

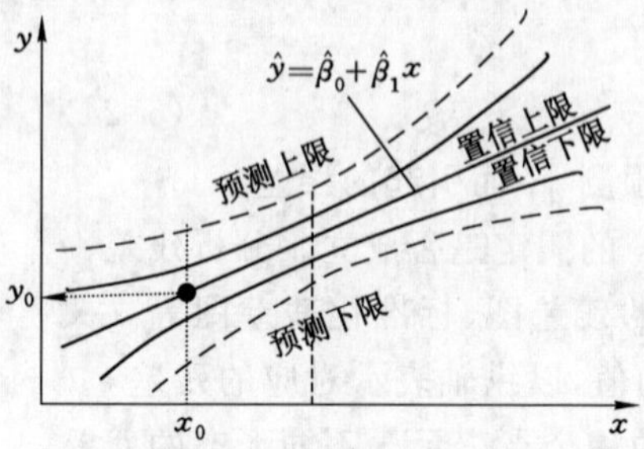

图 5-6　置信区间和预测区间示意图

【例 5-5】　根据例 5-1 的数据以及拟合的回归方程，求年消费支出在置信水平为 95％时的置信区间和预测区间。

解　SPSS 给出的置信水平为 95％时的置信区间和预测区间见表 5-6。

表 5-6　年消费支出在置信水平为 95％时的置信区间和预测区间

家庭	年可支配收入/万元	年消费支出/万元	*PRE_1*	*LMCI_1*	*UMCI_1*	*LICI_1*	*UICI_1*
1	3	1.6	1.624 8	1.205 75	2.043 86	0.816 24	2.433 36
2	5	2.4	2.633 39	2.285 72	2.981 05	1.859 41	3.407 36
3	8	3.8	4.146 26	3.886 88	4.405 64	3.407 72	4.884 81
4	9	5	4.650 56	4.411 78	4.889 33	3.919	5.382 12
5	15	8	7.676 31	7.401 98	7.950 65	6.932 39	8.420 24
6	20	10	10.197 77	9.756 2	10.639 35	9.377 31	11.018 24
7	10	5.4	5.154 85	4.930 01	5.379 69	4.427 72	5.881 98
8	12	6	6.163 43	5.942	6.384 87	5.437 35	6.889 52
9	13	7	6.667 73	6.435 4	6.900 05	5.938 25	7.397 21
10	17	8.4	8.684 9	8.350 61	9.019 19	7.916 84	9.452 96

软件应用

1. 打开数据文件，选择【分析】→【线性回归】，进入主对话框。

2. 将因变量选入【因变量】，将自变量选入【自变量】。

3. 点击【保存】，在【预测值】下选中【未标准化】（输出点预测值）；在【预测区间】下选中【均值】和【单值】（输出置信区间和预测区间）；在【置信区间】中选择所要求的置信水平（隐含值为 95％，一般不用改变）。

4. 点击【继续】回到主对话框。点击【确定】。

表 5-6 中的 PRE_1 是点估计(预测)值,$LMCI\_1$ 和 $UMCI\_1$ 分别表示平均值的置信区间(SPSS 称为均值的预测区间)的上限和下限,$LICI\_1$ 和 $UICI\_1$ 分别表示个别值的预测区间的上限和下限。从结果可以看出,预测区间要比置信区间宽一些。

五、残差分析

在回归模型 $y=\beta_0+\beta_1x+\varepsilon$ 中,假定误差项 ε 是期望值为 0,方差相等且服从正态分布的一个随机变量。但是,如果关于误差项 ε 的假定不成立,则开展的相关检验和估计、预测等都难以成立。为此,在回归分析中,误差项 ε 的分析非常重要。确定有关 ε 的假定是否成立的方法之一就是进行残差分析。

1. 残差与残差图——同方差检验

残差是因变量的观察值 y_i 与根据拟合回归方程所求出的预测值 $\hat{y}_i$ 之差。记为 e_i。

$$e_i=y_i-\hat{y}_i \tag{5-24}$$

残差反映了用拟合的回归方程来预测 y_i 而引起的误差。

可以通过分析残差来判断误差项 ε 的假定是否成立。分析残差一般用残差图,常用的残差图有关于 x 的残差图、标准化残差图等。关于 x 的残差图以横轴表示自变量 x_i 的值,以纵轴表示对应的残差 e_i。每个 x_i 的值与对应的残差 e_i 用图中的一个点表示。不同形态的残差如图 5-7 所示。

如果对于所有的 x 值,误差 ε 的方差都相等,在描述自变量 x 和因变量 y 的回归模型合理的前提下,残差图中的所有点都应落在一条水平带中间[如图 5-7(a)]。但如果对所有的 x 值,ε 的方差是不同的,如图 5-7(b)所示,对于较大的 x 值相应的残差也较大,就违背了 ε 方差相等的假设,称之为异方差性。如果残差图如图 5-7(c)所示,说明所选择的回归模型不合理。这时,要根据实际问题选择曲线回归或多元回归模型。

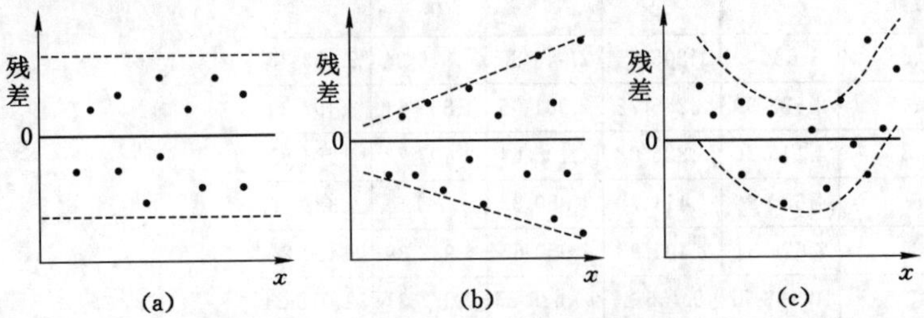

图 5-7 不同形态的残差图

(a) 满意的模式;(b) 非常数方差;(c) 模型形式不合适

【例 5-6】 根据例 5-1 的数据,求年消费支出回归的残差,画出残差图,判断所建立的一元回归模型中关于 ε 方差相等的假设是否成立。

解　由 SPSS 给出的残差见表 5-7。

表 5-7　　年消费支出的预测值、残差和标准化残差

家庭	年可支配收入/万元	年消费支出/万元	*PRE*_1	*RES*_1	*ZRE*_1
1	3	1.6	1.624 8	−0.024 8	−0.082 71
2	5	2.4	2.633 39	−0.233 39	−0.778 3
3	8	3.8	4.146 26	−0.346 26	−1.154 72
4	9	5	4.650 56	0.349 44	1.165 33
5	15	8	7.676 31	0.323 69	1.079 44
6	20	10	10.197 77	−0.197 77	−0.659 54
7	10	5.4	5.154 85	0.245 15	0.817 53
8	12	6	6.163 43	−0.163 43	−0.545 02
9	13	7	6.667 73	0.332 27	1.108 07
10	17	8.4	8.684 9	−0.284 9	−0.950 08

图 5-8 是年可支配收入与不标准残差图。

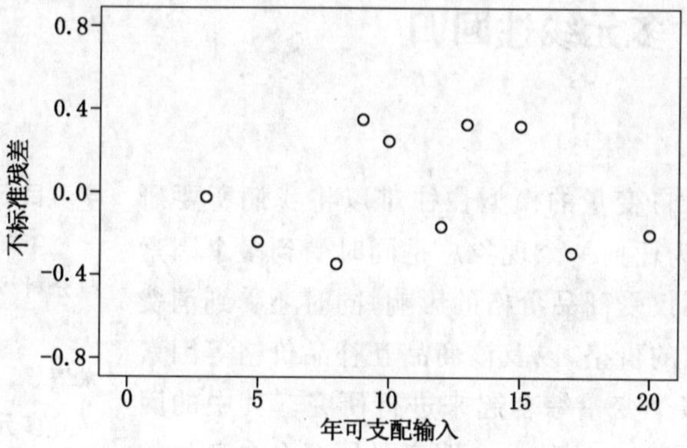

图 5-8　年可支配收入与不标准残差图

从图 5-8 可以看出,各残差基本上位于一条水平带中间且没有任何固定的模式。这表明在家庭的年可支配收入和年消费支出的一元回归中,线性假定以及对 ε 方差相等的假设是成立的。

2. 标准化残差——正态性检验

对回归模型中误差项 ε 的正态性假定的检验,可以用通过分析标准化残差来完成。

标准化残差是残差除以它的标准差后得到的结果,记为 z_e。

$$z_e=\frac{e_i}{s_e}=\frac{y_i-\hat{y}_i}{s_e} \tag{5-25}$$

其中:s_e 是残差的标准差的估计。

软件应用

1. 打开数据文件,选择【分析】→【线性回归】,进入主对话框。

2. 将因变量选入【因变量】,将自变量选入【自变量】。

3. 点击【保存】,在【残差】下选中【未标准化】和【标准化】(输出残差和标准化残差);点击【继续】回到主对话框。点击【确定】。

术语

标准化残差:是残差除以它的标准差后得到的结果。

如果回归方程中误差项 ε 服从正态分布的假定成立，则标准化残差的分布也服从正态分布。因此，在标准化残差图中，应该有大约95%的标准残差在[−2,2]内。表 5-7 中给出了根据式(5-25)计算的标准化残差(ZRE_1)。将其绘制成图形如图 5-9 所示。

从图 5-9 可以看出，所有的标准化残差都落在−2～+2，这表明关于 ε 的正态性假定是成立的。

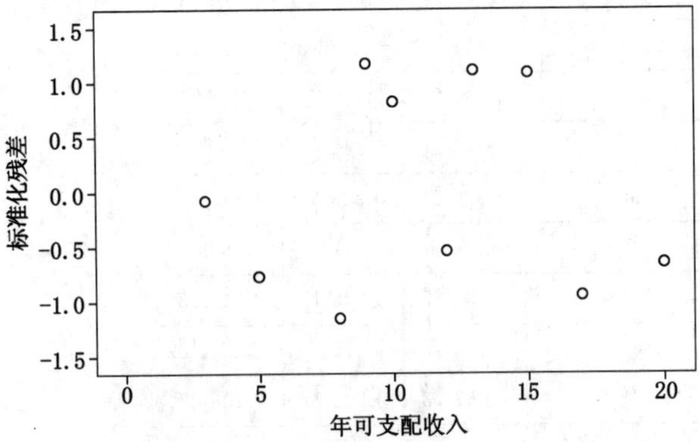

图 5-9 年可支配收入与年消费支出回归的标准化残差图

第二节 多元线性回归

一、多元线性回归模型

在实际研究中，仅含有一个自变量的模型往往难以将我们所要研究的问题进行恰当的描述。因为任何一个现象总是同时受到多个因素的影响。例如，商品的需求量不仅受商品价格的影响，同时还受到消费者的可支配收入、该商品替代品的价格，以及该商品互补品价格等因素的共同影响。为此，就需要将多个变量综合起来进行研究。其中的因变量将同时受到多个自变量的影响。这种一个因变量同多个自变量的回归就是多元回归。当因变量与各自变量之间为线性关系时，称为多元线性回归。

学习目标

掌握多元线性回归分析方法。

术语

多元线性回归模型：描述因变量 y 如何依赖于自变量 x_1，x_2，…，x_k 和误差项 ε 的方程称为多元线性回归模型。

多元线性回归模型用于分析一个因变量和多个自变量之间的关系。假设因变量为 y，k 个自变量分别为 $x_1,x_2,\cdots,x_k$，描述因变量 y 如何依赖于自变量 $x_1,x_2,\cdots,x_k$ 和误差项 ε 的方程称为多元线性回归模型。其一般形式如下：

$$y=\beta_0+\beta_1x_1+\beta_2x_2+\cdots+\beta_kx_k+\varepsilon \tag{5-26}$$

其中，$\beta_0,\beta_1,\beta_2,\cdots,\beta_k$ 是模型参数；ε 是误差项。

式(5-26)表明：y 是 $x_1,x_2,\cdots,x_k$ 的线性函数部分加上误差项 ε。误差项反映了除 $x_1,x_2,\cdots,x_k$ 与 y 的线性关系以外的随机因素对 y 的影响，是不能由 y 与 $x_1,x_2,\cdots,x_k$ 之间的线性关系所解释的变异性。

同一元线性回归一样，对多元线性回归进行分析和参数估计时，一般仍采用常规最小二乘法。因此，在多元线性回归模型中，对误差项 ε 同样有三个基本的假定。

(1) 正态性。误差项 ε 是一个服从正态分布的随机变量，且期望值为 0，即 $E(\varepsilon)=0$。

(2) 同方差性。对于自变量 $x_1,x_2,\cdots,x_k$ 的所有值，ε 的方差 σ^2 都相同。

(3) 独立性。对于自变量 $x_1,x_2,\cdots,x_k$ 的一组特定值，它所对应的 ε 与 $x_1,x_2,\cdots,x_k$ 的任意一组其他值所对应的 ε 不相关。同样，对于给定的 $x_1,x_2,\cdots,x_k$ 的值，因变量 y 也是一个服从正态分布的随机变量。

根据回归模型的假定，有

$$E(y)=\beta_0+\beta_1x_1+\beta_2x_2+\cdots+\beta_kx_k \tag{5-27}$$

该方程是描述因变量 y 的期望值如何依赖于自变量 $x_1,x_2,\cdots,x_k$ 的方程，称为回归方程。

回归方程中的 $\beta_0,\beta_1,\beta_2,\cdots,\beta_k$ 是未知的，需要根据样本数据估计它们。当用样本的统计量 $\hat{\beta}_0,\hat{\beta}_1,\hat{\beta}_2,\cdots,\hat{\beta}_k$ 代替回归方程中的未知参数 $\beta_0,\beta_1,\beta_2,\cdots,\beta_k$，就得到了估计的多元线性回归方程。估计的多元回归方程一般形式为：

$$\hat{y}=\hat{\beta}_0+\hat{\beta}_1x_1+\hat{\beta}_2x_2+\cdots+\hat{\beta}_kx_k \tag{5-28}$$

式中，$\hat{\beta}_0,\hat{\beta}_1,\hat{\beta}_2,\cdots,\hat{\beta}_k$ 为 $\beta_0,\beta_1,\beta_2,\cdots,\beta_k$ 的估计值，$\hat{y}$ 为因变量 y 的估计值。$\hat{\beta}_0,\hat{\beta}_1,\hat{\beta}_2,\cdots,\hat{\beta}_k$ 称为偏回归系数。$\hat{\beta}_1$ 表示当 $x_2,x_3,\cdots,x_k$ 不变时，x_1 每变动一个单位因变量 y 的平均变动值；$\hat{\beta}_2$ 表示当 $x_1,x_3,\cdots,x_k$ 不变时，x_2 每变动一个单位因变量 y 的平均变动值；其余偏回归系数的含义类似。

二、多元回归模型参数的估计

在多元线性回归模型中，相关参数也可以利用最小二乘法来确定。

多元线性回归的残差平方和为：

$$Q=\sum_{i=1}^{n}(y_i-\hat{y}_i)^2=\sum_{i=1}^{n}(y_i-\hat{\beta}_0-\hat{\beta}_1x_1-\hat{\beta}_2x_2-\cdots-\hat{\beta}_kx_k)^2 \tag{5-29}$$

根据最小二乘法原理，要使残差平方和最小。由此，可以通过对残差平方和分别求偏导的办法建立标准方程组：

$$\begin{cases}\dfrac{\partial Q}{\partial\beta_0}=0\\ \dfrac{\partial Q}{\partial\beta_i}=0,i=1,2,\cdots,k\end{cases} \tag{5-30}$$

求解该方程组，即可求得对应的参数。

【例 5-7】 (随书数据 salary1.csv)某公司经理研究公司员工的年薪问题,根据初步分析,他认为员工的当前年薪 y(元)与员工的开始年薪 x_1(元)、在公司的工作时间 x_2(月)、先前的工作经验 x_3(月)和受教育年限 x_4(年)有关,他随机抽样调查了 36 名员工,收集到表 5-8 所示数据,试建立员工的当前年薪 y(元)与员工的开始年薪 x_1(元)、在公司的工作时间 x_2(月)、先前的工作经验 x_3(月)和受教育年限 x_4(年)的线性回归方程,并解释各回归系数的含义。

表 5-8　　36 名员工年薪数据(节选)

年薪 /元	开始年薪 /元	在公司工作时间 /月	先前的工作经验 /月	受教育年限 /年
79 220	14 010	98	115	15
79 670	13 260	98	26	8
186 320	81 240	96	199	19
161 945	46 260	96	120	19
74 570	15 510	95	46	12
86 120	15 810	93	8	16
91 520	20 760	92	168	17
82 820	20 010	90	205	12
…	…	…	…	…

解 由 SPSS 输出的多元回归结果见表 5-9、表 5-10 和表 5-11。

软件应用

用 SPSS 进行多元回归的步骤:

1. 打开数据文件,选择【分析】→【线性回归】,进入主对话框。

2. 在主对话框中将因变量选入【因变量】,将所有自变量选入【自变量】。

3. 点击【继续】回到主对话框。点击【确定】。

表 5-9　　模型的主要统计量

模型汇总

模型	R	R^2	调整 R^2	标准估计的误差
1	0.959①	0.919	0.909	7 858.180

① 预测变量:(常量),受教育年限,在公司工作时间,先前的工作经验,开始年薪。

表 5-10　　模型的方差分析表

Anova①

模型	平方和	*df*	均方	*F*	*Sig.*
回归	21 723 657 594.527	4	5 430 914 398.632	87.949	0.000②
残差	1 914 280 929.779	31	61 750 997.735		
总计	23 637 938 524.306	35			

① 因变量:当前年薪。

② 预测变量:(常量),受教育年限,在公司工作时间,先前的工作经验,开始年薪。

表 5-11 模型参数的估计和检验系数[①]

模型		非标准化系数		标准系数	t	$Sig.$
		B	标准误差	试用版		
1	(常量)	48 386.062	11 237.288		4.306	0.000
	开始年薪	1.683	0.130	0.897	12.929	0.000
	在公司工作时间	−34.552	130.260	−0.014	−0.265	0.793
	先前的工作经验	−13.000	13.788	−0.056	−0.943	0.353
	受教育年限	808.322	547.802	0.108	1.476	0.150

① 因变量:当前年薪。

根据表 5-11 的结果,得到员工的当前年薪与员工的开始年薪、在公司工作时间、先前的工作经验和受教育年限的多元线性回归方程为:

$$\hat{y}=48\ 386.62+1.683x_1-34.552x_2-13x_3+808.322x_4$$

各回归系数的实际意义为:

$\hat{\beta}_1=1.683$ 表示在在公司工作时间、先前的工作经验和受教育年限不变的条件下,员工的开始年薪每变动(增加或减少)1 元,员工的当前年薪平均变动(增加或减少)1.683 元。

$\hat{\beta}_2=-34.522$ 表示在员工的开始年薪、先前的工作经验和受教育年限不变的条件下,在公司工作时间每变动 1 个月,员工的当前年薪平均变动−34.522 元。

$\hat{\beta}_3=-13$ 表示在员工的开始年薪、在公司工作时间和受教育年限不变的条件下,先前的工作经验每变动 1 个月,员工的当前年薪平均变动−13 元。

$\hat{\beta}_4=808.322$ 表示在员工的开始年薪、在公司工作时间和先前的工作经验不变的条件下,受教育年限每变动 1 年,员工的当前年薪平均变动 808.322 元。

可以看出,$\hat{\beta}_2=-34.522$ 和 $\hat{\beta}_3=-13$ 与实际情况不符。原因将在本节第四部分介绍。

三、回归模型检验

1. 多元回归方程的拟合优度

多元回归方程的拟合优度可以根据多重判定系数、估计标准误差等统计量来评价。

(1) 多重判定系数

和一元线性回归一样,在多元线性回归中,因变量的总误差平方和 $SST=\sum(y_i-\bar{y})^2$ 同样被分解成回归平方和 SSR 和残差平方和 SSE 两部分:

$SSR=\sum(\hat{y}_i-\bar{y})^2$ 反映了由于自变量 $x_1,x_2,\cdots,x_k$ 和因变量 y 之间的线性关系引起的 y 的变化,是可以由回归直线来解释的 y_i 的变差；

$SSE=\sum(y_i-\hat{y}_i)^2$ 反映除了 $x_1,x_2,\cdots,x_k$ 对 y 的线性影响之外的其他随机因素对 y 的影响，是不能由回归直线来解释的 y_i 的变差部分。

和一元线性回归一样，三个平方和的关系为

总平方和(SST)＝回归平方和(SSR)＋残差平方和(SSE) (5-31)

多重判定系数(multiple coefficient of determination)是多元线性回归中回归平方和占总平方和的比例，计算公式为：

$$R^2=\frac{SSR}{SST}==1-\frac{SSE}{SST} \tag{5-32}$$

多重判定系数度量了回归方程的拟合优度，反映了在因变量 y 的变差中被估计的回归方程所解释的比例。

术语

多重判定系数：是多元线性回归中回归平方和占总平方和的比例。

需要注意的是，在多元线性回归中，多重判定系数会受到自变量个数的影响，自变量个数的增加会影响到因变量中被估计的回归方程所解释的变差数量。当增加自变量时，会使预测误差变小，从而减少残差平方和 SSE。当 SSE 变小时，SSR 就变大，从而使 R^2 变大。这就给人一种错觉：要使模型拟合的好，只要增加解释变量即可。但现实情况是，在模型中增加一个自变量，即使这个自变量在统计上并不显著，R^2 也会变大。因此，为了避免增加自变量而高估 R^2，统计学家提出用样本容量 n 和自变量个数 k 去调整 R^2。在样本容量一定的情况下，增加解释变量必定使得自由度减少，所以调整的思路是：将残差平方和与总误差平方和分别除以各自的自由度，以剔除变量个数对拟合优度的影响。于是调整的多重判定系数(adjusted multiple coefficient of determination) R_a^2 的计算公式为：

$$R_a^2=1-\frac{\dfrac{SSE}{(n-k-1)}}{\dfrac{SST}{(n-1)}} \tag{5-33}$$

术语

调整的多重判定系数：用样本容量和自变量个数进行调整后的判定系数。

其中，$n-k-1$ 为残差平方和的自由度，$n-1$ 为总平方和的自由度。

R_a^2 与 R^2 之间存在如下关系：

$$R_a^2=1-(1-R^2)\frac{n-1}{n-k-1} \tag{5-34}$$

R_a^2 与 R^2 的解释类似，不同的是 R_a^2 同时考虑了样本容量 n 和自变量个数 k 的影响，这就使 R_a^2 永远小于 R^2，而且 R_a^2 的值不会由于模型中自变量个数的增加而越来越接近 1。因此，在多元回归分析中，通常用调整的多重判定系数来评价回归方程的拟合优度。

R^2 的平方根称为多重相关系数，也称为复相关系数，它度量了因

变量同 k 个自变量的总体相关程度。

根据表 5-9 的输出结果可知：多重判定系数 $R^2=0.919=91.9\%$。其实际意义是：在员工的当前年薪取值的总变差中，能被员工的当前年薪与员工的开始年薪、在公司工作时间、先前的工作经验和受教育年限的员工的当前年薪与多元线性回归方程所解释的比例为 91.9%。

调整的多重判定系数 $R_a^2=0.909=90.9\%$，其意义与 R^2 类似。它表示在用样本容量和模型中自变量个数进行调整后，在员工的当前年薪取值的总变差中，能被员工的当前年薪与员工的开始年薪、在公司工作时间、先前的工作经验和受教育年限的多元线性回归方程所解释的比例为 90.9%。

(2) 估计标准误差

同一元回归一样，估计标准误差 s_e 用以说明实际观察值 y_i 与回归预测值 $\hat{y}_i$ 之间的差异程度，是对误差项 ε 的标准差 σ 的估计，是从另一个角度衡量多元回归方程拟合优度的指标。计算公式为：

$$s_e=\sqrt{\frac{\sum_{i=1}^{n}(y_i-\hat{y}_i)^2}{n-k-1}}=\sqrt{\frac{SSE}{n-k-1}}=\sqrt{MSE} \tag{5-35}$$

式中，k 为自变量个数。

在多元回归中对估计标准误差 s_e 的解释与一元回归类似。由于 s_e 是对误差项 ε 的标准差 σ 的估计，反映了用估计的回归方程预测因变量 y 时预测误差的大小。其含义可以解释为：用估计的因变量 y 和自变量 $x_1,x_2,\cdots,x_k$ 的回归方程预测 y 时的平均预测误差。

根据表 5-9 的输出结果可知：$s_e=7\ 858.180$。其含义是：根据所建立的回归方程，用员工的开始年薪、在公司工作时间、先前的工作经验和受教育年限来预测员工的当前年薪时，平均的预测误差为 7 858.180 元。

2. 显著性检验

在一元线性回归中，线性关系的检验（F 检验）与回归系数的检验（t 检验）是等价的。在多元回归中，这两种检验不再等价。线性关系检验主要是检验因变量同多个自变量的整体线性关系是否显著，在 k 个自变量中，只要有一个自变量同因变量的线性关系显著，F 检验就显著，但这不一定意味着每个自变量同因变量的关系都显著。回归系数检验则是对每个回归系数进行单独的检验，以判断每个自变量对因变量的影响是否显著。

(1) 线性关系检验

线性关系检验用于检验因变量 y 与 k 个自变量之间的关系是否显著，也称为整体显著性检验。检验的具体步骤如下。

第一步，提出假设

$H_0:\beta_1=\beta_2=\cdots=\beta_k=0$；

$H_1:\beta_1,\beta_2,\cdots,\beta_k$ 至少有一个不等于 0。

第二步,计算检验统计量 F

$$F=\frac{SSR/k}{SSE/(n-k-1)}=\frac{MSR}{MSE}\sim F(k,n-k-1) \tag{5-36}$$

第三步,确定显著水平 α,作出决策。根据分子自由度 $df_1=k$ 和分母自由度 $df_2=n-k-1$ 求出统计量的 P 值,若 $P<\alpha$,则拒绝 H_0,表明因变量 y 与 k 个自变量之间的线性关系显著;否则,不拒绝 H_0,不能证明因变量 y 与 k 个自变量之间的线性关系显著。

例如表 5-10 给出了各个平方和、均方及检验的统计量 F。$F=87.949$,P 值 $Sig.$接近于 0,拒绝 H_0,表明员工的当前年薪与员工的开始年薪、在公司工作时间、先前的工作经验和受教育年限之间的线性关系显著。

(2) 回归系数检验

模型通过了显著性检验并不意味着员工的当前年薪与每个变量之间的关系都显著。要判断每个自变量对因变量的影响是否显著,需要对各回归系数 β_i 分别进行 t 检验。具体步骤如下。

第一步,提出假设。对于任意参数 $\beta_i(i=1,2,\cdots,k)$,有

$H_0:\beta_i=0;H_1:\beta_i\neq 0$。

第二步,计算检验统计量 t

$$t=\frac{\hat{\beta}_i}{s_{\hat{\beta}_i}}\sim t(n-k-1) \tag{5-37}$$

式中,$s_{\hat{\beta}_i}$ 是回归系数 $\hat{\beta}_i$ 抽样分布的标准差。

第三步,确定显著性水平 α,进行判定。并根据自由度 $df=n-k-1$ 计算出统计量的 P 值,若 $P<\alpha$,则拒绝 H_0,回归系数 β_i 等于 0 的可能性小于 α,表明 x_i 对 y 的影响是显著的;否则,则不拒绝 H_0,不能证明变量 x_i 对变量 y 的影响是显著的。

根据表 5-11 的结果可知 $t_1=12.929$,$t_2=-0.265$,$t_3=-0.943$,$t_4=1.476$,给定显著性水平 $\alpha=0.05$,将各 P 值与 $\alpha=0.05$ 进行比较。β_1 所对应的 $P=0.000<0.05$,通过检验,其余 3 个系数的 P 值均大于 0.05,未通过检验。

未通过检验的变量是不是对因变量的影响就一定不显著?这需要进一步考察各自变量与因变量的关系,以及自变量之间是不是存在相关性。为此,可以单独做每个自变量与因变量的一元线性回归,结果显示员工的开始年薪和受教育年限是显著的,而在公司工作时间和先前的工作经验是不显著的。那为什么在多元线性回归模型中,受教育年限不显著了呢?进一步分析,我们可以发现开始年薪和受教育年限存在着相关关系。当自变量之间存在相关关系时,就有可能造成某一个或几个回归系数通不过检验,这种问题在统计上称为多重共线性。

术语

多重共线性:当回归模型中两个或两个以上的自变量彼此相关时,称回归模型中存在多重共线性。

四、多重共线性

当回归模型中两个或两个以上的自变量彼此相关时,称回归模型

中存在多重共线性(multicollinearity)。

1. 多重共线性所产生的问题

在实际问题中,所使用的自变量之间存在相关是一件很平常的事,但在多元回归分析中,多重共线性会给回归分析带来以下问题。

首先,变量之间高度相关时,参数估计量的标准差较大,使参数的显著性 t 检验增加了不拒绝零假设的可能,可能会使回归结果混乱。

例如,在例 5-7 中,根据表 5-10,$F=87.949$,P 值(显著性水平 *Sig.*)接近于 0,拒绝 H_0,表明员工的当前年薪与员工的开始年薪、在公司工作时间、先前的工作经验和受教育年限之间的线性关系显著。但 4 个系数中只有 β_1 通过了检验,而其他 3 个回归系数均未通过检验。

其次,多重共线性可能对参数估计值的正负号产生影响,特别是 β_i 的正负号有可能与预期的正负号相反,从而不能正确反映解释变量对被解释变量的影响。

例如,从表 5-11 的结果可以看出,$\hat{\beta}_2=-34.522$ 表示员工在公司的工作时间每增加 1 个月,员工的当前年薪平均减少 34.522 元。这与实际情况不符。实际上,对员工的当前年薪与员工在公司工作时间做一元线性回归,估计的方程为 $\hat{y}=65\ 256.219+300.622x$,表明在公司的工作时间每增加一个月,员工的当前年薪平均增加 300.622 元。这种情况就是由变量之间的相关所造成的。

2. 多重共线性的判别

判别多重共线性的方法有很多种,一般地,可以从自变量之间的相关性和参数估计量的结果等方面进行考察。

重要知识点

多重共线性判别方法。

具体来说,如果出现下列情况,暗示存在多重共线性:

(1) 模型中各对自变量之间显著相关;

(2) 当模型的 F 检验显著时,几乎所有回归系数 β_i 的 t 检验却不显著;

(3) 回归系数的正负号与预期的相反。

3. 多重共线性问题的处理

一旦发现模型中存在多重共线性,就应采取某种方法解决。至于采取什么方法来解决,要看多重共线性的严重程度。下面是多重共线性问题的一些解决办法:

(1) 可以将一个或多个自变量从模型中剔除,使保留的自变量尽可能不相关。

(2) 如果要在模型中保留所有的自变量,则应避免根据 t 统计量对单个参数进行检验,同时,对因变量 y 值的推断(估计或预测)限定在自变量样本值的范围内。

多重共线性问题带来的主要麻烦是对单个回归系数的解释和检验。在求因变量的置信区间和预测区间时一般不会受其影响,但必须保证用于估计或预测的自变量的值在样本数据的范围之内。因此,如果仅仅是为了估计或预测，可以将所有的自变量都保留在模型中。

如何选择变量，建立一个“最优”回归方程，是下面要讨论的变量选择问题。

五、变量选择

多元回归分析在实际中被广泛应用，在实际问题中可以提出许多对因变量有影响的自变量，选择的变量太少或不恰当，会使建立的模型与实际有较大的偏离；而选择的变量太多，又会带来多重共线性等问题，所以如何选择变量，建立一个“最优”回归方程是一个十分重要的问题。

在例 5-7 中，虽然线性关系的检验是显著的，但是回归系数的检验结果中只有一个系数是显著的，另外三个都是不显著的，这样的回归方程不能称为最优回归方程。我们总是希望，不但求得的回归方程是显著的，而且在回归方程中的自变量也都是尽可能显著的，也就是要选择最优回归模型。

变量选择的原则通常是对统计量进行显著性检验，检验的根据是：将一个或一个以上的自变量引入到回归模型中时，是否使得残差平方和(SSE)有显著减少。如果增加一个自变量使 SSE 的减少是显著的，则说明有必要将这个自变量引入到回归模型中，否则，就没有必要将这个自变量引入到回归模型中。确定在模型中引入自变量 x_i 是否使 SSE 有显著减少的方法，就是使用 F 统计量的值作为一个标准，以此来确定是在模型中增加一个自变量，还是从模型中剔除一个自变量。

变量选择的方法主要有：向前选择(forward selection)、向后剔除(backward elimination)、逐步回归(stepwise regression)等。

1. 向前选择

向前选择从模型中没有自变量开始，然后按照下面的步骤选择自变量来拟合模型。

第一步，对 k 个自变量($x_1, x_2, \cdots, x_k$)分别拟合与因变量 y 的一元线性回归模型，共有 k 个，然后找出 F 统计量的值最大的(或 P 值最小的)模型及其自变量 x_i，并将其首先引入模型，然后进行显著性检验，如果所有模型均无统计上的显著性，则运算过程终止，没有模型被拟合。

第二步：在模型已经引入 x_i 的基础上，在分别拟合引入模型外的 $k-1$ 个自变量($x_1, \cdots, x_{i-1}, x_{i+1}, \cdots, x_k$)的回归模型，即自变量组合为 $x_i+x_1, \cdots x_i+x_{i-1}, x_i+x_{i+1}, \cdots, x_i+x_k$ 的 $k-1$ 个回归模型，然后在分别考察这 $k-1$ 个模型，挑选出 F 统计量的值最大的(或 P 值最小的)含有两个自变量的模型，并将那个自变量 x_j 引入模型，如果除 x_j 之外的 $k-1$ 个自变量中没有一个是统计上显著的，则运算过程终止。如此反复进行，直至模型外的自变量均无统计显著性为止。

能否引入新变量的步骤如下：

假设已经入选($x_{i_1}, x_{i_2}, \cdots, x_{i_r}$)$r$ 个变量，不在方程中的变量记为

$x_{j_1}, x_{j_2}, \cdots, x_{j_{k-r}}$。

(1) 计算不在方程中的变量 x_{j_m} 的偏回归平方和 $\Delta SSR_{(j_m)}$ ($m=1,2,\cdots,k-r$)：

$$\begin{aligned}\Delta SSR_{(j_m)} &= SSR(i_1,\cdots,i_r,j_m) - SSR(i_1,\cdots,i_r)\\ &= SSE(i_1,\cdots,i_r) - SSE(i_1,\cdots,i_r,j_m)\end{aligned}$$

其中，$SSR(\cdot)$表示包含括号中这些下标所对应变量的回归平方和，$SSE(\cdot)$表示相应的残差平方和。

(2) 寻找所有未在方程中的偏回归平方和达到最大的变量 x_{j_0}：

$$\Delta SSR_{(j_0)} = \max[\Delta SSR_{(j_m)},\cdots,\Delta SSR_{(j_{k-r})}]$$

即不在方程中的变量 x_{j_0} 是未在方程中的变量中对因变量影响最大的变量。

(3) 检验变量 x_{j_0} 对因变量 y 的影响是否显著。对变量 x_{j_0} 作回归系数的显著性检验，即检验

$$H_0: \beta_{j_0} = 0$$

检验统计量为：

$$F_{j_0} = \frac{\Delta SSR_{(j_0)}/1}{SSE(i_1,\cdots,i_r,j_0)/(n-r-2)}$$

在原假设成立的情况下，$F_{j_0} \sim F(1, n-r-2)$。给定显著性水平 α，根据分子自由度 df_1 和分母自由度 $df_2 = n-r-2$ 求出统计量的 P 值，若 $P<\alpha$，则拒绝 H_0，表明 x_{j_0} 是显著的，则引入 x_{j_0}。再考虑其他未在方程中的变量是否能够引入。否则不拒绝 H_0，表明 x_{j_0} 是不显著的，向前引入结束。

向前选择法的特点是：只要某个自变量被增加到模型中，这个变量就一定会保留在模型中。

2. 向后剔除

与向前选择法相反，其基本过程如下：

第一步：先对因变量拟合包括所有 个自变量的线性回归模型。然后考察 $p(p<k)$ 个去掉一个自变量的模型（这些模型中每一个都有 $k-1$ 个自变量），使模型的 SSE 值减少最少的自变量被挑选出来并从模型中剔除。

第二步：考察 $p-1$ 个再去掉一个自变量的模型（这些模型中在每一个都有 $k-2$ 个的自变量），使模型的 SSE 值减小最少的自变量被挑选出来并从模型中剔除。如此反复，一直将自变量从模型中剔除，直至剔除一个自变量会使 SSE 显著减小为止。这时模型中所剩的自变量都是显著的。

能否剔除变量的步骤如下：

假设已经引入方程的变量为 $x_{i_1}, x_{i_2}, \cdots, x_{i_r}$ ($r \leqslant k$)。

(1) 计算引入方程中的变量 x_{i_l} 的偏回归平方和 ΔSSR_{i_l} ($l=1,2,\cdots,r$)：

$$\Delta SSR_{i_l}=SSR(i_l,\cdots,i_r)-SSR(i_l,\cdots,i_{l-1},i_{l+1},\cdots,i_r)$$
$$=SSE(i_l,\cdots,i_{l-1},i_{l+1},\cdots,i_r)-SSE(i_l,\cdots,i_r)$$

(2) 寻找所有引入方程中偏回归平方和达到最小的变量 x_{i_0}：

$$\Delta SSR_{(i_0)}=\min[\Delta SSR_{(i_1)},\cdots,\Delta SSR_{(i_r)}]$$

即相应变量 x_{i_0} 是方程中对因变量影响最小的变量。

(3) 检验变量 x_{i_0} 对因变量 y 的影响是否显著。对变量 x_{i_0} 作回归系数的显著性检验，即检验

$$H_0:\beta_{i_0}=0$$

检验统计量为：

$$F_{i_0}=\frac{\Delta SSR_{(i_0)}/1}{SSE(i_l,\cdots,i_r)/(n-r-1)}$$

在原假设成立的情况下，$F_{i_0}\sim F(1,n-r-1)$。给定显著性水平 α，根据分子自由度 df_1 和分母自由度 $df_2=n-r-1$ 求出统计量的 P 值，若 $P<\alpha$，则拒绝 H_0，表明 x_{i_0} 是显著的，不能剔除 x_{i_0}，向后剔除结束。否则不拒绝 H_0，表明 x_{i_0} 是不显著的，剔除 x_{i_0}，并考虑其他在方程中的变量是否需要剔除。

向后剔除法的特点是：只要某个自变量被从模型中剔除，这个变量就不会再进入模型。

3. 逐步回归

在许多实际问题中，自变量 $x_1,x_2,\cdots,x_k$ 之间往往存在这相关性，这就会使得随着回归方程中变量的增加和减少，某些自变量对回归方程的贡献也会发生变化，因此，一种很自然的想法就是对于每个自变量来说，随着其对回归方程贡献的变化，它随时可能被引入回归方程或被剔除出去。最终结果是，在回归方程中的自变量都是显著的，不在回归方程中的自变量都是不显著的。

也就是说，逐步回归法是将上述两种方法结合起来筛选自变量的方法，是避免多重共线性的有效方法之一。前两步与向前选择法相同。不过在新增加一个自变量后，它会对模型中所有的变量重新进行考察，看看有没有可能剔除某个自变量，如果在新增加一个自变量后，前面增加的某个自变量对模型的贡献变得不显著，这个变量就会被剔除。按此方法不停地增加变量并考虑剔除以前增加的变量的可能性，直至增加变量已经不能使 SSE 显著减少(这个过程通过 F 检验来完成)。

逐步回归法的特点是：在前面步骤中增加的自变量在后面的步骤中有可能被剔除，而在前面步骤中被剔除的自变量在后面的步骤中也可能重新进入模型中。

【例 5-8】 根据例 5-7 的数据，运用逐步回归法建立员工的当前年薪 y(元)与员工的开始年薪 x_1(元)、在公司工作时间 x_2(月)、先前的工作经验 x_3(月)和受教育年限 x_4(年)的线性回归方程。

解 使用 SPSS 进行逐步回归得到的结果见表 5-12 至表 5-16。

软件应用

1. 打开数据文件，选择【分析】→【线性回归】，进入主对话框。

2. 在主对话框中将因变量选入【因变量】，将所有自变量选入【自变量】，并在【方法】下选择【逐步】。

3. 点击【选项】，并在【步进方法标准】下选择【使用 F 的概率】，并在【进入】框中输入增加变量所要求的显著性水平(隐含值为 0.05，一般不用改变)；在【剔除】输入剔除变量所要求的显著性水平(隐含值为 0.10，一般不用改变)。点击【继续】回到主对话框。

4. 点击【继续】回到主对话框。点击【确定】。

根据表 5-12 的结果，可知最先引入的变量是开始年薪，其次是受教育年限，而其他两个自变量均被移出模型。

表 5-12　　变量的进入和移出标准

输入/移去的变量①			
模型	输入的变量	移去的变量	方法
1	开始年薪		步进(准则：F-to-enter 的概率<＝0.050，F-to-remove 的概率>＝0.100)
2	受教育年限		步进(准则：F-to-enter 的概率<＝0.050，F-to-remove 的概率>＝0.100)

① 因变量：当前年薪。

表 5-13 给出了两个回归模型的一些主要统计量，包括多重相关系数 R、判定系数 R^2、调整的判定系数 R_a^2 以及估计标准误差 s_e 等。从这些结果可以看到，只含有开始年薪一个自变量的回归方程，其调整的判定系数 $R_a^2=0.901$；含有开始年薪和受教育年限两个自变量的回归方程，其调整的判定系数 $R_a^2=0.911$，表明拟合程度非常高。

表 5-13　　两个模型的主要统计量

模型汇总				
模型	R	R^2	调整 R_a^2	s_e
1	0.951①	0.904	0.901	8 183.736
2	0.957②	0.916	0.911	7 747.342

① 预测变量：(常量)，开始年薪。

② 预测变量：(常量)，开始年薪，受教育年限。

表 5-14 给出了回归的方差分析表。两个模型的 F 检验的 P 值(显著性水平 $Sig.$)都接近于 0，表明两个模型都是显著的。

表 5-14　　两个模型的方差分析表

Anova①						
模型		平方和	df	均方	F	$Sig.$
1	回归	21 360 838 107.992	1	21 360 838 107.992	318.944	0.000②
	残差	2 277 100 416.313	34	66 973 541.656		
	总计	23 637 938 524.306	35			
2	回归	21 657 235 135.368	2	10 828 617 567.684	180.413	0.000③
	残差	1 980 703 388.938	33	60 021 314.816		
	总计	23 637 938 524.306	35			

① 因变量：当前年薪。

② 预测变量：(常量)，开始年薪。

③ 预测变量：(常量)，开始年薪，受教育年限。

表 5-15 给出了两个模型参数的估计值，即回归系数和标准化回归系数，以及用于检验的 t 统计量及相应的 P 值（显著性水平），检验结果均显著。

表 5-15 模型参数的估计和检验

系数①						
模型		非标准化系数		标准系数	t	$Sig.$
		B	标准误差	试用版		
1	（常量）	52 563.283	2 486.392		21.140	0.000
	开始年薪	1.784	0.100	0.951	17.859	0.000
2	（常量）	42 097.165	5 265.218		7.995	0.000
	开始年薪	1.631	0.117	0.869	13.934	0.000
	受教育年限	1 039.260	467.670	0.139	2.222	0.033

① 因变量：当前年薪。

根据上面的回归结果，可考虑使用二元线性回归模型，其估计方程为：

$$\hat{y}=42\ 097.165+1.631x_1+1\ 039.260x_4$$

六、利用回归方程进行预测

建立多元回归模型后，可根据给定的 k 个自变量，求出因变量 y 的平均值的置信区间和个别值的预测区间。

【例 5-9】 根据例 5-7 的数据，利用例 5-8 逐步回归得到的回归方程 $\hat{y}=42\ 097.165+1.631x_1+1\ 039.260x_4$，求员工当前年薪 95%的置信区间和预测区间，

解 由 SPSS 逐步回归得到的员工当前年薪 95%的置信区间和预测区间见表 5-16。

表 5-16 员工当前年薪 95%的置信区间和预测区间

当前年薪	*PRE_1*	*RES_1*	*LMCI_1*	*UMCI_1*	*LICI_1*	*UICI_1*
79 220	80 529.9	−1 309.9	76 524.8	84 535.0	64 266.9	96 792.8
79 670	72 032.2	7 637.8	67 165.7	76 898.6	55 535.9	88 528.4
186 320	194 307.9	−7 987.9	182 043.3	206 572.4	174 336.3	214 279.4
161 945	137 271.7	24 673.3	131 364.6	143 178.8	120 439.1	154 104.3
74 570	79 857.9	−5 287.9	77 019.3	82 696.5	63 842.2	95 873.6
86 120	84 504.1	1 615.9	80 082.3	88 925.9	68 133.5	100 874.7
91 520	93 614.5	−2 094.5	89 091.9	98 137.1	77 216.4	110 012.6
82 820	87 195.3	−4 375.3	84 390.4	90 000.3	71 185.6	103 205.0
75 620	84 198.6	−8 578.6	80 527.8	87 869.4	68 014.7	100 382.5
82 220	81 080.8	1 139.2	78 276.0	83 885.6	65 071.1	97 090.5
78 020	78 635.0	−615.0	75 751.8	81 518.1	62 611.4	94 658.6
76 370	81 569.1	−5 199.1	76 864.7	86 273.6	65 120.0	98 018.3
77 570	82 303.7	−4 733.7	79 521.7	85 085.7	66 298.0	98 309.4

软件应用

1. 在例 5-5 软件操作的基础上，点击【保存】，在【预测值】下选中【未标准化】（输出点预测值）；在【预测区间】下选中【均值】和【单值】（输出置信区间和预测区间）；在【置信区间】中选择所要求的置信水平（隐含值为 95%，一般不用改变）

2. 点击【继续】回到主对话框。点击【确定】。

表 5-16 中，PRE_1 是用回归方程求得的员工当前年薪的点估计（预测）值，RES_1 是残差（$y_i-\hat{y}_i$），LMCI_1 和 UMCI_1 分别表示平均值的置信区间（SPSS 称为均值的预测区间）的下限和上限，LICI_1 和 UICI_1 分别表示个别值的预测区间的下限和上限。从结果可以看出，预测区间要比置信区间宽一些。

第三节 哑变量回归

学习目标

掌握哑变量回归分析方法。

实际回归分析中，并不是所有的回归变量都是数值型的，如学生的性别，衣服的颜色等，对这些定性变量就需要用文字来描述。但模型中无法出现文字性的变量，因此，就需要首先将这些文字用代码表示，将定性描述数值化，才能纳入模型之中。

术语

代码化的定性自变量称为哑变量，也称虚拟变量。

这种代码化的定性自变量称为哑变量，也称虚拟变量。在回归模型中使用哑变量时称为哑变量回归，或虚拟自变量回归。

一、在模型中引进哑变量

在统计分析中，如果自变量是定性描述的，就首先要将定性描述定量化。为此，要根据定性描述的情形确定哑变量的数量。

如果定性自变量只有两个水平时，可以引入一个哑变量。例如，研究学生的性别（男，女），引入 1 个哑变量即可。如果定性自变量的水平超过 2 个时，就需要引入多个哑变量。为了准确描述自变量的所有水平，一般而言，如果定性自变量有 k 个水平，需要在回归模型中引进 $k-1$ 个哑变量。

对于具有 k 个水平的定性自变量，引进的哑变量可以表示为：

$$x_1=\begin{cases}1,\text{水平 }1\\0,\text{其他水平}\end{cases},x_2=\begin{cases}1,\text{水平 }2\\0,\text{其他水平}\end{cases},\cdots,x_{k-1}=\begin{cases}1,\text{水平 }k-1\\0,\text{其他水平}\end{cases}$$

下面通过一个例子说明如何引进哑变量。

【例 5-10】 （随书数据 pupil1.csv）为研究在校学生身高与性别的关系，某小学在三年级随机抽取了 8 名男生和 8 名女生，测量他们的身高和立定跳远成绩见表 5-17。

表 5-17　16 名三年级同学的身高和立定跳远成绩

序号	身高/cm	性别	哑变量	立定跳远成绩/cm
1	135	男	1	112
2	145	男	1	120
3	123	女	0	88
4	140	男	1	118
5	134	女	0	92
6	132	女	0	91

续表 5-17

序号	身高/cm	性别	哑变量	立定跳远成绩/cm
7	136	男	1	110
8	138	男	1	112
9	140	男	1	108
10	121	女	0	90
11	135	女	0	98
12	118	女	0	90
13	138	男	1	107
14	125	女	0	91
15	126	女	0	93
16	142	男	1	125

为将“性别”这一变量引入回归模型，需要引进下面的哑变量：

$$x=\begin{cases}1,男\\0,女\end{cases}$$

对于学生性别的两个水平，男生和女生。如果将男生指定为 1，则女生就为 0。但具体性别与 1、0 的对应关系没有明确的规定。这里用 1 来指代男生，则 0 指代女生。可以得到如表 5-17 所示的哑变量。

二、仅含有一个哑变量的回归

如果自变量只有两个水平，则回归模型中就仅有 1 个哑变量。

【例 5-11】 按照例 5-10 的身高测量结果，将学生性别作为自变量，建立身高与性别之间的线性回归方程，并解释回归系数的含义。

解 根据测量数据，SPSS 给出的回归结果见表 5-18、表 5-19 和表 5-20。

表 5-18　回归模型的主要统计量

模型汇总

模型	R	R^2	调整 R^2	标准估计的误差
1	0.801①	0.642	0.616	4.993

① 预测变量：(常量)，性别。

表 5-19　回归模型方差分析表

Anova①

模型		平方和	df	均方	F	*Sig.*
1	回归	625.000	1	625.000	25.072	0.000②
	残差	349.000	14	24.929		
	总计	974.000	15			

① 因变量：身高。

② 预测变量：(常量)，性别。

软件应用

用 SPSS 进行哑变量回归的方法与普通多元回归的方法相同，具体步骤如下：

1. 打开数据文件，选择【分析】→【线性回归】，进入主对话框。

2. 在主对话框中将因变量选入【因变量】，将所有自变量选入【自变量】。

3. 点击【继续】回到主对话框。点击【确定】。

表 5-20 回归模型参数估计表

系数①						
模型		非标准化系数		标准系数	t	$Sig.$
		B	标准误差	试用版		
1	（常量）	126.750	1.765		71.803	0.000
	性别	12.500	2.496	0.801	5.007	0.000

① 因变量：身高。

由表 5-18 可见，$R^2=0.642$，身高的总变差中，仅有 64.2%可以由性别与身高之间的线性关系来解释，即性别仅解释了身高差异的 64.2%。由表 5-19 给出了检验统计量 $F=25.072$，以及用于检验的 P 值（显著性水平 $Sig.$）。由于显著性水平 $Sig.$接近于 0，拒绝 H_0，表明性别对身高的影响是显著的。

进一步对回归参数进行估计和检验，结果见表 5-20。结果显示，回归系数检验的显著性水平 $Sig.$接近于 0，表明性别对身高的影响是显著的。

因此，可以得到学生身高与性别的估计方程为：

$$\hat{y}=126.75+12.5x$$

为解释回归系数的含义，先考察一下回归方程 $E(y)=\beta_0+\beta_1 x$。由于 x 是只取 0，1 两个值的哑变量，所以有

$x=0$ （女）：$E(y)=\beta_0$

$x=1$ （男）：$E(y)=\beta_0+\beta_1$

可以看出，β_0 是女生身高的期望值；$\beta_0+\beta_1$ 则是男生身高的期望值。一般地，若仅含一个哑变量的回归模型 $y=\beta_0+\beta_1 x$ 中，当哑变量指定为 1 和 0 时，β_0 总是代表与哑变量值 0 所对应的那个水平的平均值，而 β_1 则是代表哑变量值为 1 所对应的那个水平的平均值与哑变量值 0 所对应的那个水平的平均值之差。

即平均值之差$=(\beta_0+\beta_1)-\beta_0=\beta_1$。

因此，例 5-11 建立的回归方程 $\hat{y}=126.75+12.5x$ 中各系数的含义为：$\beta_0=126.75$ 表示女生身高的平均值，$\beta_1=12.5$ 表示男生的平均身高比女生的平均身高高 12.5 cm。

三、含一个数值自变量和一个哑变量的回归

实际问题往往比较复杂，在回归变量中，可能既有数值型变量，又有定性变量。为此，考察含有一个数值型自变量和一个分类自变量的回归问题。

【例 5-12】 在随书数据 pupil1.csv 中，如果只考虑学生身高和立定跳远的成绩，则是包含数值型变量的一元回归，SPSS 给出的结果见表 5-21 至表 5-23。

表 5-21 回归模型的主要统计量

模型汇总[①]

模型	R	R^2	调整 R^2	标准估计的误差
1	0.863[②]	0.744	0.726	6.550

① 因变量:立定跳远成绩。

② 预测变量:(常量),身高。

表 5-22 回归模型的方差分析表

Anova[①]

模型		平方和	df	均方	F	$Sig.$
1	回归	1 745.807	1	1 745.807	40.693	0.000[②]
	残差	600.631	14	42.902		
	总计	2 346.438	15			

① 因变量:立定跳远成绩。

② 预测变量:(常量),身高。

表 5-23 回归模型参数估计表

系数[①]

模型		非标准化系数		标准系数	t	$Sig.$
		B	标准误差	试用版		
1	(常量)	−75.249	27.961		−2.691	0.018
	身高	1.339	0.210	0.863	6.379	0.000

① 因变量:立定跳远成绩。

由表 5-23 可得身高与立定跳远成绩的回归方程为:

$$\hat{y}=-75.249+1.339x$$

对回归模型检验发现,F 检验的 P 值(显著性水平 $Sig.$)接近于 0,表明模型显著。判定系数 $R^2=0.744$,表明身高解释了立定跳远成绩总变差的 74.4%。考虑到性别也会影响立定跳远的成绩,将性别作为一个变量引入回归模型。性别显然是定性变量,为此,将性别作为哑变量引入模型。

首先定义哑变量:

$$x_2=\begin{cases}1,\text{男生}\\0,\text{女生}\end{cases}$$

然后,建立包含身高(X_1)和性别(X_2)的二元回归模型。

根据测定的基础数据,由 SPSS 给出的回归结果见表 5-24、表 5-25 和表 5-26。

表 5-24 回归模型的主要统计量

模型汇总				
模型	R	R 方	调整 R 方	标准估计的误差
1	0.946①	0.895	0.879	4.346

① 预测变量:(常量),性别,身高。

表 5-25 回归模型方差分析表

Anova①						
模型		平方和	df	均方	F	$Sig.$
1	回归	2 100.894	2	1 050.447	55.615	0.000②
	残差	245.544	13	18.888		
	总计	2 346.438	15			

① 因变量:立定跳远成绩。

② 预测变量:(常量),性别,身高。

表 5-26 回归模型参数估计表

系数①						
模型		非标准化系数		标准系数	t	$Sig.$
		B	标准误差	试用版		
1	(常量)	24.346	29.527		0.825	0.425
	身高	0.531	0.233	0.342	2.282	0.040
	性别	15.740	3.630	0.650	4.336	0.001

① 因变量:立定跳远成绩。

从表 5-25 可以看出,F 检验的显著性水平 $Sig.$接近于 0,表明学生立定跳远成绩与身高和性别的回归模型显著。同时,判定系数 $R^2=0.895$,说明学生身高与性别共同解释了立定跳远成绩变差的 89.5%,对比前述分析,比不加入性别因素时解释程度得到大幅度提高。这表明性别是影响立定跳远的一个重要因素。

从表中的估计和检验结果可以看出,身高的显著水平为 $Sig.=0.04<\alpha=0.05$,表明身高对立定跳远成绩的影响显著。检验性别的显著水平为 $Sig.=0.001<\alpha=0.05$,表明性别对立定跳远成绩的影响显著。

同时,根据表中信息,可以得到学生身高、性别对于立定跳远成绩的二元线性回归方程:

$$\hat{y}=24.346+0.531x_1+15.74x_2$$

当回归模型中含有一个哑变量时,为了合理解释回归系数,可以对哑变量确定一种状态,考察另外一种状态的影响。

对于包含 1 个哑变量的回归方程:$E(y)=\beta_0+\beta_1x_1+\beta_2x_2$,可以先考虑 $X_2=0$ 的情形,再考虑 $X_2=1$ 的情形。则有:

$$E(y|_{x2=0})=\beta_0+\beta_1x_1+\beta_2\times 0=\beta_0+\beta_1x_1$$

$E(y|_{x_2=1})=\beta_0+\beta_1 x_1+\beta_2\times 1=(\beta_0+\beta_2)+\beta_1 x_1$ 可见，无论是男生还是女生，学生立定跳远的期望值都是关于身高 x_1 的线性函数。对比两个回归方程可以发现，哑变量取不同的值，回归方程的斜率均相等，仅截距不同。

$\beta_0+\beta_1 x_1$ 表示哑变量为 0 水平所对应的因变量期望值。

$\beta_0+\beta_2+\beta_1 x_1$ 表示哑变量为 1 水平所对应的因变量期望值。

β_1 表示数值自变量增加 1 个单位时，因变量的平均增加值。

β_2 表示哑变量为 1 水平的因变量期望值与哑变量为 0 水平的因变量的期望值的差值。如果 β_2 为正值，则表示哑变量为 1 水平的因变量的期望值大于哑变量为 0 水平的因变量的期望值；β_2 为负值，则表示哑变量为 1 水平的因变量的期望值小于哑变量为 0 水平的因变量的期望值；β_2 为 0，则表示哑变量为 1 水平的因变量的期望值与哑变量为 0 水平的因变量的期望值没有差别。

重要知识点

哑变量回归中各参数的含义。

根据表 5-26 的结果，可以发现在校学生身高、性别与立定跳远成绩的回归模型中，β_0 的估计值为 24.346，β_1 的估计值为 0.531，β_2 的估计值为 15.740。因此，对于女生（$x_2=0$），立定跳远成绩的回归预测模型为：

$$\hat{y}=24.346+0.531x_1$$

对于男生（$x_2=1$），立定跳远成绩的回归预测模型为：

$$\hat{y}=40.086+0.531x_1$$

其中，$\beta_1=0.531$ 表示，身高每增长 1 cm，男生或女生的立定跳远平均增加 0.531 cm。$\beta_2=15.74$ 表示，男生的跳远期望值比女生多 15.74 cm，即一般地男生的立定跳远成绩要高于女生。

在回归分析中加入哑变量，实际上是分别以不同的情形进行拟合。上例中，加入哑变量性别后，分别针对男生和女生的立定高跳远成绩进行了回归预测。这两个预测方程唯一的区别就是截距不同，而截距的差值反映了男生与女生立定跳远成绩的期望差值。

本章要点

本章讨论了一元线性回归、多元线性回归、含有虚拟变量的回归的具体内容和方法。回归分析主要解决以下三个方面的问题：

(1) 从一组样本（试验）数据出发，研究变量之间数学关系式。

(2) 对这些关系式的可信程度进行统计检验，并从影响某一特定变量的诸多变量中找出哪些变量的影响是显著的，哪些是不显著的。具体包括拟合优度检验和显著性检验。

(3) 利用确定的关系式，根据一个或几个变量的取值来估计或预测另一个特定变量的取值，并给出这种估计或预测的可靠程度。

思考与练习

一、思考题

1. 解释回归模型和估计的回归方程的含义。
2. 一元线性回归模型中有哪些基本假定?
3. 简述参数最小二乘估计的基本原理。
4. 解释总离差平方和、回归平方和、残差平方和的含义,并说明它们之间的关系。
5. 解释判定系数、估计标准差的含义和作用。
6. 在回归分析中,F 检验和 t 检验各有什么作用?
7. 置信区间估计和预测区间估计有什么区别?
8. 简述残差分析在回归分析中的作用。
9. 对多元线性回归方程的 t 检验和 F 检验有什么区别?
10. 解释哑变量回归中各参数的含义。

二、练习题

1. 某汽车商欲了解广告费用(x)对销售量(y)的影响,收集了过去 12 年的有关数据。通过计算得到习题表 5-1、习题表 5-2 所示有关结果。

习题表 5-1　　**方差分析表**

Anova①						
模型		平方和	*df*	均方	*F*	*Sig.*
1	回归					2.17e-09②
	残差	40 158.07			—	—
	总计	1 642 866.67	11	—	—	—

① 因变量:Y。

② 预测变量:(常量),X。

习题表 5-2　　**参数估计表**

模型		非标准化系数		*t*	*Sig.*
		B	标准误差		
1	(常量)	363.689 1	62.455 29	5.823 191	0.000 168
	X	1.420 211	0.071 091	?	2.17E-09

要求:

(1) 完成上面方差分析表。

(2) 汽车销售量的变差中有多少是由于广告费用的变动引起的?

(3) 写出估计的回归方程,并解释回归系数的实际意义。

(4) 计算习题表 5-2 参数估计表中回归系数 t 检验的 t 值(问号所代表的数值)。

(5) 检验线性关系的显著性。

(6) 经计算，该线性回归的估计标准误差为63.370 4。请解释该数值的实际意义。

2. 一家电器销售公司的管理人员认为，每月的销售额是广告费用的函数，并想通过广告费用对月销售额作出估计。习题表5-3是近8个月的销售额与广告费用的数据。

习题表 5-3

月销售额 y/万元	电视广告费用 x_1/万元	报纸广告费用 x_2/万元
96	5.0	1.5
90	2.0	2
95	4.0	1.5
92	2.5	2.5
95	3.0	3.3
94	3.5	2.3
94	2.5	4.2
94	3.0	2.5

(1) 用月销售额作为因变量，电视广告费用作为自变量，建立估计的回归方程。

(2) 用月销售额作为因变量，电视广告费用和报纸广告费用作为自变量，建立估计的回归方程，并说明回归系数的意义。

(3) 上述(1)和(2)所建立的估计方程，电视广告费用的系数是否相同？对其回归系数分别进行解释。

(4) 根据(1)和(2)所建立的估计方程，说明它们 R^2 的意义。

3. 习题表5-4是7个地区2000年的人均GDP(国内生产总值)和人均消费水平的统计数据。

习题表 5-4

地区	人均GDP/元	人均消费水平/元
北京	22 460	7 326
辽宁	11 226	4 490
上海	34 547	11 546
江西	4 851	2 396
河南	5 444	2 208
贵州	2 662	1 608
陕西	4 549	2 035

(1) 用人均GDP作自变量，人均消费水平作因变量，绘制散点图，并说明二者之间的关系形态。

(2) 利用最小二乘法求出估计的回归方程，并解释回归系数的实际意义。

(3) 计算判定系数，并解释其意义。

(4) 检验线性关系的显著性。

(5) 如果某地区的人均GDP为6 000元，预测其人均消费水平。

(6) 求人均 GDP 为 6 000 元时,人均消费水平 95%的置信区间和预测区间。

4. 一家货运公司想研究运输费用与货物类型的关系,并建立运输费用与货物类型的回归模型,以此对运输费用作出预测。该运输公司所运输的货物分为两种类型:易碎品和非易碎品。习题表 5-5 给出了 15 个路程大致相同,而货物类型不同的运输费用数据。

习题表 5-5

每件产品的运输费用 y/元	货物类型	x_1
17.2	易碎品	1
11.1	易碎品	1
12	易碎品	1
10.9	易碎品	1
13.8	易碎品	1
6.5	易碎品	1
10	易碎品	1
11.5	易碎品	1
7	非易碎品	0
8.5	非易碎品	0
2.1	非易碎品	0
1.3	非易碎品	0
3.4	非易碎品	0
7.5	非易碎品	0
2	非易碎品	0

要求:

(1) 写出运输费用与货物类型之间的线性方程。

(2) 对模型中的回归系数进行解释。

(3) 检验模型的线性关系是否显著($a=0.05$)。

5. 为分析某行业中的薪水有无性别歧视,从该行业中随机抽取 15 名员工,有关数据见习题表 5-6。

习题表 5-6

月薪 y/元	工龄 x_1	性别(1=男,0=女)x_2
1 548	3.2	1
1 629	3.8	1
1 011	2.7	0
1 229	3.4	0
1 746	3.6	1
1 528	4.1	1
1 018	3.8	0

续习题表 5-6

月薪 y/元	工龄 x_1	性别(1=男,0=女)x_2
1 190	3.4	0
1 551	3.3	1
985	3.2	0
1 610	3.5	1
1 432	2.9	1
1 215	3.3	0
990	2.8	0
1 585	3.5	1

要求:进行回归,并对结果进行分析。

第六章　时间序列分析

对时间序列数据的分析通常被简称为时间序列分析。在经典线性回归模型中，误差项通常被假定为相互独立并服从同样的分布，而时间序列数据通常并不独立。比如，今年的GDP通常与去年的GDP有关。因此，时间序列数据通常并不符合经典回归的假定。另外，时间序列数据还有一些在横截面数据中没有的其他特点。比如，一些商品的销售量通常会受到季节因素的影响，呈现出季节波动。这些特点使时间序列分析逐步成为统计学中一个专门的研究方向。本章仅就单变量时间序列的分析进行简要介绍。

第一节　时间序列的构成与预测

学习目标

了解时间序列的构成成分；会运用季节指数法、回归模型法和平滑法来进行时间序列的分解和预测。

重要知识点

时间序列数据通常被认为是由长期趋势、季节变动、循环波动、不规则波动这四种成分构成。

一、时间序列的构成

时间序列数据通常被认为是由长期趋势、季节变动、循环波动、不规则波动这四种成分构成。

其中，长期趋势(trend)是指由事物的基本影响因素形成的，在长期发展过程中呈现出的持续性的趋向。这种长期趋势可能是线性趋势，也可能是非线性趋势。

季节变动(seasonal fluctuation)指事物在发展过程中每年随着季节更替而重复出现的周期性变动。季节变动是由季节变化引起的，通常会在每年重复出现，且变化强度每年大体相同。

循环波动(cyclical fluctuation)指事物发展过程中出现的非固定长度的周期性变动。通常，这种循环波动不同于长期趋势变动，它不是朝着单一方向的持续运动，而是涨落相间的周期性波动；同时，它也不同于季节变动，其变动周期多在一年以上，且周期长短不一定完全相同。经济发展过程中的经济周期就属于比较典型的循环波动。

不规则波动(irregular variations)是指事物发展过程中无法用长期趋势、季节变动和循环波动解释的没有规律性的随机波动，也称为随机干扰(disturbance)或者随机波动。不规则波动通常被认为是由于各种偶然的随机因素所导致的。

一个时间序列可能同时包含上述四种成分，是这些成分综合作用的结果；也可能只含有这四种成分中的一种或几种。

二、时间序列的预测

那么，该如何对时间序列进行预测呢？在对时间序列进行预测时，通常有两种不同的思路:一是首先对构成时间序列的各种成分(如季节变动)分别进行度量,在分解的基础上再进行预测;二是不对时间序列的各种成分进行分解,直接通过数据处理或统计模型对时间序列进行预测。具体说来,时间序列常见的预测方法有如下几种。

(一) 季节指数法

季节指数法主要用于度量季节因素对时间序列的影响,从而实现对时间序列构成的分解和预测。

表 6-1 是某企业 2000～2005 年各季度啤酒销售量数据(随书数据 sales1.csv)。

表 6-1 某企业 2000～2005 年各季度啤酒销售量数据①

时间	第一季度	第二季度	第三季度	第四季度
2000	25	32	37	26
2001	30	38	42	30
2002	29	39	50	35
2003	30	39	51	37
2004	29	42	55	38
2005	31	43	54	41

为了能够直观地看出该时间序列的特点,绘制啤酒销售量变动多线图如图 6-1 所示。从图 6-1 中可以看出,在 2000～2005 年,该企业的啤酒销售量呈逐年上升的长期趋势,同时也具有明显的季节性,第一季度的销售量总体上最低,第三季度的销售量最高。

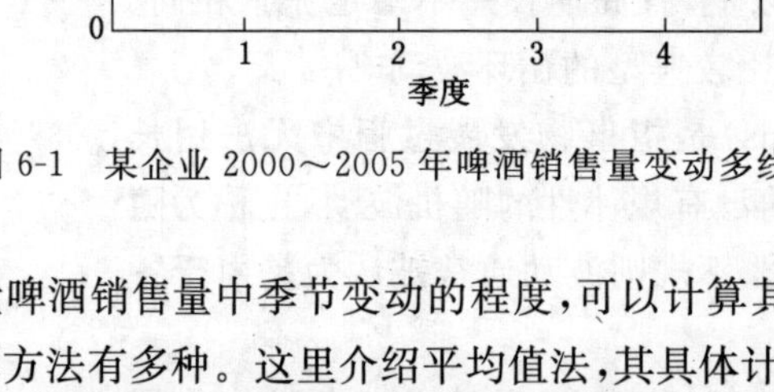

图 6-1 某企业 2000～2005 年啤酒销售量变动多线图

为了度量啤酒销售量中季节变动的程度,可以计算其季节指数。季节指数的计算方法有多种。这里介绍平均值法,其具体计算步骤如下:

重要知识点
季节指数的计算方法。

(1) 分别计算各季度中每月的销售量均值,见表 6-2 第 G 行。

(2) 再计算 2000～2005 年每月销售量的总均值,见表 6-2 第

① 数据选自贾俊平.统计学[M].第四版.北京:中国人民大学出版社,2013.

H 行。

(3) 用各季度每月销售量均值除以每月销售量总均值，即第 G 行除以 H 行，得到各季度的季节指数，见表 6-2 第 I 行。

表 6-2　　某企业啤酒销售量季节指数表

行	年份	第一季度	第二季度	第三季度	第四季度
A	2000	25	32	37	26
B	2001	30	38	42	30
C	2002	29	39	50	35
D	2003	30	39	51	37
E	2004	29	42	55	38
F	2005	31	43	54	41
G	各季每月均值	29.000	38.833	48.167	34.500
H	六年每月总均值	37.625			
I	季节指数	0.770 8	1.032 1	1.280 2	0.916 9

根据表 6-2 中的季节指数，可以进一步用原有销售量数据除以各季度的季节指数（即 A～F 行分别除以 I 行），从而得到剔除季节因素影响后的啤酒销售量时间序列数据及其图形，见表 6-3 和图 6-2。

表 6-3　　某企业啤酒销售量季度数据（剔除季节因素）

年份	第一季度	第二季度	第三季度	第四季度
2000	32.433 8	31.004 8	28.901 7	28.356 4
2001	38.920 6	36.818 1	32.807 4	32.718 9
2002	37.623 3	37.787 0	39.056 4	38.172 1
2003	38.920 6	37.787 0	39.837 5	40.353 4
2004	37.623 3	40.693 7	42.962 0	41.444
2005	40.218 0	41.662 6	42.180 9	44.715 9

图 6-2 同时给出了原始啤酒销售量线图和剔除季节因素影响后的啤酒销售量线图。从图 6-2 可以看出，剔除季节因素影响后，该时间序列的波动小了很多，长期趋势更加明显。在此基础上，可以建立回归模型，对该时间序列的长期趋势进行估计。

（二）回归分析模型

利用线性回归模型或非线性回归模型，可以对时间序列中的长期趋势进行识别和度量。比如，对于表 6-3 中的数据，如果认为该时间序列是由长期趋势和不规则波动叠加而成，并且其长期趋势是线性趋势的话，则可以引入如下线性回归方程：

$$Y_t = \hat{b}_0 + \hat{b}_1 t + \hat{\varepsilon} \tag{6-1}$$

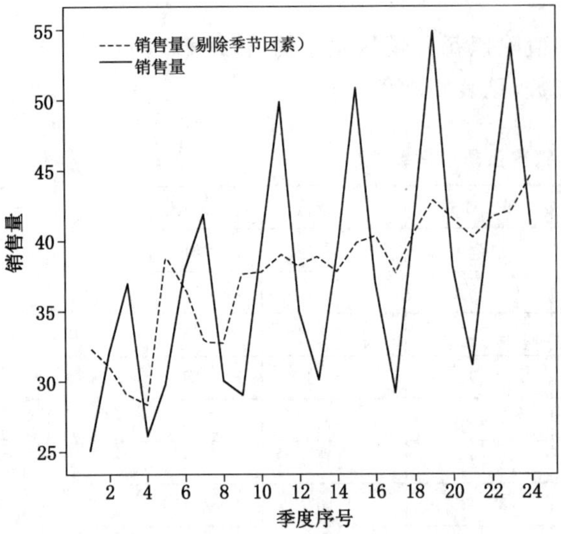

图 6-2 某企业 2000～2005 年啤酒销售量变动多线图(剔除季节因素)

其中,Y_t 为各时间点的啤酒销售量,t 为各时间点序号,$\hat{b}_1$ 就是时间每推移一个单位该企业啤酒销售量增加的长期趋势值的估计值,$\hat{\varepsilon}$ 则代表各种随机因素导致的不规则波动效应。运用 SPSS 软件可以求出,$\hat{b}_1$ 为 0.537,决定系数 $R^2=0.75$。

如果通过对图形的观察,认为时间序列发展的长期趋势是非线性趋势,则可以引入非线性回归模型。比如,式(6-2)就是指数模型,可以用来拟合逐期观测值按一定增长率增长或衰减,从而呈指数形态变化的时间序列。

$$Y_t=\hat{b}_0\times e^{\hat{b}_1 t}\times e^{\hat{\varepsilon}} \tag{6-2}$$

其中,e 为自然对数的底,e≈2.718。

从上面的分析可以看出,在表 6-1 中的啤酒销售量数据中,既有长期趋势的影响,又有季节因素的影响。对于这样的时间序列,还可以通过带有虚拟变量的回归模型来分析。其中,引入的虚拟变量(假设以第 1 季度为参照季度,即基础水平)为:

$$Q_2=\begin{cases}1,\text{第 2 季度}\\0,\text{其他季度}\end{cases};Q_3=\begin{cases}1,\text{第 3 季度}\\0,\text{其他季度}\end{cases};Q_4=\begin{cases}1,\text{第 4 季度}\\0,\text{其他季度}\end{cases}$$

在这种情况下,回归模型为:

$$Y_t=\hat{b}_0+\underset{\text{长期趋势}}{\hat{b}_1 t}+\underset{\text{季节变动}}{\hat{b}_2Q_2+\hat{b}_3Q_3+\hat{b}_4Q_4}+\underset{\text{不规则波动}}{\hat{\varepsilon}} \tag{6-3}$$

其中,$\hat{b}_1$ 代表长期趋势对时间序列的影响,虚拟变量系数 $\hat{b}_2$、$\hat{b}_3$、$\hat{b}_4$ 代表季节变动对时间趋势的影响。

运用 SPSS 软件可以求出,在式(6-3)中,$\hat{b}_1$ 为 0.573,$\hat{b}_2$ 为 9.260,$\hat{b}_3$ 为 18.020,$\hat{b}_4$ 为 3.780;决定系数 $R^2=0.919$。

（三）平滑法

平滑法并不对时间序列的各种构成成分进行分解，其基本思想是用当期和以前时期的 k 个时间序列值的平均值来预测下一期时间序列值。根据平均值具体计算方法的不同，分为移动平滑法和指数平滑法两类。

1. 移动平滑法

移动平滑法也称移动平均法，是选择固定的时间长度作为平滑步长，然后对原有的时间序列数据进行逐期移动，求得一系列均值，从而形成新的时间序列。通过移动平均，对原有时间序列的波动进行修匀，在一定程度上可以削弱或消除短期的偶然因素对时间序列的影响，从而呈现出时间序列的长期发展趋势。

对于表 6-1 的数据来说，当平滑步长 k 分别为 3 和 4 时，移动平滑后的结果见表 6-4。

表 6-4　　某企业啤酒销售量季度数据移动平滑序列

序号	年度	季度	销售量	三期平滑（$k=3$）	四期平滑（$k=4$）	
					一次平滑	二次平滑
1	2000	1	25			
(1.5)						
2	2000	2	32	31.3		
(2.5)					30	
3	2000	3	37	31.7		
(3.5)					31.25	
4	2000	4	26	31.0		32
(4.5)					32.75	
5	2001	1	30	31.3		33.3
(5.5)					34	
6	2001	2	38	36.7		34.1
(6.5)					35	
7	2001	3	42	36.7		34.7
…	…	…	…	…	…	…
18	2004	2	42	42.0		40.8
(18.5)					41	
19	2004	3	55	45.0		41.3
(19.5)					41.5	
20	2004	4	38	41.3		41.4
(20.5)					41.75	
21	2005	1	31	37.3		41.8
(21.5)					41.5	
22	2005	2	43	42.7		

续表 6-4

序号	年度	季度	销售量	三期平滑（$k=3$）	四期平滑（$k=4$）一次平滑	四期平滑（$k=4$）二次平滑
(22.5)					42.25	
23	2005	3	54	46.0		
(23.5)						
24	2005	4	41			

当平滑步长为奇数，如 $k=3$ 时，则对原有时间序列每三个值求简单算术平均值，依次对应于三个原有时间序列值的中间位置，并逐步前移，即 $(25+32+37)/3=31.3$，$(32+37+26)/3=31.7$，并依次对应于原有时间序列的第 2 位，第 3 位，…。以此类推，得到新的时间序列，从而削弱或消除原有时间序列中短期的偶然因素所带来的波动。

当平滑步长为偶数，如 $k=4$ 时，则对原有时间序列每四个值求简单算术平均值，依次对应于四个原有时间序列值的中间位置，并逐步前移，即 $(25+32+37+26)/4=30$，$(32+37+26+30)/4=31.25$，并依次对应于原有时间序列的第 2.5 位，第 3.5 位，…。以此类推，得到原有时间序列的一次平滑序列，从而削弱或消除原有时间序列中短期的偶然因素所带来的波动。在此基础上，为了消除一次平滑序列不能对应于原有时间序列整数位置的缺点，对一次平滑序列进行二次平滑，即 $(30+31.25+32.75+34)/4=32$，$(31.25+32.75+34+35)/4=33.3$，并依次对应于原有时间序列的第 4 位，第 5 位，…。以此类推，在一次平滑序列的基础上得到原有时间序列的二次平滑序列。

原有时间序列与平滑后得到的时间序列如图 6-3 所示。

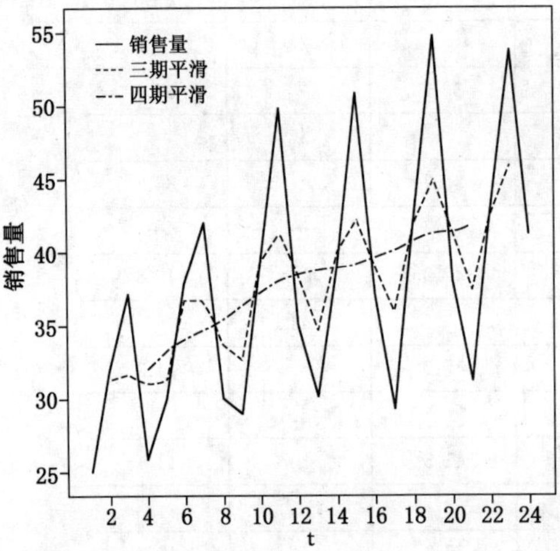

图 6-3 某企业啤酒销售量时间序列移动平滑效果对比图

从图 6-3 可以看出，原有的啤酒销售量时间序列总体上呈不断上升的长期趋势，但由于受到季节因素的影响，波动十分明显。经过移动平滑后，其波动在一定程度上被削弱，特别是经过四期移动平滑后，啤酒销售量的波动基本被消除，有利于从图形上更加明显地看出时间序列不断上升的长期趋势。

应该注意的是，移动平滑的目的是消除短期波动，因此平滑步长应适中。平滑步长越长，个别观察值的影响越弱，所得趋势值越少，有时会脱离现实；平滑步长过短，又难以消除短期波动。原则上，如果现象的发展具有一定的周期性，应以周期长度作为平滑步长。例如，当原有时间序列是月度数据时，要想消除每月之间的波动，则可以考虑采用 4 项移动平滑；如果想同时消除季度之间的波动，则可以考虑采用更长时期的移动平滑。

移动平滑法也被用于对时间序列进行预测。设 Y_t 为第 t 期的时间序列值，平滑步长为 $k(1\leqslant k\leqslant t)$，则时间序列第 t 期的预测值为：

$$\hat{Y}_t=\frac{Y_{t-k}+Y_{t-k+1}+\cdots+Y_{t-2}+Y_{t-1}}{k} \tag{6-4}$$

按照这种方法，当平滑步长 $k=3$ 时，该企业第 25 期（即 2006 年第 1 季度）的啤酒销售量的预测值为 46。在应用移动平滑法对时间序列进行预测的过程中，可以首先取不同的 k 值进行试验，从中选择能够使预测误差达到最小的 k 值作为最终用于预测的 k 值。

2. 指数平滑法

指数平滑的基本思想是：当利用过去观测值的加权平均来预测未来的观测值时（该过程也称为平滑），与当前时期距离越近，对预测值的影响就越大；与当前时期的距离越远，对预测值的影响就越小。可见，指数平滑实际上是通过对本期和以前的观测值的加权平均来预测下一期的观测值，距离越近的观测值，其权重越大；距离越远的观测值，其权重越小。

根据权重分配的不同，指数平滑又包括多种预测方法。其中简单指数平滑的预测模型为：

$$\hat{Y}_t=\alpha Y_{t-1}+(1-\alpha)\hat{Y}_{t-1} \tag{6-5}$$

在实际应用中，第 2 期的预测值直接取第 1 期的实际值，即：

$$\hat{Y}_2=Y_1$$

按照这种方法，当 $\alpha=0.3$ 时，该企业 2000 年第 2 季度至 2005 年第 4 季度期间的啤酒销售量的预测值见表 6-5；第 25 期（即 2006 年第 1 季度）的啤酒销售量的预测值为 $0.3\times41+0.7\times44.1=43.2$。

指数平滑另一种常见的方法是：

$$\hat{Y}_t=\hat{Y}_{t-1}+\alpha(Y_{t-1}-\hat{Y}_{t-1}) \tag{6-6}$$

在应用指数平滑法对时间序列进行预测的过程中，可以首先取不同的 α 值进行试验，从中选择能够使预测误差达到最小的 α 值作为最

终用于预测的 α 值。

表 6-5　　某企业啤酒销售量简单指数平滑预测值

年度	季度	t	销售量	简单指数平滑（α=0.3）
2000	1	1	25	
2000	2	2	32	25.0
2000	3	3	37	27.1
2000	4	4	26	30.1
…	…	…	…	…
2005	1	21	31	41.6
2005	2	22	43	38.4
2005	3	23	54	39.8
2005	4	24	41	44.1

第二节　自回归整合移动平均模型

学习目标

理解平稳序列的内涵，会使用线图和相关图判断序列的平稳性。

自回归整合移动平均（Autoregressive Integrated Moving Average，ARIMA）模型是由自回归模型（Autoreg Ressive model，AR模型）和移动平均模型（Moving Average model，MA 模型）结合而成的时间序列预测模型。

一、自回归移动平均模型

自回归移动平均模型是由自回归模型和移动平均模型结合而成的。

经典的回归模型是通过自变量来预测因变量的，需要事先知道有哪些自变量对因变量有影响，并获得自变量的数据。但是也有些时候，并不确定有哪些自变量对因变量有影响或者并不掌握这些自变量的数据，在这种情况下，就可以考虑从因变量自身以往的观测值入手，对本期的因变量值进行预测。

在自回归模型中，变量的观测值由其自身以往时期的观测值回归而得，因此称为自回归模型。具体来说，在自回归模型中，变量的当期观测值由其自身以往时期的若干观测值的线性组合加上随机误差项而得，即：

$$Y_t=\alpha_0+\alpha_1 Y_{t-1}+\alpha_2 Y_{t-2}+\alpha_3 Y_{t-3}+\cdots+\alpha_p Y_{t-p}+\varepsilon_t \quad (6\text{-}7)$$

式(6-7)的右侧共包含了变量自身的 p 期观测值，习惯上称为 $AR(p)$ 模型，ε_t 为随机误差项。

在移动平均模型中，变量的观测值由当期和以往时期的随机误差项的线性组合而得，即：

$$Y_t=\varepsilon_t+\beta_1\varepsilon_{t-1}+\beta_2\varepsilon_{t-2}+\cdots+\beta_q\varepsilon_{t-q} \quad (6\text{-}8)$$

式(6-8)的右侧共包含了1个当期的和 q 个以前时期的随机误差项，习惯上称为 $MA(q)$ 模型。

应该注意的是，式(6-8)右侧的随机误差项前面的系数之和并不为1。正因如此，有人认为该模型称为“移动线性组合模型”更为确切。

也可以将 $AR(p)$ 模型与 $MA(q)$ 模型结合起来，这样形成的模型通常称为 $ARMA(p,q)$ 模型，即自回归移动平均模型：

$$Y_t=\alpha_0+\alpha_1 Y_{t-1}+\alpha_2 Y_{t-2}+\cdots+\alpha_p Y_{t-p}+\varepsilon_t+\beta_1\varepsilon_{t-1}+\cdots+\beta_q\varepsilon_{t-q} \tag{6-9}$$

二、平稳时间序列与谬误回归

在形式上，式(6-9)的ARMA模型虽然与经典回归模型有很大的相似之处，但为了确保模型有实际意义，时间序列 Y_t 必须满足平稳性条件，也就是说，Y_t 必须是一个平稳序列。

(一) 平稳序列

$Y_t(t=1,2,\cdots)$ 是一个随机时间序列，即对任意固定的 t，Y_t 是一个随机变量。如果 Y_t 的均值和方差在时间过程上保持是常数，并且在任何两个时期之间的协方差值仅依赖于这两个时期之间的距离，而不依赖于这两个时期的实际起始时间，则这个过程称之为平稳随机时间序列(stationary stochastic process)，简称平稳时间序列，又称为弱平稳(weakly stationary)、协方差平稳(covariance stationary)或广义平稳随机时间序列。

术语

如果序列 Y_t 的均值和方差在时间过程上保持是常数，并且在任何两个时期之间的协方差值仅依赖于这两个时期之间的距离，而不依赖于这两个时期的实际起始时间，则这个过程称之为平稳随机时间序列。

根据上述定义，可以得到平稳随机时间序列的三个条件。

均值平稳性：$E(Y_t)=\mu$（μ 为常数），即随着时间的推移，时间序列 Y_t 的均值不变。

方差平稳性：$\mathrm{var}(Y_t)=E(Y_t-\mu)^2=\sigma^2$（$\sigma$ 为常数），即随着时间的推移，时间序列 Y_t 的方差不变。

相关平稳性：$\gamma_k=E[(Y_t-\mu)(Y_{t+k}-\mu)](k=0,\pm1,\pm2,\cdots)$，即协方差与时间起点无关，仅与时期长短有关。简而言之，随着时间的推移，时间序列 Y_t 本身相关的模式不变。

因此，也可以说，具备上述三个条件的随机时间序列称为平稳随机时间序列。

如果时间序列 Y_t 不平稳，则式(6-9)将无法满足回归模型的经典假定。

(二) 非平稳时间序列及其谬误回归

尽管我们希望所讨论的时间序列都是平稳时间序列，但也经常会遇到一些非平稳时间序列。式(6-10)就是其中的一个经典情形，称为随机游走或随机步游模型(Random Walk Model,RWM)：

$$Y_t=Y_{t-1}+\varepsilon_t \tag{6-10}$$

ε_t 是均值为0、方差为 σ^2（σ 为常数）的随机误差项（又称为白噪声)。显然,这也是一个 $AR(1)$ 模型。

根据式(6-10)可得:

$$Y_1 = Y_0 + \varepsilon_1$$

$$Y_2 = Y_1 + \varepsilon_2 = Y_0 + \varepsilon_1 + \varepsilon_2$$

$$Y_3 = Y_2 + \varepsilon_3 = Y_0 + \varepsilon_1 + \varepsilon_2 + \varepsilon_3$$

更一般地,可知:

$$Y_t = Y_0 + \sum_{t=1}^{t} \varepsilon_t \tag{6-11}$$

因此,$E(Y_t) = Y_0$,$\mathrm{var}(Y_t) = t\sigma^2$。可见,在这种情况下,随着时间 t 的不断推移,虽然时间序列 Y_t 的均值是平稳的,但其方差却趋于不断增大,是非平稳的。简而言之,在这种情况下,Y_t 是一个非平稳时间序列。

不过,如果在式(6-11)左右两端同时减去 Y_{t-1},同时令 $\Delta Y_t = Y_t - Y_{t-1}$,得到:

$$Y_t - Y_{t-1} = \Delta Y_t = \varepsilon_t \tag{6-12}$$

此时,$E(\Delta Y_t) = E(\varepsilon_t) = 0$,$\mathrm{var}(\Delta Y_t) = \mathrm{var}(\varepsilon_t) = \sigma^2$。可见,尽管随机游走 Y_t 是非平稳的,但其一阶差分却是平稳的。

现在考虑如下两个随机游走模型:

$$Y_t = Y_{t-1} + \varepsilon_t \tag{6-13}$$

$$X_t = X_{t-1} + \upsilon_t \tag{6-14}$$

首先,我们从标准正态分布 $N(0,1)$ 中各生成 500 个数值分别作为 ε_t 和 υ_t 的值;然后假定 X、Y 的初始值均为 0($Y_0 = X_0 = 0$),并按照式(6-13)和式(6-14)得到 Y_t 和 X_t(各 500 个)。那么,在这种情况下,如果以 Y_t 为因变量、以 X_t 为自变量做回归的话,情况会如何呢?

从 Y_t 和 X_t 的形成过程来看,Y_t 与 X_t 应该是毫无关联的。因此,按照直觉,如果以 Y_t 为因变量、以 X_t 为自变量进行回归,不会取得好的结果,针对方程整体的显著性检验和自变量系数的显著性检验应该难以通过。但是,实际情况却并非如此。这样的回归通常都能以高度的显著性顺利地通过统计显著性检验,有不少时候 p 值甚至能够达到 $6.841 \times e^{-16}$。而且,即使在样本容量很大时,这种情况仍然很普遍。这种现象被称为谬误回归或无意义回归(spurious or nonsense regression)。容易验证,在上述的谬误回归中,残差序列不满足经典假定。

之所以发生谬误回归,原因就在于这里的 Y_t 和 X_t 是非平稳时间序列。因此,在建立 ARMA 模型时,首先要对纳入模型的时间序列进行检查,以便确认是否是平稳时间序列。

三、时间序列的平稳性检查

对时间序列进行平稳性检查的方法有多种,其中应用最广泛的有两种,一是线图,二是自相关图。

(一) 利用线图进行时间序列平稳性检查

从平稳序列的定义可以看出,如果一个时间序列是平稳的,那么它的均值和方差均为常数,不随时间而变化。因此,在对时间序列的平稳性进行检查时,可以以时间为横坐标、以时间序列值为纵坐标绘制线图,观察随着时间的推移时间序列值的均值和方差是否有不断增加或减小的趋势。

表 6-6 是 1970～1991 年美国宏观经济季度数据(随书数据 economic2.csv),包括国内生产总值(GDP)、个人可支配收入(PDI)、个人消费支出(PCE)、利润(公司税后利润)、股息(即公司净红利)和个人储蓄(PDI－PCE),所有数据都以 1987 年 10 亿美元为单位。

表 6-6　　1970～1991 年美国宏观经济季度数据①

年度	季度	GDP	PDI	PCE	利润	股息	个人储蓄
1970	1	2 872.8	1 990.6	1 800.5	44.7	24.5	190.1
1970	2	2 860.3	2 020.1	1 807.5	44.4	23.9	212.6
1970	3	2 896.6	2 045.3	1 824.7	44.9	23.3	220.6
1970	4	2 873.7	2 045.2	1 821.2	42.1	23.1	224.0
1971	1	2 942.9	2 073.9	1 849.9	48.8	23.8	224.0
1971	2	2 947.4	2 098.0	1 863.5	50.7	23.7	234.5
1971	3	2 966.0	2 106.6	1 876.9	54.2	23.8	229.7
1971	4	2 980.8	2 121.1	1 904.6	55.7	23.7	216.5
1972	1	3 037.3	2 129.7	1 929.3	59.4	25.0	200.4
1972	2	3 089.7	2 149.1	1 963.3	60.1	25.5	185.8
1972	3	3 125.8	2 193.9	1 989.1	62.8	26.1	204.8
1972	4	3 175.5	2 272.0	2 032.1	68.3	26.5	239.9
…	…	…	…	…	…	…	…
1990	1	4 880.8	3 531.4	3 258.8	199.1	132.3	272.6
1990	2	4 900.3	3 545.3	3 258.6	193.7	132.5	286.7
1990	3	4 903.3	3 547.0	3 281.2	196.3	133.8	265.8
1990	4	4 855.1	3 529.5	3 251.8	199.0	136.2	277.7
1991	1	4 824.0	3 514.8	3 241.1	189.7	137.8	273.7
1991	2	4 840.7	3 537.4	3 252.4	182.7	136.7	285.0
1991	3	4 862.7	3 539.9	3 271.2	189.6	138.1	268.7
1991	4	4 868.0	3 547.5	3 271.1	190.3	138.5	276.4

图 6-4 给出了 GDP、PDI、PCE 三个时间序列的线图。从这些线图可以看出,随着时间的推移,这三个时间序列的方差并未出现明显的不断增加或减小的趋势,但其均值却随着时间的推移不断增加。因此,从

① Damodar N,Gujarati.计量经济学基础[M].第四版.费剑平,孙春霞,译.北京:中国人民大学出版社,2007.

线图上看，这三个序列都是非平稳时间序列①。

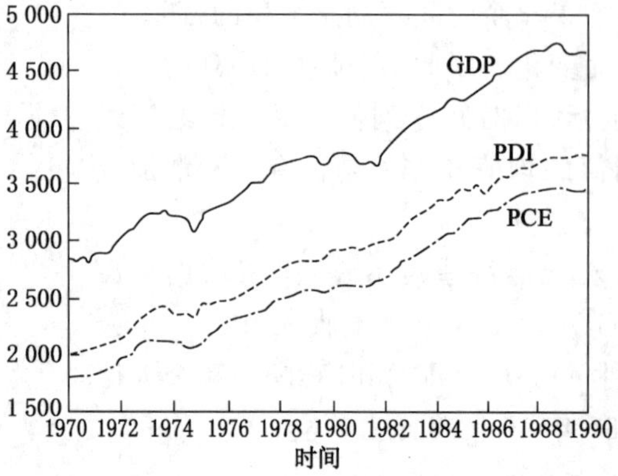

图 6-4　1970～1991 年美国 GDP、PDI、PCE 时间序列线图
（以 1987 年 10 亿美元为单位）

（二）利用自相关图进行时间序列平稳性检验

为了说明自相关图如何用于检验时间序列的平稳性，首先对平稳时间序列和非平稳时间序列的自相关图进行对比。

自相关(autocorrelation)系数的含义与 Pearson 相关系数类似，反映的都是两组数据之间相互关联、相随而动的程度。不同的是，相关系数反映的通常是两个不同的变量 Y、X 之间的相关程度，而自相关系数反映的是时间序列变量 Y_t（这里是 ε_t）和它的 k 期滞后序列（这里是 ε_{t-k}）之间的相关程度。简而言之，自相关系数就是时间序列变量和它的 k 期滞后序列之间的 Pearson 相关系数。

我们曾经在式(6-13)中给出过一个随机误差时间序列 ε_t，它来自于标准正态分布 $N(0,1)$，由 500 个观察值组成，是一个平稳时间序列。表 6-7 和图 6-5 分别是该序列的自相关系数表和自相关图。

表 6-7　　白噪声随机误差项 ε_t 的自相关系数表

滞后	自相关	标准误差①	Ljung-Box 统计量		
			值	df	$Sig.$②
1	−0.037	0.045	0.683	1	0.408
2	−0.024	0.045	0.968	2	0.616

① 那么，只要是两个非平稳时间序列之间的回归，都是谬误回归吗？答案是否定的。研究发现，两个非平稳时间序列之间的回归不一定是谬误回归。从图 6-4 可以看出，在表 6-6 的数据中，个人消费支出(PCE)和个人可支配收入(PDI)都是非平稳序列，那么，假设做如下回归：

$$PCE_t=\hat{\beta}_0+\hat{\beta}_1 PDI_t+\hat{\varepsilon}_t$$

可以验证，上式中的 $\hat{\varepsilon}_t$ 是平稳的。在这种情况下，经典回归理论包括 t 检验以及 F 检验仍然是有效的，该回归也就不再是谬误回归，而是有意义的。此时，称这两个非平稳时间序列是协整的(cointegrated)。当然，更多个非平稳时间序列之间也可能存在协整关系。

续表 6-7

滞后	自相关	标准误差①	Ljung-Box 统计量		
			值	*df*	*Sig.*②
3	0.011	0.044	1.032	3	0.794
4	0.078	0.044	4.073	4	0.396
5	−0.009	0.044	4.111	5	0.533
6	0.016	0.044	4.237	6	0.645
7	−0.025	0.044	4.568	7	0.713
8	−0.066	0.044	6.759	8	0.563
9	−0.009	0.044	6.799	9	0.658
10	−0.015	0.044	6.922	10	0.733
11	0.102	0.044	12.257	11	0.345
12	−0.010	0.044	12.311	12	0.421
13	0.010	0.044	12.364	13	0.498
14	−0.066	0.044	14.633	14	0.404
15	0.049	0.044	15.894	15	0.389
16	−0.033	0.044	16.450	16	0.422

① 假定的基础过程是独立性(白噪声)。

② 基于渐近卡方近似。

软件应用

用 SPSS 进行自相关和偏相关计算和绘图的步骤：

1. 打开数据文件，选择【分析(A)】→【预测(T)】→【自相关(O)】，进入主对话框。

2. 将需要分析的变量选入【变量(V)】，并根据需要在左下方的【输出】选项区选中【自相关(A)】或【偏自相关(T)】，然后点击【确定】即可。

如需对数据进行差分，在主对话框下方的【转换】选项区中选中【差分(D)】并填入差分阶数即可。

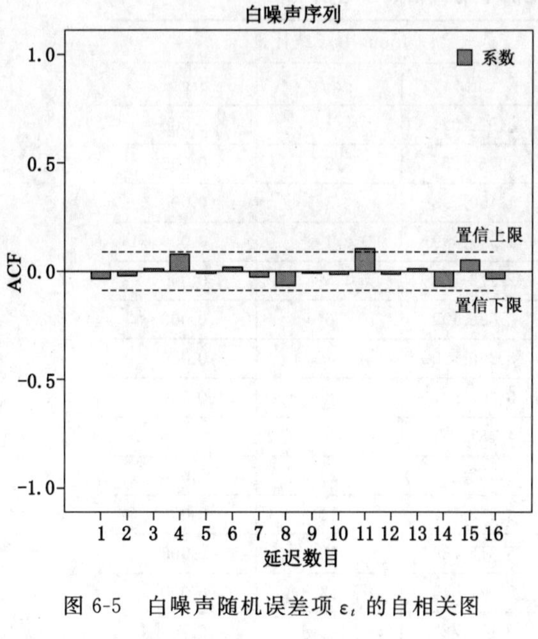

图 6-5　白噪声随机误差项 ε_t 的自相关图

表 6-7 的左边第二列自上而下分别给出了随机误差时间序列 ε_t 与该序列 1 至 16 期滞后序列的自相关系数值。表 6-7 的最后一列给出了针对自相关系数所进行的假设检验所得到的 p 值，该检验的原假设是：总体自相关系数为 0。比如，第一行的 p 值为 0.408，是针对“随机误差时

间序列 ε_t 与其滞后一期随机误差时间序列 ε_{t-1} 的总体相关系数为 0”的原假设所做的假设检验得到的，由于 p 值远高于 0.001 和0.05，因此无法拒绝原假设，说明白噪声随机误差项 ε_t 的自相关不显著。

反映到图 6-5 上，可以看到，表示各期自相关系数大小的黑色条形图的高度都非常低，紧紧地贴在自相关系数 0 轴（即图形中间的水平的实线）附近，随机误差时间序列 ε_t 从滞后 1 期至滞后 16 期的自相关系数基本上都在自相关系数为 0 的置信区间以内，说明这些自相关系数在 0 附近波动。可见，该序列是平稳序列。各期自相关系数值都接近于 0，这是平稳时间序列普遍存在的典型特征。因此，可以通过计算时间序列的各期自相关系数值和观察自相关系数图来进行时间序列的平稳性检验。如果一个时间序列的各期自相关系数都接近于 0，在 0 附近徘徊，这个时间序列就是平稳的。

表 6-8 和图 6-6 是按照式(6-11)得到的随机游走序列 Y_t 的自相关系数表和自相关图。Y_t 是一个非平稳序列，可以看出，其自相关系数表和自相关图最显著的特点是，各期滞后的自相关系数都很高，相应的假设检验的 p 值接近于 0，即使滞后期数达到 16 期时，自相关系数仍然高达 0.857。通常，非平稳时间序列普遍存在的典型特征是：自相关系数从一个很高的值开始，并随着滞后期数的增加而逐渐下降。

表 6-8　　随机游走非平稳序列 Y_t 的自相关系数表

滞后	自相关	标准误差①	Ljung-Box 统计量		
			值	*df*	*Sig.*②
1	0.989	0.045	492.137	1	0.000
2	0.979	0.045	975.425	2	0.000
3	0.970	0.044	1 450.293	3	0.000
4	0.961	0.044	1 917.659	4	0.000
5	0.951	0.044	2 376.148	5	0.000
6	0.942	0.044	2 826.609	6	0.000
7	0.932	0.044	3 269.110	7	0.000
8	0.923	0.044	3 703.887	8	0.000
9	0.915	0.044	4 131.554	9	0.000
10	0.907	0.044	4 553.119	10	0.000
11	0.900	0.044	4 968.720	11	0.000
12	0.891	0.044	5 376.739	12	0.000
13	0.882	0.044	5 777.646	13	0.000
14	0.874	0.044	6 171.721	14	0.000
15	0.866	0.044	6 559.553	15	0.000
16	0.857	0.044	6 940.375	16	0.000

① 假定的基础过程是独立性（白噪声）。

② 基于渐近卡方近似。

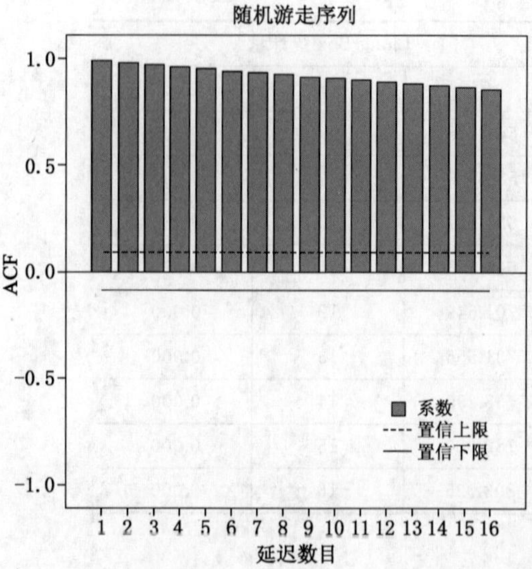

图 6-6　随机游走非平稳序列 Y_t 的自相关图

表 6-9 和图 6-7 给出了 1970 年第一季度至 1991 年第四季度美国 GDP 数据的自相关系数和自相关图。可以看出，该时间序列存在显著的自相关，滞后一期的自相关系数高达 0.969；此外，其自相关系数随着滞后期数的增加逐渐降低，但总体上普遍较高。表 6-9 的最后一列给出了针对自相关系数所进行的假设检验所得到的 p 值，该检验的原假设是：总体自相关系数为 0。比如，第一行的 p 值为 0.000，是针对"美国 GDP 序列与其滞后一期 GDP 序列的总体相关系数为 0"的原假设所做的假设检验得到的。从图 6-7 也可以看出，该 GDP 序列从滞后 1 期至滞后 16 期的自相关系数全部高于自相关系数为 0 的置信区间的上限(图中的虚线)，说明这些自相关系数显著地不为 0。可见，该 GDP 序列是非平稳时间序列。

表 6-9　　　　美国 GDP 序列的自相关系数

滞后	自相关	标准误差[①]	Ljung-Box 统计量		
			值	df	$Sig.$[②]
1	0.969	0.105	85.462	1	0.000
2	0.935	0.104	166.016	2	0.000
3	0.901	0.104	241.717	3	0.000
4	0.866	0.103	312.393	4	0.000
5	0.830	0.102	378.100	5	0.000
6	0.791	0.102	438.566	6	0.000
7	0.752	0.101	493.849	7	0.000

续表 6-9

滞后	自相关	标准误差①	Ljung-Box 统计量		
			值	*df*	*Sig.*②
8	0.713	0.101	544.108	8	0.000
9	0.675	0.100	589.773	9	0.000
10	0.638	0.099	631.121	10	0.000
11	0.601	0.099	668.328	11	0.000
12	0.565	0.098	701.649	12	0.000
13	0.532	0.097	731.556	13	0.000
14	0.500	0.097	758.290	14	0.000
15	0.468	0.096	782.020	15	0.000
16	0.437	0.095	803.025	16	0.000

① 假定的基础过程是独立性(白噪声)。

② 基于渐近卡方近似。

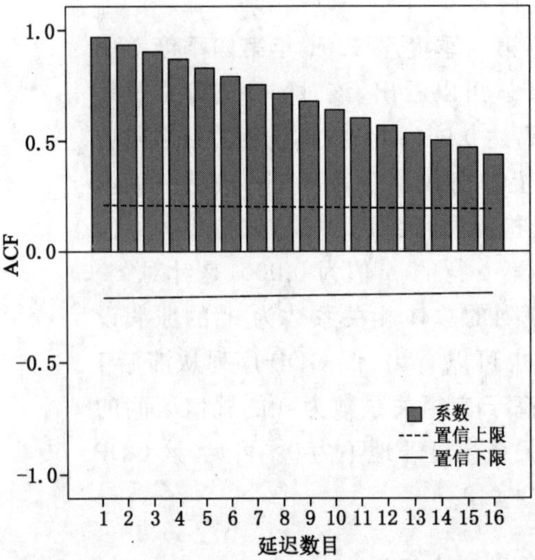

图 6-7 1970～1991 年美国 GDP 季度数据(以 1987 年 10 亿美元为单位)自相关图

四、非平稳时间序列的平稳化

对于非平稳时间序列,可以在纳入模型之前对其进行处理,使其变为平稳时间序列。消除时间序列非平稳性的方法通常有两种:一是差分平稳法,二是趋势平稳法。

重要知识点

消除时间序列非平稳性的方法通常有两种:一是差分平稳法,二是趋势平稳法。

(一) 差分平稳法

所谓差分,就是时间序列的各期观测值减去其以前一定间隔时期的观测值。以表 6-6 中的 1970 年第 1 季度至 1991 年第 4 季度美国经济数据为例，设 Y_t 为 1970 年第 2 季度至 1991 年第 4 季度的 GDP 数据，则 Y_{t-1} 就是其滞后一期的数据，即 1970 年第 1 季度至 1991 年第 3 季度数据，Y_t-Y_{t-1} 就是其一阶差分，结果见表 6-10。

表 6-10　1970～1991 年美国 GDP 数据一阶差分结果（节选）

年度	季度	GDP（原始数据）	Y_t	$Y_{(t-1)}$	$Y_t-Y_{(t-1)}$（ΔY）
1970	1	2 872.8	2 872.8		
1970	2	2 860.3	2 860.3	2872.8	−12.5
1970	3	2 896.6	2 896.6	2860.3	36.3
1970	4	2 873.7	2 873.7	2896.6	−22.9
…	…	…	…	…	…
1991	1	4 824.0	4 824.0	4855.1	−31.1
1991	2	4 840.7	4 840.7	4824.0	16.7
1991	3	4 862.7	4 862.7	4840.7	22
1991	4	4 868.0	4 868.0	4862.7	5.3

如果该时间序列有一个斜率不变的趋势，经过这样的一阶差分后，该趋势就会被消除，得到的差分序列 ΔY 就会成为平稳序列。当然，差分也可以是多阶差分。比如时间序列存在周期为 s 的季节成分，那么，通过进行 s 阶差分（$\Delta Y=Y_t-Y_{t-s}$）就可以把季节成分消除。

（二）趋势平稳法

趋势平稳法的基本思想是，如果非平稳时间序列 Y_t 是由一个非平稳序列和平稳序列复合而成，则可以通过建立以 Y_t 为因变量、以时间 t 为自变量的回归模型来把 Y_t 中的非平稳成分剔除掉，得到平稳的时间序列——残差序列。

例如，如果非平稳时间序列 Y_t 是这样构成的：

$$Y_t=\beta_0+\beta_1 t+\varepsilon_t \tag{6-15}$$

其中，$\beta_0+\beta_1 t$ 是线性非平稳部分，ε_t 是平稳部分，则可以首先按式（6-15）建立回归模型，然后利用式（6-16）

$$\hat{\varepsilon}_t=Y_t-\hat{\beta}_0-\hat{\beta}_1 t \tag{6-16}$$

得到平稳时间序列 $\hat{\varepsilon}_t$。

当然，如果非平稳时间序列 Y_t 是这样构成的：

$$Y_t=\beta_0+\beta_1 t+\beta_2 t^2+\varepsilon_t \tag{6-17}$$

其中，$\beta_0+\beta_1 t+\beta_2 t^2$ 是线性非平稳部分，ε_t 是平稳部分，则可以首先按式（6-17）建立回归模型，然后利用式（6-18）

$$\hat{\varepsilon}_t=Y_t-\hat{\beta}_0-\hat{\beta}_1 t-\beta_2 t^2 \tag{6-18}$$

得到平稳时间序列 $\hat{\varepsilon}_t$。

在前述各式中，Y_t，Y_{t-1}，…都是原始时间序列。可见，当原始时间序列是非平稳序列时，可以首先通过差分等方法把原始时间序列转变为平稳时间序列，再用转变后得到的平稳时间序列来建立自回归移动平均模型。为了以示区别，称该模型为自回归整合移动平均模型(ARIMA)，习惯上记为 ARIMA(p,d,q)，其中 p 为模型中自回归的阶数，d 为数据平稳化过程中差分的阶数，q 为模型中误差项移动平均的阶数。对照式(6-7)至式(6-9)不难看出，其实，ARIMA(p,0,q)就是 ARMA(p,q)模型，ARMA(p,0)就是 AR(p)模型，ARMA(0,q)就是 MA(q)模型。

第三节 自回归整合移动平均模型建模实例

学习目标

会使用软件进行 ARIMA 建模。

本节将在已有分析的基础上，使用表 6-6 中的 GDP 数据建立 ARIMA 模型。

一、数据的平稳化

由于该 GDP 数据是非平稳序列，因此，在建立 ARIMA 模型前，首先要把它转换为平稳序列。表 6-10 已经给出了该序列的一阶差分序列，图 6-8 是该序列的线图，表 6-11 和图 6-9 是该差分序列的自相关系数表和自相关图。

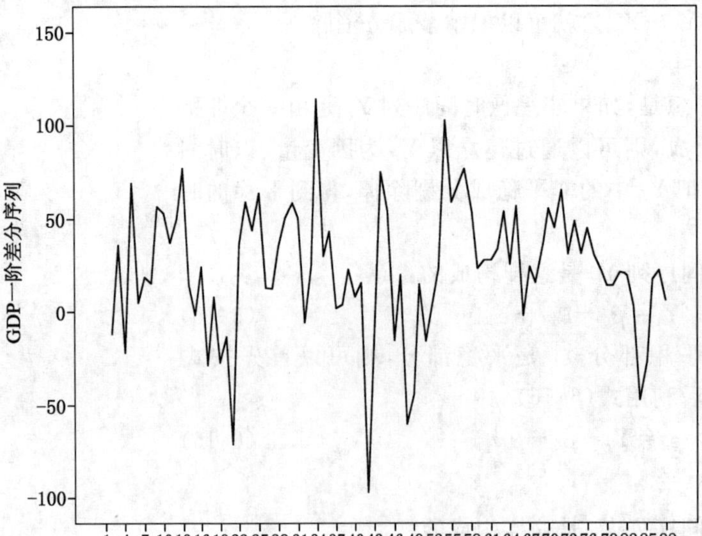

图 6-8 美国 GDP 一阶差分序列线图

从图 6-8 来看，该差分序列没有明显的上升或下降趋势，其波动总体上呈随机状态，而且其方差也没有明显的不断增加或减小的趋势，大体上符合平稳序列的特征。

表 6-11　　美国 GDP 一阶差分序列的自相关系数

滞后	自相关	标准误差①	Ljung-Box 统计量		
			值	*df*	*Sig.*②
1	0.316	0.105	9.014	1	0.003
2	0.186	0.105	12.165	2	0.002
3	0.049	0.104	12.389	3	0.006
4	0.051	0.104	12.631	4	0.013
5	−0.007	0.103	12.636	5	0.027
6	−0.019	0.102	12.672	6	0.049
7	−0.073	0.102	13.188	7	0.068
8	−0.289	0.101	21.380	8	0.006
9	−0.067	0.100	21.820	9	0.009
10	0.019	0.100	21.855	10	0.016
11	0.037	0.099	21.991	11	0.024
12	−0.239	0.098	27.892	12	0.006
13	−0.117	0.098	29.314	13	0.006
14	−0.204	0.097	33.712	14	0.002
15	−0.128	0.096	35.474	15	0.002
16	−0.035	0.096	35.610	16	0.003

① 假定的基础过程是独立性(白噪声)。
② 基于渐近卡方近似。

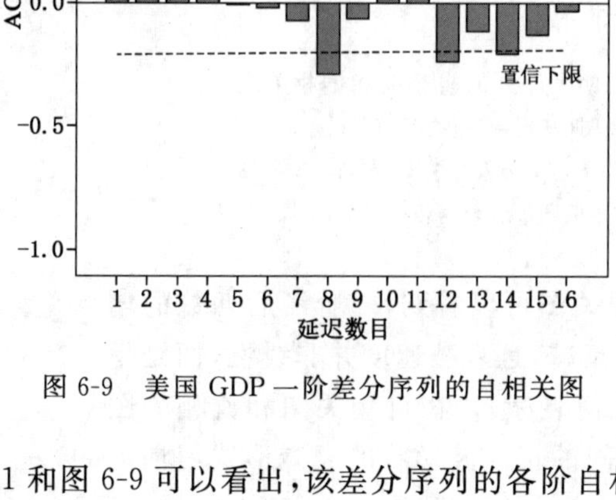

图 6-9　美国 GDP 一阶差分序列的自相关图

从表 6-11 和图 6-9 可以看出，该差分序列的各阶自相关系数值都比较小，除了滞后 1 期、8 期、12 期以外，该序列各阶自相关系数值都在自相关系数为 0 的置信区间内，总体来看，图 6-9 与白噪声随机误差项的相关图 6-5 比较接近。因此，可以认为该差分序列是平稳的。

二、ARIMA 模型形式的识别

把数据转变为平稳序列后，还要确定 ARIMA 模型的具体形式，也就是确定 ARIMA(p,d,q)中 p、d 和 q 的数值。经过前面的分析可知，该 GDP 数据的一阶差分序列就是平稳序列，因此 d 值为 1。那么，p 值与 q 值该如何确定呢？最可靠的办法就是分别取不同的 p 值和 q 值进行试验，然后对模型的残差序列进行检验，看残差序列是否满足回归模型的经典假定。如果残差序列能够满足经典假定，则说明 p 值和 q 值选择恰当。

通过试验来确定 p 值与 q 值的方法虽然可靠，但比较烦琐。为了简单起见，也可以根据标准的 ARIMA 模型所得到的典型的自相关图和偏相关图来选择 p 值和 q 值。图 6-10 都是通过标准的 ARIMA 模型所生成的时间序列的自相关图和偏相关图，而且，这些标准的 ARIMA 模型的 p 值与 q 值都是事先设定的。如果把要研究的时间序列的自相关图和偏相关图绘制出来，然后与典型图形进行比较，就可以选择出相应的 p 值和 q 值。

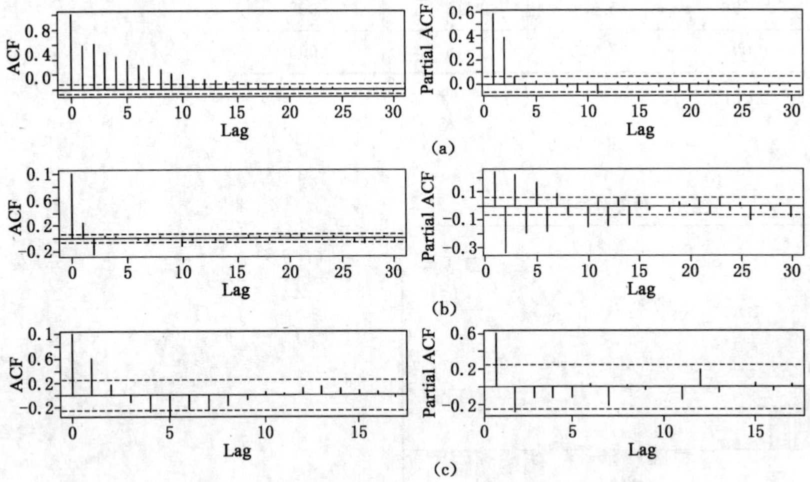

图 6-10 模拟得到的标准 ARIMA 序列的自相关和偏相关图

(a) AR(2)序列的自相关图(左)与偏相关图(右)；

(b) MA(2)序列的自相关图(左)与偏相关图(右)；

(c) ARMA(2,2)序列的自相关图(左)与偏相关图(右)

从图 6-10(a)左半部分的自相关图可以看到，随着滞后期数的增加，AR(2)序列的自相关系数不断衰减，且衰减速度并非线性，而是呈指数(曲线)形式衰减(也被称为几何衰减)。在自相关图和偏相关图中，这种呈指数形状或者呈正负相间的正弦波形状的衰减形式习惯上也被称为拖尾。

图 6-10 的右半部分是偏自相关系数图。偏自相关系数是偏相关系数的具体应用。Y_t 与 Y_{t-k} 之间的偏自相关系数就是在剔除了 Y_t 与 Y_{t-k} 的中间时期的 $Y_{t-1}, Y_{t-2}, \cdots, Y_{t-k-1}$ 影响后 Y_t 与 Y_{t-k} 之间的相关系数。换句话说，偏自相关系数是时间序列 Y_t 在剔除了滞后项 Y_{t-1}，$Y_{t-2}, \cdots, Y_{t-k-1}$ 的影响之后的残差与时间序列 Y_t 自身之间的相关系数。从图 6-10(a)右半部分的偏自相关图可以看到，在 AR(2)序列中，除了最左侧的滞后 1 期和滞后 2 期的两个偏自相关系数比较大而外，以后各期的偏相关系数都很小，而且也没有明显的规律性变化。在自相关图和偏相关图中，这种在某个滞后期后（自相关或偏自相关）系数很小且没有明显规律性变化的形式习惯上也被称为截尾。

在表 6-12 中，对标准 ARIMA 序列自相关图和偏相关图典型特征性特征进行了总结。

表 6-12　　ARMA 序列自相关图和偏相关图典型特征

模型	自相关图的典型特征	偏自相关图的典型特征
AR(p)	拖尾	在第 p 个滞后期后截尾
MA(q)	在第 q 个滞后期后截尾	拖尾
ARMA(p,q)	在第 q 个滞后期后拖尾	在第 p 个滞后期后拖尾

在实际建模过程中，通过考察所要建模的时间序列的自相关图和偏相关图，并与表 6-12 的典型特征进行比较，就可以确定 ARIMA 模型的 p 值和 q 值。现在需要建模的是 GDP 一阶差分序列，该序列的自相关系数和自相关图已经分别在表 6-11 和图 6-9 给出，偏自相关系数和偏自相关图见表 6-13 和图 6-11。

表 6-13　　美国 GDP 一阶差分序列的偏自相关系数

滞后	偏自相关	标准误差
1	0.316	0.107
2	0.095	0.107
3	−0.038	0.107
4	0.033	0.107
5	−0.032	0.107
6	−0.020	0.107
7	−0.062	0.107
8	−0.280	0.107
9	0.128	0.107
10	0.100	0.107
11	−0.008	0.107
12	−0.311	0.107

续表 6-13

滞后	偏自相关	标准误差
13	0.011	0.107
14	−0.114	0.107
15	−0.051	0.107
16	−0.021	0.107

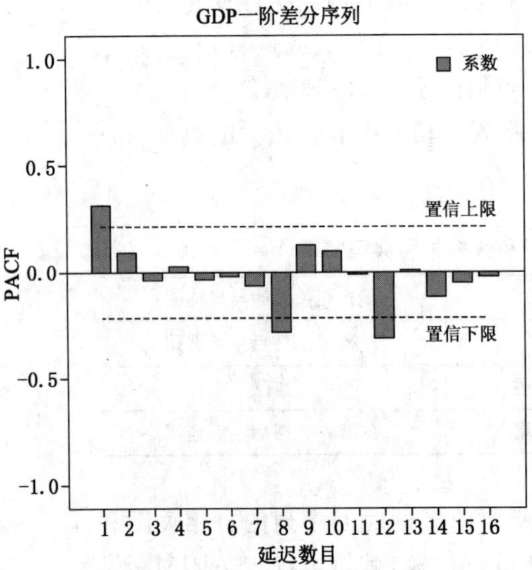

图 6-11 美国 GDP 一阶差分序列的偏自相关图

从美国 GDP 一阶差分序列的自相关和偏自相关图表来看，该序列与表 6-12 中总结的 ARMA 模型的典型特征并非十分吻合，但仍然可以发现如下特点：一是该序列的自相关和偏自相关系数只有在滞后 1 期、8 期和 12 期显著异于 0；二是在其余滞后期内，自相关系数和偏相关系数均在置信区间内，特别是偏自相关图更明显地在滞后 2 期时就呈现出突然下降的截尾特征。因此，可以尝试建立如下 AR 模型：

$$\Delta Y_t = \delta + \alpha_1 \Delta Y_{t-1} + \alpha_8 \Delta Y_{t-8} + \alpha_{12} \Delta Y_{t-12} + \varepsilon_t \qquad (6\text{-}19)$$

有兴趣的读者也可以改变 p 和 q 的值，建立其他形式的 ARMA 模型，并与式(6-19)进行比较。

三、ARIMA 模型的参数估计

ARIMA 模型的参数个数通常比经典回归模型要多，因此参数估计更加烦琐。但很多计算机软件都内置了 ARIMA 模型，可以直接对其进行估计。利用 SPSS 软件对式(6-19)进行估计得到的结果如下：

$$\Delta Y_t = 28.194 + 0.343\Delta Y_{t-1} - 0.299\Delta Y_{t-8} - 0.264\Delta Y_{t-12} \qquad (6\text{-}20)$$

模型调整的 $R^2=0.263$。其中，ΔY_t 为 Y_t 的一阶差分：

$$\Delta Y_t = Y_t - Y_{t-1}$$

把上式代入方程(6-20)并进行整理，就可以得到用原始时间序列 Y_t 表示的回归方程。

回归方程(6-20)所得到的未标准化残差线图见图 6-12。可以看出，残差符合经典假定。从未标准化残差的自相关系数表 6-14 和自相关图 6-13 也可以看出这一点。

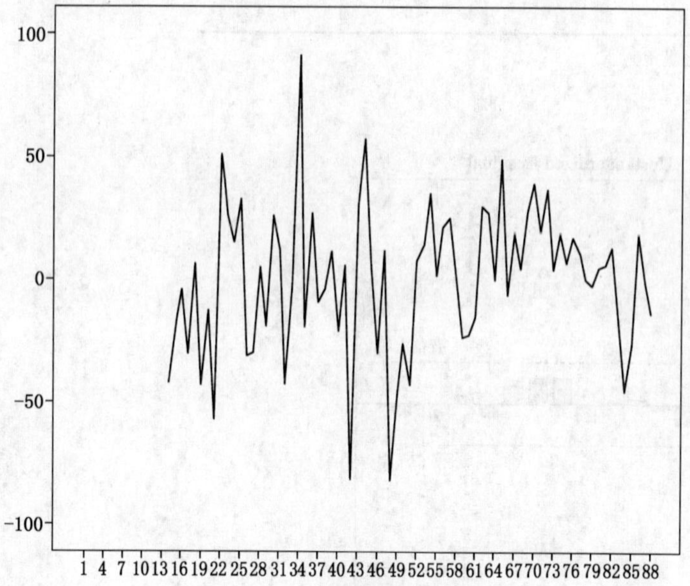

图 6-12　未标准化残差线图

表 6-14　　未标准化残差的自相关系数表

滞后	自相关	标准误差[①]	Ljung-Box 统计量		
			值	*df*	*Sig.*[②]
1	0.102	0.113	0.819	1	0.365
2	0.087	0.112	1.415	2	0.493
3	0.051	0.112	1.622	3	0.654
4	−0.104	0.111	2.496	4	0.645
5	−0.022	0.110	2.535	5	0.771
6	0.026	0.109	2.592	6	0.858
7	0.009	0.109	2.599	7	0.919
8	−0.082	0.108	3.173	8	0.923
9	0.132	0.107	4.697	9	0.860
10	0.132	0.106	6.250	10	0.794
11	0.118	0.105	7.507	11	0.757

软件应用

用 SPSS 建立 ARIMA 模型的步骤：

1. 打开数据文件；选择【分析(A)】→【预测(T)】→【创建模型(C)】。

2. 首先在弹出的对话框中点击【定义日期(E)】来指定时间的格式和第一个个案的起始时间，然后点击【确定】。

3. 再次选择【分析(A)】→【预测(T)】→【创建模型(C)】，进入主对话框。

4. 把因变量选入【因变量(D)】。

5. 点击【方法(M)】的下拉按钮，根据需要选择建模方法，然后点击【条件(C)】指定模型参数，然后点击【继续】返回主对话框。

6. 根据需要点击主对话框上部的【统计量】或【图表】或【保存】等按钮，在相应的子菜单中选中相应选项。

7. 最后点击【确定】。

续表 6-14

滞后	自相关	标准误差①	Ljung-Box 统计量		
			值	*df*	*Sig.*②
12	−0.062	0.104	7.856	12	0.796
13	0.047	0.104	8.059	13	0.840
14	−0.160	0.103	10.479	14	0.726
15	−0.211	0.102	14.745	15	0.470
16	−0.013	0.101	14.761	16	0.542

① 假定的基础过程是独立性(白噪声)。

② 基于渐近卡方近似。

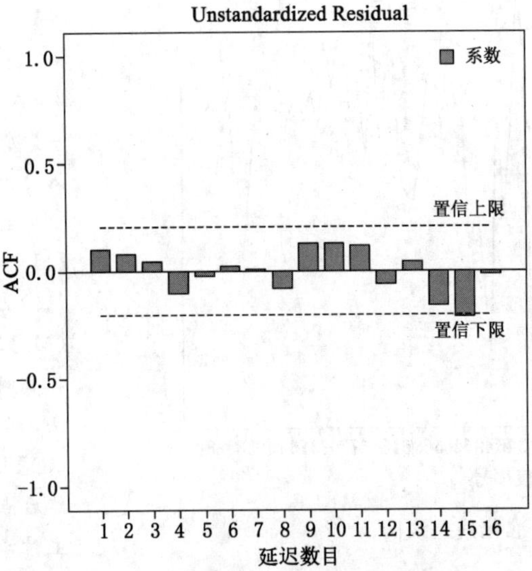

图 6-13 未标准化残差的自相关图

本章要点

时间序列数据通常被认为是由长期趋势、季节变动、循环波动、不规则波动这四种成分构成的。一个时间序列可能同时包含上述四种成分，是这些成分综合作用的结果；也可能只含有这四种成分中的一种或几种。

在对时间序列进行预测时，通常有两种不同的思路：一是首先对构成时间序列的各种成分(如季节变动)分别进行度量，在分解的基础上再进行预测；二是不对时间序列的各种成分进行分解，直接通过数据处理或统计模型对时间序列进行预测。时间序列常见的预测方法有季节指数法、回归分析模型、平滑法、ARIMA 模型等方法。

ARIMA(p,d,q)模型是由 AR(p)模型和 MA(q)模型结合而成的时间序列预测模型。当时间序列是平稳序列时，可直接进行建模，称为 ARMA 模型；当时间序列是非平稳序列时,可以通过 d 阶差分得到平稳序列,再进行建模,称为 ARIMA 模型。ARIMA 模型中 p、q 的值可通过试验或通过分析自相关和偏自相关图来确定。

附　录　6

附录 6A

指数简介

1. 指数的概念

在数据分析中,经常用相似的方法来构造表示事物某方面发展程度的指标[①]。这些表示事物发展程度的指标就是指数。指数(index number)有狭义和广义之分。狭义上,指数是用于测定多个项目在不同情境下变动的综合相对数。比如,居民消费价格指数(CPI)就是测定居民家庭所购买的消费品和服务的综合价格水平随时间变化而变化的综合相对数。广义上[②],任何两个数值对比形成的用于度量事物某方面相对大小的数都可以称为指数。从这个意义上来说,离散系数是由标准差与均值之比得到的,也可以将其称之为单位均值标准差指数或均值标准差指数。

虽然指数最初起源于经济领域,但时至今日,指数已经像很多统计方法一样被广泛应用于许多领域。这些指数有的应用范围很广,被人们所熟知,如 CPI;而有的则只是在较小的范围内使用。在这些指数中,有的被冠以指数之名,也有的在名称中并没有"指数"两字,但所起的作用同样是指数的作用,因而这些统计量同样被认为是指数,比如用于反映贫富差距的基尼系数(Gini coefficient)。

2. 指数的构造

指数通常用于反映事物的给定状态与某一基准状态的相对距离。其中,基准状态可以是该事物具有参考意义的某个时期的典型值,也可以是该事物最均衡或最极端状态的"典型"值。因此,在构造指数时,首先要选定一个基准状态,并将事物在基准状态时的特征用数据的形式表示出来。比如,作为居民消费价格指数,其基准状态通常是上个月或往年同期的居民消费这样的具有参考意义的典型值;而作为描述各地空气质量状况的空气质量指数(Air Quality Index,AQI),衡量的就是该地区空气中细颗粒物(PM2.5)、可吸入颗粒物(PM10)、二氧化硫(SO_2)、二氧化氮(NO_2)、臭氧(O_3)、一氧化碳(CO)这 6 种污染物中污染程度最严重的那种污染物的污染程度。在 AQI 中,基准状态就是空气中这几种污染物含量的理想值,即这 6 种污染物的含量均为 0。

给定状态与基准状态的距离或者用绝对距离来表示,如差值;或者用相对距离来表示,如比值。当然,如果构造出来的指标能够具有某些特别的性质就更好了。比如,基尼系数的值域是[0,1],基尼系数越大,表明收入分配越不平等。

---

① 所谓程度,就是事物的给定状态与某一特殊状态的距离,比如平均程度或集中程度(如基尼系数)、相似程度或相异程度(如信度)、进展程度或实现程度(如社会进程指数)等。

② 广义上来说,指数是衡量一个变量的大小相对于其在另一个点的值。

3. 指数的分类

按照基准状态的不同，指数可以分为静态指数和动态指数。静态指数又称为定基指数，其基准状态是固定不变的，如定基价格指数等。动态指数又称为环比指数，其基准状态是不断变化的，如环比价格指数等。

按照计入指数的项目数量，指数可以分为个体指数和综合指数。个体指数反映的是单一项目的状态对比，如一种商品的价格或销售量的变动；综合指数反映多个项目的综合变动，如多种商品的价格或销售量的综合变动。

按照指数的计算形式，指数可以分为简单指数和加权指数。简单指数对计入指数的各个项目的重要性赋予相同的权重，加权指数则按照项目的重要程度分别赋予各个项目不同的权重。

4. 几种常见指数

(1) 居民消费价格指数(Consumer Price Index，CPI)

编制 CPI 的目的是为了从居民的角度来度量物价的变动情况，其基本思想是用现在的价格除以过去的价格。比如，500 g 猪肉现在的价格 P_1 是 16 元，去年的价格 P_0 是 12 元，则 500 g 猪肉的价格指数就是 $P_1/P_0=16/12=1.33$。换算成百分数，就是(百分之)133。从这个指数上可以看出，以去年的猪肉价格为基准的话，今年的猪肉价格上升了不少。不过，这样并不能真正反映居民的消费物价变动情况，一方面，居民消费的物品种类繁多，不仅有猪肉，还有青菜等其他食品和物品；另一方面，不同物品的消费数量各不相同。因此，在具体计算过程中，情况要复杂许多。

根据消费量所属的不同时期，价格指数主要有以下两种计算公式。

① 以基准时期的消费量为权重的价格指数：

$$\frac{\sum_{i=1}^{n} P_t Q_0}{\sum_{i=1}^{n} P_0 Q_0}$$

其中，n 为纳入消费品价格统计的消费品种类；P_t 为给定时期(比如今年)每种消费品价格，又称比较期消费品价格；P_0 为基准时期(比如去年)每种消费品价格，又称基期消费品价格；Q_0 为基准时期每种消费品的消费量。该公式计算得到的价格指数称为 Laspeyres 价格指数，又称拉氏指数。

② 如果把上式中基准时期的需求量 Q_0 用比较时期的需求量 Q_t 代替，则得到的价格指数称为 Paasche 价格指数，又称帕氏指数：

$$\frac{\sum_{i=1}^{n} P_t Q_t}{\sum_{i=1}^{n} P_0 Q_t}$$

显然，拉氏指数和帕氏指数的主要区别在于分子分母使用的是基准时期的消费量 Q_0 还是比较时期的消费量 Q_t。其中，拉氏加权法由于以基期指标为权数，从而消除了权数变动对指数的影响；帕氏加权法由于以报告期指标为权数，从而考虑了权数变动对指数的影响。比如，用拉氏加权法计算的物价指数，是假定销售量保持在基期水平不变的情况下，单纯反映报告期价格的变动水平，没有考虑到消费量的变化因素，但在实际生活中，人们更关心在报告期销售量发生变化的基础上价格的变动。因此，在实际计算价格指数时，一般不采用拉氏加权法而采用帕氏加权法，以报告期的数量指标作权数。

CPI是根据样本商品计算的，反映的是整个消费者群体消费支出的变动。因此，CPI的上涨或下降不一定意味着个人的消费支出一定会增加或减少。

（2）基尼系数

① 洛伦斯曲线

洛伦斯曲线是美国统计学家洛伦斯提出的衡量社会收入分配平均程度的曲线。

附图6-1所示，横轴表示人口百分比，纵轴表示收入百分比，向下弯曲的曲线 OY 为洛伦斯曲线。由洛伦斯曲线可以看出，在这个国家中，收入最低的20％人口所得到的收入仅占总收入的大约6％；而收入低的80％人口所得到的收入才占总收入的不到60％。

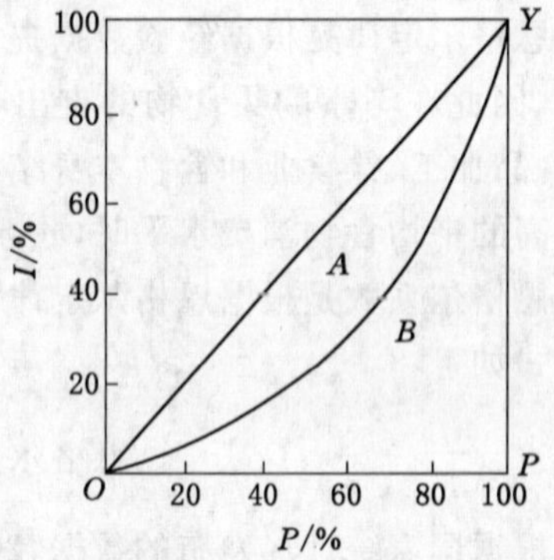

附图6-1　洛仑兹曲线

洛伦斯曲线的弯曲程度反映了收入分配的不平等程度。弯曲程度越大，收入分配越不平等；弯曲程度越小，收入分配越平等。特别是，如果收入都集中在某一个人手中，而其余人口一无所获时，收入分配达到绝对不平等，洛伦斯曲线为折线 OPY；另一方面，如果任一人口百分比均等于其收入百分比，从而人口合计百分比等于收入合计百分比，则收入分配就是绝对平等的，在这种情况下，洛伦斯曲线将变为直线，即对角线 OY。

② 基尼系数

基尼系数是衡量一个国家贫富差距的指标。把洛伦斯曲线与对角线 OY 之间的面积用 A 表示，洛伦斯曲线与折线 OPY 之间的面积用 B 表示，则基尼系数为：

$$基尼系数=\frac{A}{A+B}$$

基尼系数的取值范围为[0,1]。基尼系数越接近0，表示收入分配越平等；基尼系数越接近1，表示收入分配越不平等。当基尼系数＝0时，表示收入分配绝对平等；当基尼系数＝1时，表示收入分配绝对不平等。

国际上通常认为，基尼系数小于0.2时，表示收入分配绝对平等；基尼系数为0.2～0.3时，表示比较平等；基尼系数为0.3～0.4时，表示基本合理；基尼系数为0.4～0.5时，表示收入分配差距较大；基尼系数为0.5以上时表示收入分配差距悬殊。其中，0.4被认为是分配差距的警戒线。

根据国家统计局发布的数据，2015年我国居民收入基尼系数为0.462。这是2003年以来的最低值。

（3）恩格尔系数

19世纪，德国统计学家恩格尔根据统计资料，对消费结构的变化得出一个规律：一个家庭收入越少，家庭收入中（或总支出中）用来购买食物的支出所占的比例就越大，随着家庭收入的增加,家庭收入中(或总支出中)用来购买食物的支出则会下降。推而广之,一个国家越穷,每个国民的平均收入中(或平均支出中)用于购买食物的支出所占比例就越大,随着国家的富裕,这个比例呈下降趋势。恩格尔定律的公式:

$$\text{购买食物的支出对总支出的比率}(R_1)=\frac{\text{购买食物的支出变动百分比}}{\text{总支出变动百分比}}$$

或

$$\text{购买食物的支出对收入的比率}(R_2)=\frac{\text{购买食物的支出变动百分比}}{\text{收入变动百分比}}$$

R_2 又称为购买食物支出的收入弹性。

恩格尔定律是根据经验数据提出的,它是在假定其他一切变量都是常数的前提下才适用的,因此在考察购买食物的支出在收入中所占比例的变动问题时,还应当考虑城市化程度、食品加工、饮食业和食物本身结构变化等因素都会影响家庭购买食物的支出。只有达到相当高的平均食物消费水平时,收入的进一步增加才不对食物支出发生重要的影响。

恩格尔系数是根据恩格尔定律得出的比例数,是表示生活水平高低的一个指标。其计算公式如下:

$$\text{恩格尔系数}=\frac{\text{购买食物的支出金额}}{\text{总支出金额}}$$

根据国家统计局发布的数据,2015 年,我国居民家庭的恩格尔系数为 30.6%。

(4) 股票价格指数

股票价格指数(stock price index)是反映股票市场总的股票价格水平综合变动的相对数。股价指数的单位用"点(point)"表示。目前,世界各大股票市场都有自己的股票价格指数,如美国的道琼斯股票价格指数、标准普尔股票价格指数、伦敦金融时报指数、香港的恒生指数等。我国的上海和深圳证券交易所也有一系列股票价格指数,如上证综合指数、上证 A 股指数、上证 B 股指数、深证成分指数、深证综合指数等,从不同角度和范围来反映股票市场价格的变动。其中,上证综合指数和深证综合指数都是以当前上市股票为样本,以报告期股票发行量为权数编制而成的。

$$\text{报告日股价指数}=\frac{\text{报告日市价总值}}{\text{基日市价总值}}\times 100$$

上证综合指数是以 1990 年 12 月 19 日为基日(基日为 100 点),而深证综合指数是以 1991 年 4 月 3 日为基日(基日为 100 点)。

思考与练习

1. 如何剔除时间序列中的长期趋势和季节变动成分?

2. 举出实际中可能出现的时间序列,并分析该时间序列中可能含有哪些成分。

3. 试用回归模型法来剔除表 6-1 中的啤酒销售量数据中的季节变动成分,并与表 6-3 中得到的结果进行比较。

4. 改变 p、d 和 q 的值,根据表 6-6 中的美国 GDP 数据建立 ARIMA 模型,并与本章第三节中给出的模型进行比较。

第七章 因子分析

前面已经讨论了变量之间的相关问题。两个或多个变量之间之所以会“相互关联，相随而动”，往往是由于这些变量背后有共同的影响因素。因子分析的主要任务就是找出这些变量背后的影响因素，又称因子(factor)。因子分析始于对智力的测量。1904 年，C. Spearman 在 *American Journal of Psychology* 上发表了一篇论文，通过对 33 名学生的古典语(C)、法语(F)、英语(E)、数学(M)、判别(D)、音乐(Mu)这 6 门课程成绩之间的相关性进行研究，提出了学生成绩背后的影响因素——一般智力的测量问题。这种隐性的难以直接测量的变量也被称为隐变量或潜变量，而能够获得直接观测数据的这些变量则被称为可(观)测变量。当可测变量有多个，而对这些可测变量有影响的隐变量个数却很少的时候，如果能够找出这些隐变量并给出其数值的话，一方面将有助于理解事物之间的因果关系，并为隐变量参与建模(如通径模型、结构方程模型等)创造条件；另一方面也有助于减少变量数量，降低统计分析的难度，这在统计上被称为降维。

第一节 因子分析模型

学习目标

掌握因子分析模型的函数表达式。

考虑变量 x_1, x_2, x_3 的形成机制：

$$\begin{cases} x_1 = a_{11}y_1 + a_{12}y_2 + a_{13}y_3 + a_{14}y_4 + \varepsilon_1 \\ x_2 = a_{21}y_1 + a_{22}y_2 + a_{23}y_3 + \varepsilon_2 \\ x_3 = a_{31}y_1 + a_{32}y_2 + a_{34}y_4 + \varepsilon_3 \\ x_4 = a_{41}y_1 + a_{43}y_3 + a_{44}y_4 + \varepsilon_4 \end{cases} \tag{7-1}$$

在这种情况下，由于受到共同的因素的影响，x_1、x_2、x_3、x_4 就会有相关性。那么，如果 x_1、x_2、x_3、x_4 是可测的，而 y_1、y_2、y_3、y_4 是隐性的、难以直接测量的，如何从 x_1、x_2、x_3、x_4 的观测数据中提取出其背后的影响因素 y_1、y_2、y_3、y_4 呢？这就是因子分析的主要任务。

重要知识点

因子分析模型的函数表达式及其含义。

更一般地，把

$$x_i = a_{i1}y_1 + a_{i2}y_2 + \cdots + a_{ij}y_j + \cdots + a_{im}y_m + \varepsilon_i, i = 1, 2, \cdots, k \tag{7-2}$$

称为因子分析模型。

其中：

$y_1, y_2, \cdots, y_m$ 称为公共因子(common factors)，是造成可观测变量 x_i 之间具有相关性的背后原因。

ε_i 称为特殊因子(unique factor)，表示可观测变量 x_i 独有的不能被

公共因子所解释的部分，即ε_i与公共因子 y 之间以及特殊因子之间相互独立。

a_{ij}称为因子载荷(factor loading)，反映了因子y_j对变量x_i的影响程度，或者说，反映了变量x_i对因子y_j的依赖程度。显然，a_{ij}决定于变量x_i与y_j之间的相关系数(只不过变量y_j通常难以直接测量而已)。在因子模型中，因子载荷a_{ij}共有 $k\times m$ 个，可以用矩阵 A 来表示，习惯上称为载荷矩阵。

$$A=\begin{pmatrix} a_{11} & a_{12} & \cdots & a_{1m} \\ a_{21} & a_{22} & \cdots & a_{2m} \\ \vdots & \vdots & \vdots & \vdots \\ a_{k1} & a_{k2} & \cdots & a_{km} \end{pmatrix}$$

为了看起来更加直观，可以将这个因子分析模型展开写成如下形式：

$$\begin{cases} x_1=a_{11}y_1+a_{12}y_2+\cdots+a_{1j}y_j+\cdots+a_{1m}y_m+\varepsilon_1 \\ x_2=a_{21}y_1+a_{22}y_2+\cdots+a_{2j}y_j+\cdots+a_{2m}y_m+\varepsilon_2 \\ \vdots \\ x_k=a_{k1}y_1+a_{k2}y_2+\cdots+a_{kj}y_j+\cdots+a_{km}y_m+\varepsilon_k \end{cases} \tag{7-3}$$

当然，为了便于矩阵运算，也可以将这个因子分析模型表示成如下的矩阵形式：

$$X=AY+\varepsilon \tag{7-4}$$

其中，X 为 k 维随机列向量，A 为 k 行$\times m$ 列的载荷矩阵，Y 为 k 维列向量，ε 为 k 维随机列向量。

第二节 主成分法

学习目标

理解主成分法的基本思路；了解利用主成分法求解公共因子的步骤。

因子分析面临的核心问题是根据可测变量数据提取公共因子。所谓提取公共因子，就是根据所选定的原始变量提取出少数几个对原始变量有主要影响的因子，使这些公共因子能够解释原始变量的绝大部分信息的过程，包括求解载荷矩阵和计算因子得分。提取公共因子的方法有多种，其中最常见的是主成分法。主成分法是通过提取原始变量的主成分(principal component)来作为公共因子的。

一、主成分法的基本思路

主成分法求解公共因子的思路是：对原始变量 x 有影响的公共因子 y 可以表示成x 的线性变换，即

$$\begin{cases} y_1=b_{11}x_1+b_{12}x_2+\cdots+b_{1j}x_j+\cdots+b_{1k}x_k \\ y_2=b_{21}x_1+b_{22}x_2+\cdots+b_{2j}x_j+\cdots+b_{2k}x_k \\ \vdots \\ y_m=b_{m1}x_1+b_{m2}x_2+\cdots+b_{mj}x_j+\cdots+b_{mk}x_k \end{cases} \tag{7-5}$$

或者简单地表示为矩阵形式

$$Y=BX \tag{7-6}$$

其中：

$$Y=\begin{pmatrix}y_1\\y_2\\\vdots\\y_m\end{pmatrix};B=\begin{pmatrix}B_1\\B_2\\\vdots\\B_m\end{pmatrix}=\begin{pmatrix}b_{11}&b_{12}&\cdots&b_{1k}\\b_{21}&b_{22}&\cdots&b_{2k}\\\vdots&\vdots&\vdots&\vdots\\b_{m1}&b_{m2}&\cdots&b_{mk}\end{pmatrix};X=\begin{pmatrix}x_1\\x_2\\\vdots\\x_k\end{pmatrix}$$

其实，只要有了 k 个初始变量 $x_1,x_2,\cdots,x_k$，可以找出无数组系数 B，写出无数个这样的线性变换，也就是说，可以任意地对原始变量进行类似形式的线性变换。比如，可以令 $Y=\frac{1}{k}\sum_{i=1}^{k}x_i$，也就是取所有原始变量的简单均值。只不过，不同的线性变换得到的综合变量 y 的性质不尽相同。根据因子分析的目的，同时为了简化系数的估计，附加下列条件：

(1) 公共因子之间相互独立，即 y_i 与 y_j 之间相互独立（$i\neq j$），可观测变量背后的影响因素之间相互独立。

(2) 对给定的这组原始变量 X 影响最大的那个公共因子的方差与 k 个原始变量的总方差相比最大，即离散程度最大；对 X 影响相对较小的那个（或那些）公共因子的方差与 k 个原始变量的总方差相比也相对较小，即离散程度也相对较小。

设 X 的协方差矩阵为 Σ，则 $\mathrm{var}(y_i)=\mathrm{var}(B_iX)=B_i^{\mathrm{T}}\Sigma B_i$。而对于任意的常数 c，有 $\mathrm{var}(c\,y_i)=c^2B_i^{\mathrm{T}}\Sigma B_i$。可见，要想使公共因子 y_i 的方差增大，只需要给系数 B_i 乘以足够大的常数 c 即可，这使得单纯追求公共因子 y_i 的方差足够大已经没有意义。为此，在上述条件的基础上继续增加(3)所示的限制条件。

(3) $B_i^{\mathrm{T}}B_i=1$，即 $b_{i1}^2+b_{i2}^2+\cdots+b_{ij}^2+\cdots+b_{ik}^2=1\ (i=1,2,\cdots,m)$。也就是说，对于选定的初始变量，其线性变换系数的平方和为 1，即：$b_{ij}\leqslant 1,\sum_{j=1}^{k}b_{ij}^2=1$。满足这一条件的线性变换被称为标准化线性变换。

二、主成分法的解

带有以上所述附加条件的因子模型称之为正交因子模型。在上述条件下，求解系数 B 变为如下问题的求解：

$$\begin{cases}\max B_i^{\mathrm{T}}\Sigma B_i\\ \mathrm{s.t.}B_i^{\mathrm{T}}B_i=1\end{cases} \tag{7-7}$$

根据线性代数知识可知，B_i 是矩阵 Σ 的特征值 λ_i 的特征向量，$i=1,2,\cdots,m$。不妨设特征值 λ_i 已经被从大到小排序（B_i 随 λ_i 的顺序而同步改变），$\lambda_1\geqslant\lambda_2\geqslant\cdots\geqslant\lambda_m$，则 $y_1=B_1X$ 称为原始变量 X 的第一主成分，$y_2=B_2X$ 称为原始变量 X 的第二主成分，以此类推，并把这些

主成分作为原始变量 X 的公共因子。经过转换，可以得到因子载荷的计算公式为：

$$a_{ij}=\sqrt{\lambda_j}\,b_{ji} \tag{7-8}$$

即$a_{11}=\sqrt{\lambda_1}\,b_{11}$，$a_{12}=\sqrt{\lambda_2}\,b_{21}$，$a_{13}=\sqrt{\lambda_3}\,b_{31}$；$a_{21}=\sqrt{\lambda_1}\,b_{12}$，$a_{22}=\sqrt{\lambda_2}\,b_{22}$，$a_{23}=\sqrt{\lambda_3}\,b_{32}$，以此类推。因此，因子载荷矩阵 A 与主成分系数矩阵 B 的对应关系如下：

$$\begin{pmatrix} a_{11} & a_{12} & \cdots & a_{1m} \\ a_{21} & a_{22} & \cdots & a_{2m} \\ \vdots & \vdots & \vdots & \vdots \\ a_{k1} & a_{k2} & \cdots & a_{km} \end{pmatrix}=\begin{pmatrix} \sqrt{\lambda_1}\,b_{11} & \sqrt{\lambda_2}\,b_{21} & \cdots & \sqrt{\lambda_k}\,b_{k1} \\ \sqrt{\lambda_1}\,b_{12} & \sqrt{\lambda_2}\,b_{22} & \cdots & \sqrt{\lambda_k}\,b_{k2} \\ \vdots & \vdots & \vdots & \vdots \\ \sqrt{\lambda_1}\,b_{1m} & \sqrt{\lambda_2}\,b_{2m} & \cdots & \sqrt{\lambda_k}\,b_{km} \end{pmatrix} \tag{7-9}$$

通常情况下，各原始变量之间数值大小可能会相差很大，这时，协方差矩阵 Σ 就会主要受到数值大的变量的影响，从而使每个原始变量在 Σ 中以及后续求解主成分的过程中所起的作用各不相同。为了消除变量之间数值大小相差悬殊所带来的影响，在求解主成分的过程中平等地对待每个原始变量，通常在主成分分析之前首先对各原始变量进行中心标准化，再利用标准化之后的变量X^*的协方差矩阵 Σ，也就是原始变量的相关系数矩阵 R，来求得原始变量的主成分，即公共因子。

三、利用主成分法求解公共因子的步骤

从上面的讨论可以看出，利用主成分法求解公共因子的步骤如下：

(1) 对每个原始变量进行中心标准化，得到标准化原始变量X^*。

(2) 求出X^*的协方差矩阵，也就是原始变量 X 的相关系数矩阵 R。

(3) 求出 R 的特征值λ 与特征向量 B。

(4) 选择最大的特征值λ_1所对应的特征向量B_1为第一主成分的系数向量，得到第一主成分$y_1{}^*=B_1X^*$；选择第二大的特征值λ_2所对应的特征向量B_2为第二主成分的系数向量，得到第二主成分$y_2{}^*=B_2X^*$；以此类推，求出主成分系数，并运用式(7-8)得到因子载荷矩阵。

第三节 因子分析的步骤

围绕浓缩原始变量，提取公共因子的目标，因子分析通常可以分为选择原始变量、提取公共因子、解释公共因子几个步骤。下面通过实例对这些步骤分别进行讲解。

学习目标

掌握因子分析的步骤，会运用 SPSS 软件进行因子分析并解释输出结果。

【例 7-1】 (随书数据 score4.csv)已知 100 名学生数学、物理等 6 门课程的成绩数据(表 7-1)。试对其进行因子分析。

表 7-1 100 名学生 6 门课程成绩数据(节选)

学生序号	math (数学)	phys (物理)	chem (化学)	literature (文学)	history (历史)	English (英语)
1	65	61	72	84	81	79
2	77	77	76	64	70	55
3	67	63	49	65	67	57
4	80	69	75	74	74	63
5	74	70	80	84	81	74
6	78	84	75	62	71	64
7	66	71	67	52	65	57
8	77	71	57	72	86	71
9	83	100	79	41	67	50
10	86	94	97	51	63	55

一、选择原始变量

重要知识点

如何判定原始变量是否适合进行因子分析。

因子分析的主要目的是研究具有相关性的变量背后的共同影响因素。因此,在进行因子分析时,首先要根据所要研究的问题精心选择原始变量,并检查各变量之间是否具有足够的相关性。检查时,既可以运用专业理论知识来进行定性分析,也可以运用统计方法对数据进行定量分析。其中,最常用的统计方法有如下几种。

1. 计算相关系数矩阵

要考察变量x_i之间是否具有足够的相关性,可以计算x_i的相关系数矩阵。各变量之间的相关系数越大,越适宜进行因子分析。很多文献认为,如果相关系数矩阵中的大部分相关系数小于 0.3,或者相关系数矩阵不能通过 Bartlett 球度检验①,就不适宜进行因子分析。

2. 计算 KMO(Kaiser-Meyer-Olkin)统计量

KMO 统计量利用偏相关来检验用于进行因子分析的原始变量之间的相关性,该统计量的具体公式是:

$$KMO = \frac{\sum\sum r_{ij}^2}{\sum\sum r_{ij}^2 + \sum\sum p_{ij}^2}, i \neq j \tag{7-10}$$

其中,r_{ij}为变量x_i与x_j之间的简单相关系数,p_{ij}为变量x_i与x_j之间的简单相关系数剔除掉其他变量影响之后的偏相关系数。

KMO 的取值范围为[0,1]。当所有变量之间的相关性很弱时,其简单相关系数接近于 0,此时 *KMO* 的值接近于 0,变量不适合进行因

① Bartlett 球度检验统计量是以相关系数矩阵为基础构造的,近似服从卡方分布。Bartlett 球度检验的原假设是:变量x_i的相关系数矩阵是单位阵,也就是相关系数矩阵中对角线上的元素全部为 1,非对角线上的元素全部为 0。不能通过 Bartlett 球度检验也就是不能拒绝原假设。显然,如果相关系数矩阵是单位阵,说明变量x_i之间互不相关。

子分析；当所有变量之间的相关性很强时，其简单相关系数的平方和将远远大于偏相关系数的平方和，此时 KMO 的值趋近于 1。可见，变量 x_i 之间的相关性越强，KMO 的值越接近于 1，越适合进行因子分析。

为了方便使用，Kaiser、Hair 等学者还给出了用 KMO 的值判断变量是否适宜于进行因子分析的经验标准，见表 7-2。

表 7-2　　因子分析 KMO 值经验标准

KMO 的值	是否适合进行因子分析
0.9	非常适合
0.8	适合
0.7	一般
0.6	不太适合
0.5	不适合
0.5 以下	不能接受

表 7-3 和表 7-4 是 SPSS 软件的输出结果。其中，表 7-3 是 100 名学生 6 门课程成绩的相关系数矩阵，表 7-4 是 6 门课程相关性的 KMO 值以及 Bartlett 球度检验结果。从表 7-3 可以看出，这 6 门课程成绩之间的相关系数都比较高，全部超过了 0.3。从表 7-4 可以看出，这 6 门课程的相关性的 KMO 值为 0.834，高于 0.8；Bartlett 球度检验的 p 值为 0，通过了检验。可见，这 6 门课程成绩数据适合进行因子分析。

表 7-3　　6 门课程成绩相关系数矩阵

		math	phys	chem	literature	history	English
相关	math	1.000	0.636	0.620	−0.605	−0.487	−0.497
	phys	0.636	1.000	0.544	−0.431	−0.344	−0.355
	chem	0.620	0.544	1.000	−0.440	−0.348	−0.359
	literature	−0.605	−0.431	−0.440	1.000	0.814	0.832
	history	−0.487	−0.344	−0.348	0.814	1.000	0.803
	English	−0.497	−0.355	−0.359	0.832	0.803	1.000

表 7-4　　KMO 值和 Bartlett 检验结果

取样足够度的 Kaiser-Meyer-Olkin 度量		0.834
Bartlett 的球形度检验	近似 χ^2	381.283
	df	15
	$Sig.$	0.000

二、提取公共因子

表 7-5 是 SPSS 软件基于主成分法给出的前两个公共因子的因子

载荷。

根据该因子载荷，可以将因子模型具体地表示为：

$$math=-0.806\ y_1+0.353\ y_2+\varepsilon_1$$

$$phys=-0.674\ y_1+0.531\ y_2+\varepsilon_2$$

$$chem=-0.675\ y_1+0.513\ y_2+\varepsilon_3$$

$$literature=0.893\ y_1+0.306\ y_2+\varepsilon_4$$

$$history=0.825\ y_1+0.435\ y_2+\varepsilon_5$$

$$English=0.836\ y_1+0.425\ y_2+\varepsilon_6$$

表 7-5　　成分矩阵

	成分①	
	1	2
math	−0.806	0.353
phys	−0.674	0.531
chem	−0.675	0.513
literature	0.893	0.306
history	0.825	0.435
English	0.836	0.425

提取方法：主成分。

① 已提取了 2 个成分。

应该注意的是，该模型中的变量 math、phys 等 6 个变量都是表 7-1 中的原始变量经过中心标准化后的变量。

同时，SPSS 软件还给出了这两个因子载荷列向量相对应的特征值，分别为 3.735 和 1.133，见表 7-6。

表 7-6　　解释的总方差

成分	初始特征值			提取平方和载入			旋转平方和载入		
	合计	方差的/%	累积/%	合计	方差的/%	累积/%	合计	方差的/%	累积/%
1	3.735	62.254	62.254	3.735	62.254	62.254	2.649	44.147	44.147
2	1.133	18.887	81.142	1.133	18.887	81.142	2.220	36.995	81.142
3	0.457	7.619	88.761						
4	0.323	5.376	94.137						
5	0.199	3.320	97.457						
6	0.153	2.543	100.000						

提取方法：主成分分析。

三、解释公共因子

由于公共因子是原始变量背后的共同影响因素，因此，每个公共因子通常会同时对多个原始变量有影响。因此，在提取出公共因子后，通

重要知识点

给定因子载荷，如何写出因子模型的表达式。

软件应用

用 SPSS 进行因子分析的步骤：

1. 打开数据文件，选择【分析(A)】→【降维】→【因子分析(F)】，进入主对话框。

2. 将原始变量（如 6 门课程成绩）选入【变量(V)】，然后点击【确定】即可进行因子分析。

3. 如果需要修改相关选项，可以在主对话框中分别点击右侧按钮，然后在弹出的对话框中进行修改。比如，点击【描述(D)】，可以在弹出的对话框中【相关矩阵】选项区选中需要输出的内容，如【系数】和【KMO 和 Bartlett 的球形度检验(K)】；如果需要修改提取公因子的方法，可以点击【抽取(E)】并在弹出的对话框中进行修改。点击【旋转(T)】和【得分(S)】，分别可以修改因子旋转选项和因子得分选项。

常还需要阐明各因子的实际含义，对每个公共因子作出合理的解释，并对因子进行命名。

（一）方差贡献率与主成分的选择

根据线性代数知识可知，由于B_i是矩阵Σ的特征值λ_i的特征向量，因此有多少个原始变量，就有多少个特征值λ_i和多少组特征向量B_i，也就相应地有多少个主成分，即原始变量的数量m与主成分的个数k相等($m=k$)且$y_1,y_2,\cdots,y_m$之间相互独立。与此同时，利用主成分法得到的每个公共因子y_i的方差等于其对应的特征值λ_i，也就是说，λ_1，$\lambda_2,\cdots,\lambda_m$分别是第一主成分$y_1$，第二主成分$y_2$，…，第$m$主成分$y_m$的方差，且$\lambda_j=a_{1j}{}^2+a_{2j}{}^2+\cdots+a_{3j}{}^2+\cdots+a_{mj}{}^2$称为公共因子$y_j$对原始变量的方差贡献率。方差贡献率考虑的是某个公共因子y_j与所有原始变量之间的关系。

重要知识点

方差贡献率的含义。

各公共因子方差之和等于各原始变量的方差之和，即$\sum_{i=1}^{m}\lambda_i=\sum_{i=1}^{m}\sigma_i{}^2$，其中$m=k$，$\sigma_i{}^2$为第$i$个原始变量$x_i$的方差。从这个角度来说，主成分把$m$个原始变量的总方差分解成了$m$个相互独立的新综合变量的方差之和。

其中，$\alpha_i=\dfrac{\lambda_i}{\sum_{i=1}^{m}\lambda_i}$表明了第$i$个主成分的方差$\lambda_i$占全部方差的比重，称$\alpha_i$为第$i$主成分$y_i$的方差贡献率。方差贡献率$\alpha_i$反映了主成分$y_i$与这组原始变量$X$的关系的密切程度。$\alpha_i$越大，表明$y_i=B_iX$这个新变量综合这组原始变量$X$信息的能力越强，也即由公共因子$y_i$的变化或差异来解释原始变量$X$的变化或差异的能力越强。同时，由于$\lambda_1\geqslant\lambda_2\geqslant\cdots\geqslant\lambda_m$，因此，第一公共因子，第二公共因子，…，第$m$公共因子对原始变量$X$的变化或差异的解释能力逐渐降低。在这样的条件下，为了能够用较少的公共因子基本上解释原始变量X的大部分变化或差异，从而达到既减少了综合变量的个数、简化了统计分析，又使原始变量的信息不至于损失太多的目的，通常，在主成分分析中，只选取前面几个方差λ最大即最有代表性的几个主成分。

那么，到底应该选取几个主成分呢？这并没有一个统一的标准。常见的做法有以下几种。

重要知识点

选取主成分的方法。

第一，根据主成分的方差来选取主成分。

由于利用主成分法得到的每个公共因子y_i的方差等于其对应的特征值λ_i，λ越大，说明该主成分对原始变量的代表性越好，因此，可以选取特征值比较大的主成分，而把特征值较小的主成分舍弃。在实际中，通常的做法是选取特征值λ大于1的主成分，这也是SPSS软件选取主成分的默认选项。

在表 7-6 中，SPSS 软件给出了主成分法提取公共因子的特征值信息。从表中可以看出，采用主成分法共提取出 6 个公共因子，把 6 门课程成绩的原始变量形成了 6 个新的综合变量。相应的特征值，也就是这 6 个公共因子的方差，从大到小分别为 3.735、1.133、0.457、0.323、0.199 和 0.153；其中方差最大、对原有变量解释能力最强的前 2 个公共因子的特征值都大于 1，因此只要选取这两个主成分作为公共因子就可以了，这两个主成分的方差贡献率分别为 62.254% 和 18.887%。正因为如此，SPSS 软件在输出结果表 7-5 中只给出了这两个主成分的因子载荷，而省略了其他主成分的因子载荷。

根据主成分的方差来选取主成分的另外一种做法，是按照特征值从大到小把主成分排序，然后以序号为横坐标、以主成分特征值为纵坐标绘制成图形，称为碎石图(scree plot)，再根据碎石图来选取主成分。图 7-1 就是 SPSS 软件输出的碎石图，图的横坐标是主成分序号，纵坐标是各主成分的特征值。可以看出，第一主成分和第二主成分的特征值比较大，从第 3 个主成分之后，各主成分的特征值变化相对平缓。这说明，作为公共因子，前面两个主成分比其他主成分的方差更大，能够更好地解释原始变量的变化或差异。在这种情况下，用前面两个主成分来代表原始变量，信息的损失相对较小，因此，只要选取这两个主成分作为原始变量的公共因子就可以了。可见，在使用碎石图来选取主成分时，首先要找到碎石图由陡变缓的拐点，然后通常选择拐点前面的那几个主成分来代表原始变量。

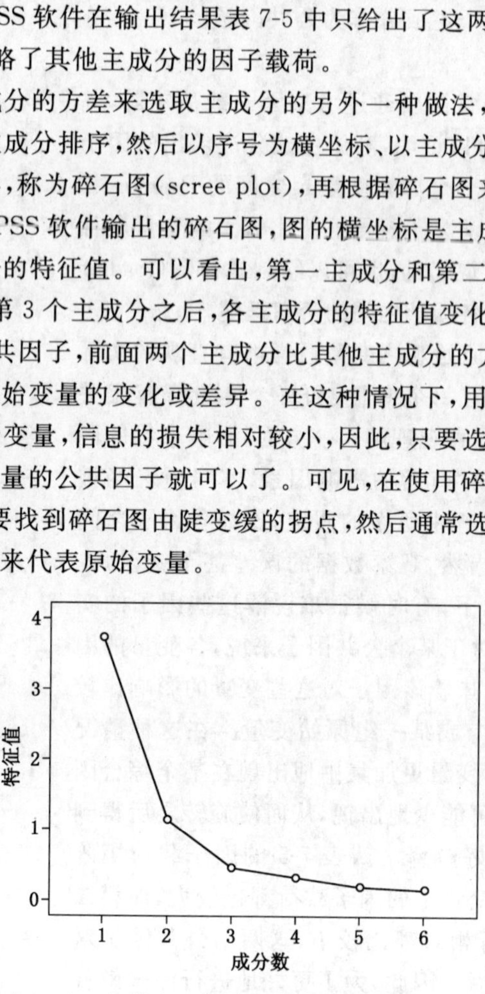

图 7-1 100 名学生 6 门课程成绩主成分分析碎石图

第二，根据累积贡献率来选取主成分。

设共有 k 个原始变量，则根据主成分法可以得到 k 个主成分，选取的主成分为前 m 个主成分，则 $\frac{\sum_{i=1}^{m}\lambda_i}{\sum_{i=1}^{k}\lambda_i}$ 称为主成分 $y_1, y_2, \cdots, y_m$ 的累积方差贡献率，其中，$m < k$。那么，m 取多少比较合适呢？这尚未达成

重要知识点

累积方差贡献率的含义。

一个公认的标准，主张保证累积方差贡献率不低于 80% 的与主张保证累积方差贡献率不低于 85% 的文献数量都不少。因此，在实际应用中，可以把主成分特征值、碎石图和累积方差贡献率三种方法结合起来，根据所要研究的问题进行综合考虑，以便既能够达到减少变量的目的，又能够使所选取的这 m 个主成分（公共因子）基本上反映原始变量的大部分方差，不至于使原始变量的信息损失太多。

从表 7-6 可以看出，前 2 个主成分的累积方差贡献率为 81.142%，已经超过了 80%，因此，可以取这两个主成分作为公共因子。

（二）公共因子的命名与旋转

在因子的解释和命名过程中，通常需要通过考察因子载荷矩阵，并结合实际问题和专业知识来进行。可以证明，利用主成分法求出的因子载荷 a_{ij}，就是第 i 个公共因子 y_i 与第 j 个原始变量 x_j 之间的 Pearson 相关系数。在进行因子命名时，通常可以选择因子载荷比较大的变量名称来作为该因子的名称。当然，为了直观起见，也可以绘制载荷图（loading plot），借助图形来考察各原始变量与各因子之间的密切程度。

不过，在因子分析中，尽管每个原始观测变量通常都有直观的实际意义，但所得到的综合因子往往含有每个变量，和每个变量都有相关性，所形成的这些综合因子有时难以直观理解。一方面，影响事物的因素本身可能就比较复杂，而所找到的“背后的影响因素”本身就已经被高度综合；另一方面，在数据变换过程中所做的假定，比如各因子之间完全相互独立，使问题更加复杂。当然，观察数据的误差甚至错误，也可能造成分析的偏差。在这种情况下，有时候很难说清这些因子的实际意义，更谈不上取名字了。如果对于某个公共因子来说，各变量的因子载荷都比较平均，相差不大，则意味着该因子对这些变量的影响比较平均，不能较好地代表其中的某一个或某一组原始变量。在这种情况下，可以通过因子旋转，使一些观测变量更加集中地出现在某个综合因子中，而在其他综合因子中相对尽可能少地出现，从而使旋转之后得到的公共因子的实际意义更加直观、好解释。从表 7-5 的因子载荷矩阵可以看出，第一公共因子在各原始变量上的因子载荷都比较大，而第二主成分在各原始变量上的因子载荷相对都比较小，这两个公共因子对这些变量的影响比较平均，相差不大。因此，为了更好地进行因子解释和因子命名，进行因子旋转。

因子旋转方法分为正交旋转和斜交旋转。正交旋转是指旋转时坐标轴之间始终保持垂直，旋转之后的因子仍然相互独立。斜交旋转指旋转时坐标轴之间并不垂直，因此旋转之后的因子不能保证相互独立。因此，实际中最常用是正交旋转，其中，SPSS 软件中默认的最常用的方差最大正交旋转方法就属于正交旋转。方差最大正交旋转是在保证各因子相互独立的前提下，通过旋转使各因子在各原始变量上载荷的方差差异尽可能达到最大。

表 7-7 是 SPSS 软件输出的经过旋转之后的因子载荷矩阵。与初始因子载荷矩阵表 7-5 相比，经过旋转后，第一个公共因子的因子载荷主要集中在 math、phys、chem 三门课程上，主要反映了三门理科课程的信息，可以称为理科因子；第二个公共因子的因子载荷主要集中在 literature、history、English 三门课程上，主要反映了三门文科课程的信息，可以称为文科因子。图 7-2 是利用经过旋转后所得到的因子载荷所绘制的载荷图。从这张图中也可以看出，两个公共因子的实际意义更加集中。可见，经过旋转后的公共因子比初始因子的实际意义更加直观，更容易命名、理解。

表 7-7　　旋转成分矩阵

	成分	
	1	2
math	−0.387	0.790
phys	−0.172	0.841
chem	−0.184	0.827
literature	0.879	−0.343
history	0.911	−0.201
English	0.913	−0.216

提取方法：主成分。

旋转法：具有 Kaiser 标准化的正交旋转法。旋转在 3 次迭代后收敛。

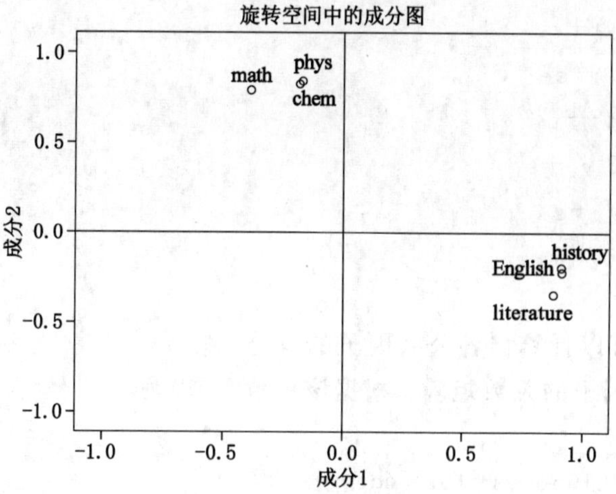

图 7-2　因子载荷图

当然，在理解公共因子与各原始变量之间的关系时，还可以借助共同方差。$a_{i1}{}^2+a_{i2}{}^2+\cdots+a_{ij}{}^2+\cdots+a_{im}{}^2$ 称为所有公共因子对变量 x_i 的共同方差或共同度。公因子共同方差考虑的是所有公共因子与某一个原始变量之间的关系。共同度越高，说明这个原始变量的方差已经

重要知识点

共同方差的含义。

被这些公共因子所解释的就越多，这个原始变量就越能够充分地被这些公共因子所代表。

表 7-8 是 SPSS 软件给出的关于共同度的信息。从表中可以看到，在对原始变量进行中心标准化后，各变量的方差均为 1.000；取前 2 个主成分作为公共因子时，各原始变量的方差中分别有 0.774、0.736、0.718、0.890、0.870 和 0.880 被这两个公共因子所提取。从这里也可以看出，保留两个公共因子时，原始变量的信息损失较小。在数量关系上，这 6 个方差之和等于这两个公共因子的方差之和，也就是这两个主成分的特征值之和，即：0.774＋0.736＋0.718＋0.890＋0.870＋0.880＝3.735＋1.133。

表 7-8　　　　公因子方差

	初始	提取
math	1.000	0.774
phys	1.000	0.736
chem	1.000	0.718
literature	1.000	0.890
history	1.000	0.870
English	1.000	0.880

提取方法：主成分分析。

根据新的因子载荷矩阵，可以写出经过旋转后得到的因子模型：

$$\text{math}=-0.387\,y_1+0.790\,y_2+\varepsilon_1$$
$$\text{phys}=-0.172\,y_1+0.841\,y_2+\varepsilon_2$$
$$\text{chem}=-0.184\,y_1+0.827\,y_2+\varepsilon_3$$
$$\text{literature}=0.879\,y_1-0.343\,y_2+\varepsilon_4$$
$$\text{history}=0.911\,y_1-0.201\,y_2+\varepsilon_5$$
$$\text{English}=0.913\,y_1-0.216\,y_2+\varepsilon_6$$

（三）公共因子得分

得到最终载荷矩阵后，还可以计算出各公共因子的得分。表 7-9 是 SPSS 软件给出的两个公共因子的系数矩阵。根据该系数，可以写出这两个公共因子的表达式：

$$y_1=0.036\text{math}+0.165\text{phys}+0.155\text{chem}+0.357\text{literature}+0.417\text{history}+0.413\text{English}$$

$$y_2=0.377\text{math}+0.474\text{phys}+0.462\text{chem}+0.052\text{literature}+0.151\text{history}+0.142\text{English}$$

重要知识点

因子得分的计算。

在此基础上，可以将这 100 名同学的中心标准化后的 6 门课程成绩数据代入上述主成分表达式，并计算出这 100 名同学的主成分得分。从主成分的表达式 $Y=BX$ 可以看出，每个公共因子都是以 B_i 为权重

表 7-9　　成分得分系数矩阵

	成分	
	1	2
math	0.036	0.377
phys	0.165	0.474
chem	0.155	0.462
literature	0.357	0.052
history	0.417	0.151
English	0.413	0.142

提取方法：主成分。

旋转法：具有 Kaiser 标准化的正交旋转法。

的原始变量的加权均值，均值为 0、标准差为 1。因此，得到的两个因子得分都是中心标准化变量。有了因子得分，可以进一步进行其他分析，如进行综合评价、建立隐变量模型等。

本章要点

因子分析的主要任务是找出一些相关的可观测变量背后的少数影响因素，从而达到隐变量测量或降维的目的。

因子分析面临的核心问题是根据可测变量数据提取公共因子。主成分法通过线性变换把原始变量变为具有特定性质的线性组合来作为原始变量的公共因子。

因子分析通常包括选择原始变量、提取公共因子、解释公共因子几个步骤。在解释公共因子时，可以对原始公共因子进行旋转，使旋转之后得到的公共因子的实际意义更加直观，便于理解。

得到最终载荷矩阵后，还可以计算出各公共因子的得分，以便进行综合评价、建立隐变量模型等。

附　录　7

附录 7A

矩阵的特征值与特征向量

设 Σ 为 n 阶矩阵，如果数 λ_i 和 n 维非零列向量 B_i 使

$$\Sigma B_i = \lambda_i B_i \quad 或者 \quad (\Sigma - \lambda_i E)B_i = 0$$

成立，则数 λ_i 称为方阵 Σ 的特征值，非零列向量 B_i 称为 Σ 的对应于特征值 λ_i 的特征向量；$|\Sigma - \lambda_i E|$ 称为方阵 Σ 的特征方程，$|\Sigma - \lambda_i E|$ 称为方阵 Σ 的 n 次特征多项式。

【附例 7-1】 设矩阵 $\Sigma = \begin{bmatrix} 0.8 & 0 & 0 \\ 0 & 0.6 & 0 \\ 0 & 0 & 0.9 \end{bmatrix}$，试求其特征值与特征向量。

解 Σ 的特征多项式 $|\Sigma-\lambda_i E| = \begin{vmatrix} 0.8-\lambda_i & 0 & 0 \\ 0 & 0.6-\lambda_i & 0 \\ 0 & 0 & 0.9-\lambda_i \end{vmatrix}$

$$=(0.8-\lambda_i)(0.6-\lambda_i)(0.9-\lambda_i)$$

因此，Σ 的特征方程是 $(0.8-\lambda_i)(0.6-\lambda_i)(0.9-\lambda_i)=0$。所以，$\Sigma$ 的 3 个特征值分别为 $\lambda_1=0.9$，$\lambda_2=0.8$，$\lambda_3=0.6$。

当 $\lambda_1=0.9$ 时，由 $(\Sigma-\lambda_i E)B_i=0$ 得

$$\begin{bmatrix} 0.8-0.9 & 0 & 0 \\ 0 & 0.6-0.9 & 0 \\ 0 & 0 & 0.9-0.9 \end{bmatrix}\begin{bmatrix} b_1 \\ b_2 \\ b_3 \end{bmatrix} = \begin{bmatrix} 0 \\ 0 \\ 0 \end{bmatrix}$$

即 $\begin{cases} (0.8-0.9)\cdot b_1=0 \\ (0.6-0.9)\cdot b_2=0 \\ 0\cdot b_3=0 \end{cases}$

故对应于 $\lambda_1=0.9$ 的特征向量是 $(0,0,k)^{\mathrm{T}}$，$k\neq 0$。同理，对应于 $\lambda_2=0.8$ 的特征向量是 $(k,0,0)^{\mathrm{T}}$，$(k\neq 0)$；对应于 $\lambda_3=0.6$ 的特征向量是 $(0,k,0)^{\mathrm{T}}$，$k\neq 0$。

【附例 7-2】 设矩阵 $\Sigma = \begin{bmatrix} -1 & 1 & 0 \\ -4 & 3 & 0 \\ 1 & 0 & 2 \end{bmatrix}$，试求其特征值与特征向量。

解 矩阵 Σ 的特征多项式

$$|\Sigma-\lambda_i E| = \begin{vmatrix} -1-\lambda & 1 & 0 \\ -4 & 3-\lambda & 0 \\ 1 & 0 & 2-\lambda \end{vmatrix}$$

$$=(-1-\lambda)(3-\lambda)(2-\lambda)+4(2-\lambda)$$

$$=(2-\lambda)(\lambda^2-2\lambda+1)$$

$$=(2-\lambda)(\lambda-1)^2$$

可见，矩阵 Σ 的特征值为 $\lambda_1=2$，$\lambda_2=\lambda_3=1$。

当 $\lambda_1=2$ 时，由 $(\Sigma-\lambda_i E)B_i=0$ 得

$$\begin{bmatrix} -3 & 1 & 0 \\ -4 & 1 & 0 \\ 1 & 0 & 0 \end{bmatrix}\begin{bmatrix} b_1 \\ b_2 \\ b_3 \end{bmatrix} = \begin{bmatrix} 0 \\ 0 \\ 0 \end{bmatrix}$$

即 $\begin{cases} -3\cdot b_1+b_2=0 \\ -4\cdot b_1+b_2=0 \\ b_1=0 \end{cases}$

故对应于 $\lambda_1=2$ 的特征向量是 $(0,0,k)^{\mathrm{T}}$，k 为任意实数。同理，对应于 $\lambda_2=\lambda_3=1$ 的特征向量是 $(k,2k,-k)^{\mathrm{T}}$，k 为任意实数。

思考与练习

一、思考题

简述因子分析的主要步骤。

二、练习题

1. 随书数据(datachap4)是我国31个省市自治区2006年的6项主要经济指标,试对其进行因子分析,找出公共因子并进行适当的解释。

2. 自拟题目,查阅国家统计局网站或其他网站,获取相关数据,进行因子分析。

第八章 聚类分析

俗语说，物以类聚、人以群分。在现实生活中，分类问题十分常见。但什么是分类的根据呢？例如，根据经济发展水平把各个国家分成发达国家、中等发达国家、发展中国家；在市场细分研究中，按照消费者特征对消费者进行分类，按照产品特征对产品进行分类等。把中国的县分成若干类，就有很多种分类法，可以按照自然条件来分，如降水、土地、日照、湿度等各方面；也可以考虑收入、教育水准、医疗条件、基础设施等指标，分类时既可以用某一项来分类，也可以同时考虑多项指标来分类。

第一节 聚类分析的基本原理

学习目标

掌握聚类分析的基本思想和原理；理解相似性度量方法。

一、什么是聚类分析

聚类分析(cluster analysis)又称群分析，是研究(样本或指标)分类问题的一种多元统计方法。所谓类，就是相似元素的集合。聚类分析的目的是根据对象间的相关程度大小进行类别的聚合，要求类别内部的"差异"尽可能小，而类别之间的"差异"尽可能大。

聚类分析就是按照对象之间的"相似"程度把对象进行分类。聚类分析的"对象"可以是所观察的多个样本点，也可以是针对每个样本点测得的多个变量。按照变量对所观察的样本点进行分类称为Q型聚类，按照样本对多个变量进行分类称为R型聚类。比如按照多项经济指标(变量)对不同的地区(样本)进行分类就是Q型聚类，按照不同地区的样本数据对多个经济变量进行分类就是R型聚类。实际中人们更感兴趣的通常是根据变量对样本进行分类(Q型聚类)。

术语

聚类分析：按照相似性把对象进行分类的一种多元统计方法。

Q型聚类：根据变量对所观察样本进行分类的聚类方法。

R型聚类：根据样本对多个变量进行分类的聚类方法。

二、聚类分析的基本思想

聚类分析实际就是将个体(样品)或者对象(变量)按相似程度(距离远近)划分类别，使得同一类中的元素之间的相似性比其他类的元素的相似性更强。目的在于使类间元素的同质性最大化和类与类间元素的异质性最大化。其主要依据是聚到同一个数据集中的样本应该彼此相似，而属于不同组的样本应该足够不相似。换句话说，就是使得同一类中的个体有较大的相似性，不同类中的个体间差异很大。

聚类分析模型直观，结论形式也简明。但是在样本量较大时，要获得聚类结论有一定困难。

三、相似性的度量

聚类分析中是用“距离”或“相似系数”来度量对象之间的相似性。为了将样本或指标进行聚类，就需要对样本或指标的相似性进行度量。目前使用最多的方法有两个：一种方法是将每个样本看作 P 维空间的一个点，并在空间定义距离，距离较近的点归为一类，距离较远的点归为不同的类。另一种方法是用相似系数，性质越接近的样本，它们的相似系数的绝对值越接近 1；而彼此无关的样本，它们的相似系数的绝对值越接近于 0。比较相似的样本归为一类，不怎么相似的样本归为不同的类[①]。

1. 样本点间距离的计算方法

如果把 n 个样本看成 p 维空间中 n 个点，则两个样本间相似程度可用 p 维空间中两点的距离来度量。令 d_{ij} 表示样本 X 与 Y 的距离，$X=(x_1,x_2,\cdots,x_p)$，$Y=(y_1,y_2,\cdots,y_p)$，常用的距离如下。

明考斯基距离(明氏距离)：

$$d_{ij}(q)=\sqrt[q]{\sum_{i=1}^{p}|x_i-y_i|^q} \tag{8-1}$$

当 $q=1$ 时，即绝对距离：

$$d_{ij}(1)=\sum_{i=1}^{p}|x_i-y_i| \tag{8-2}$$

当 $q=2$ 时，即欧氏距离：

$$d_{ij}(2)=\left(\sum_{i=1}^{p}(x_i-y_i)^2\right)^{\frac{1}{2}} \tag{8-3}$$

当 $q=\infty$ 时，即切比雪夫距离：

$$d_{ij}(\infty)=\max_{1\leqslant i\leqslant p}|x_i-y_i| \tag{8-4}$$

其中，最常用的是平方欧几里得距离(当 $q=2$ 时，欧氏距离平方)：

$$\sum_{i=1}^{p}(x_i-y_i)^2 \tag{8-5}$$

2. 变量间相似系数的计算方法

在对变量进行聚类时，度量变量之间的相似性常用相似系数，常用的测度方法如下。

(1) 夹角余弦

夹角余弦的定义是：将任意两个样本 X 与 Y 看成 p 维空间的两个向量，这两个向量的夹角余弦用 $\cos\theta_{xy}$ 表示。则

$$\cos\theta_{xy}=\frac{\sum_{i}x_iy_i}{\sqrt{\sum_{i}x_i^2\sum_{i}y_i^2}} \tag{8-6}$$

---

① 根据样本的观测数据测度变量之间的相似性程度可以使用夹角余弦、Pearson 相关系数等工具，也称为相似系数。根据变量来测度样本之间的相似程度则使用“距离”。

$\cos\theta_{xy}=1$，说明两个样本 X 与 Y 完全相似；$\cos\theta_{xy}$ 接近 1，说明 X 与 Y 相似密切；$\cos\theta_{xy}=0$，说明 X 与 Y 不存在线性相关；$\cos\theta_{xy}$ 接近 0，说明 X 与 Y 差别大。

(2) Pearson 相关系数

通常所说相关系数，一般是指变量间的相关系数，作为刻画样本间的相似关系也可类似给出定义，即 X 与 Y 之间的相关系数定义为：

$$r_{xy}=\frac{\sum_{i}(x_i-\bar{x})(y_i-\bar{y})}{\sqrt{\sum_{i}(x_i-\bar{x})^2\sum_{i}(y_i-\bar{y})^2}} \tag{8-7}$$

和第四章的式(4-3)一致。

第二节 系统聚类

学习目标

系统聚类的基本过程。

类间距离的计算方法。

用 SPSS 进行系统聚类分析。

一、系统聚类的步骤

系统聚类(hierarchical clustering)，又称层次聚类，事先不确定要分多少类，而是先把每一个对象作为一类，然后一层一层进行分类。根据运算的方向不同，系统聚类法又分为合并法和分解法，两种方法的运算原理一样，只是方向相反(SPSS 中只提供了合并法)。合并法的系统聚类步骤如下：

(1) 将每一个样本作为一类，如果是 k 个样本就分成 k 类。

(2) 按照某种方法度量样本之间的距离，并将距离最近的两个样本合并为一个类别，从而形成了 $k-1$ 个类别。

(3) 再计算出新产生的类别与其他各类别之间的距离，并将距离最近的两个类别合并为一类。这时，如果类别的个数仍然大于 1，则继续重复这一步，直到所有的类别都合并成一类为止。

合并法总是先把离得最近的两个类进行合并，合并越晚的类，距离越远，事先并不会指定最后要分成多少类，而是把所有可能的分类都列出，再视具体情况选择一个合适的分类结果。合并法总是先把离得最近的两个类进行合并，合并越晚的类，距离越远。

重要知识点

系统聚类的两种方式：合并法和分解法。

分解法原理与合并法相反。

二、类间距离的计算

重要知识点

类间距离的计算方法以及原理。

正如样本之间的距离可以有不同的定义方法一样，类与类之间的距离也有各种定义。例如可以定义类与类之间的距离为两类之间最近样本的距离，或者定义为两类之间最远样本的距离，也可以定义为两类重心之间的距离等。类与类之间用不同的方法定义距离，就产生了不同的系统聚类方法。

系统聚类方法从聚类过程的特征来看属于合并法，它既可对样本聚类(此时属于 Q 型聚类)，也可以对变量聚类(此时又属于 R 型聚类)。根据聚类过程中采取什么样的方法来进行类与类的合并,本节介绍常用的 5 种系统聚类方法,即最短距离法、最长距离法、中间距离法、重心法、类平均法、离差平方和法。系统聚类分析尽管方法很多,但归类的步骤基本上是一样的,所不同的仅是类与类之间的距离有不同的定义方法,从而得到不同的计算距离的公式。这些公式在形式上不大一样,但最后可将它们统一为一个公式,给计算带来很大的方便:

$$d_{kr}^2=\alpha_p d_{pk}^2+\alpha_q d_{qk}^2+r|d_{pk}^2-d_{qk}^2|$$

当 $r=-0.5$ 时,就是最短距离聚类法计算类间的公式;当 $r=0.5$ 时,就是最长距离聚类法计算类间的公式。

D_{ij}表示类 G_i 与 G_j 之间的距离,d_{ij}表示属于类 G_i 的样本点 X_i 和类 G_j 的样本点 Y_j 之间的距离,下面介绍常用的一些类间距离计算方法。

1. 最短距离法(nearest neighbor)

用两个类别中各个样本点之间最短的那个距离来表示两个类别之间的距离,也就是定义类 G_i 与 G_j 之间的距离为两类最近样本的距离,即

$$D_{ij}=\min_{X_i\in G_p,Y_j\in G_q} d_{ij} \tag{8-8}$$

图 8-1 展示了最短距离法,其中 X_i 与 Y_j 分别是类 G_i 与 G_j 内距离最近的两点。

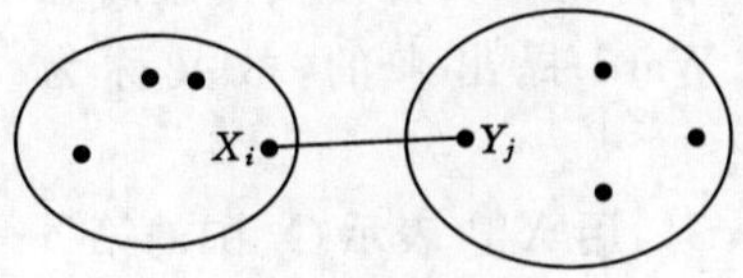

图 8-1　最短距离法

2. 最长距离法(furthest neighbor)

把两类之间距离最远的两个点之间的距离作为类之间的距离。

定义类 G_i 与类 G_j 之间距离为两类最远样本的距离,即

$$D_{ij}=\max_{X_i\in G_p,Y_j\in G_q} d_{ij} \tag{8-9}$$

图 8-2 展示了最长距离法,其中 X_i 与 Y_j 分别是类 G_i 与 G_j 内距离最远的两点。

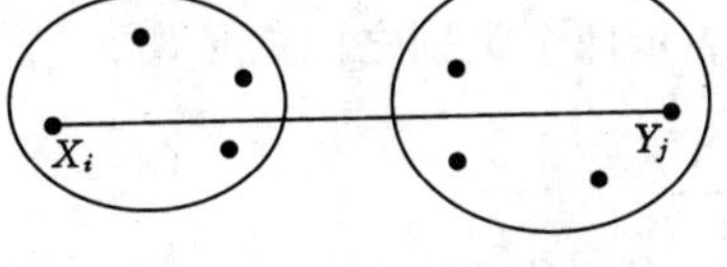

图 8-2　最长距离法

3. 重心法(centroid clustering)

重心法用两个类的重心之间的距离作为两类之间的距离。设类

G_p 和 G_q 的重心（即该类样本的均值）分别是 $\bar{x}_p$ 和 $\bar{x}_q$（注意一般它们是 p 维向量），则 G_p 和 G_q 之间的距离是 $D_{pq}=d_{X_pX_q}$。

图 8-3 展示了重心法，其中 $\bar{x}_p$ 和 $\bar{x}_q$ 分别代表类 G_p 和 G_q 的重心（即类中所有样本的均值）。

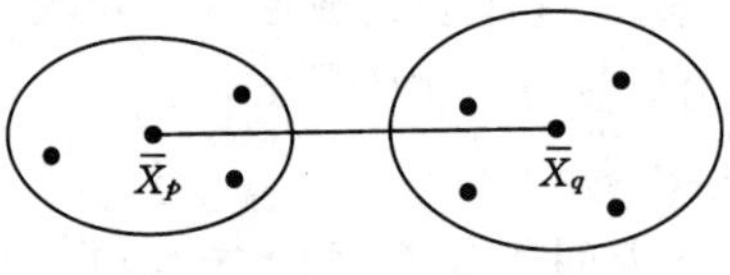

图 8-3 重心法

如果样本之间的距离不是欧氏距离，可根据不同情况给出不同的距离公式。

4. 离差平方和法（Ward's method）

离差平方和法的基本思想是来自于方差分析，如果分析正确，同类样本的离差平方和应当小，类与类的离差平方和应当较大。具体做法是将 n 个样本看成一类，然后每次缩小一类，每缩小一类离差平方和就要增大，选择使 S 增加最小的两类合并（因为如果分类正确，同类样本的离差平方和应当较小），直到所有的样本归为一类为止。对每一类计算所有变量的均值，然后对每一个样本计算到类均值的距离平方，再对所有样本求这些距离之和。在每一步，合并的两类是使类内距离总平方和增加最小的类。这个方法是 Ward 提出来的，故又称为 Ward 法。

设将 n 个样本分成 k 类：$G_1,G_p,\cdots,G_k$，用 $X_i^{(t)}$ 表示 G_t 中的第 p 个样本（注意 $X_i^{(t)}$ 是 p 维向量），n_t 表示 G_t 中的样本个数，$\bar{X}^{(t)}$ 是 G_t 的重心，则 G_t 中样本的离差平方和为：

$$S_t=\sum_{i=1}^{n_t}[X_i^{(t)}-\bar{X}^{(t)}]'[X_i^{(t)}-\bar{X}^{(t)}] \tag{8-10}$$

k 个类的类内离差平方和为：

$$S=\sum_{t=1}^{k}S_t=\sum_{t=1}^{k}\sum_{i=1}^{n_t}[X_i^{(t)}-\bar{X}^{(t)}]'[X_i^{(t)}-\bar{X}^{(t)}] \tag{8-11}$$

5. 组间平均距离法（between groups linkage）

以两类个体两两之间距离的平均数作为类间距离，也就是用两个类别中间各个数据点之间距离的平均来表示两个类别之间的距离：

$$D_{ij}=\frac{1}{n_rn_k}\sum_{X_i\in G_p}\sum_{Y_j\in G_q}d_{ij} \tag{8-12}$$

其中 n_r 和 n_k 分别是类 G_p 和 G_q 包含的样本数。

图 8-4 展示了组间平均距离法。

三、系统聚类的应用

下面通过一个例子介绍系统聚类的应用。

重要知识点

用 SPSS 进行系统聚类，并对结果进行分析。

软件应用

用 SPSS 进行系统聚类：

1. 选择【分析】下拉菜单，并选择【分类】和【系统聚类】，进入主对话框。

2. 将用于聚类的所有变量选入【变量】；把区分样本的标签（本例为“地区”）选入【标注个案】。

若对样本进行聚类，在【分类】下选择【个案】（本教材选择对样本聚类），若对变量进行聚类，在【分类】下选择【变量】。

3. 点入【统计量】选中【合并进度表】，点击【继续】回到主对话框。

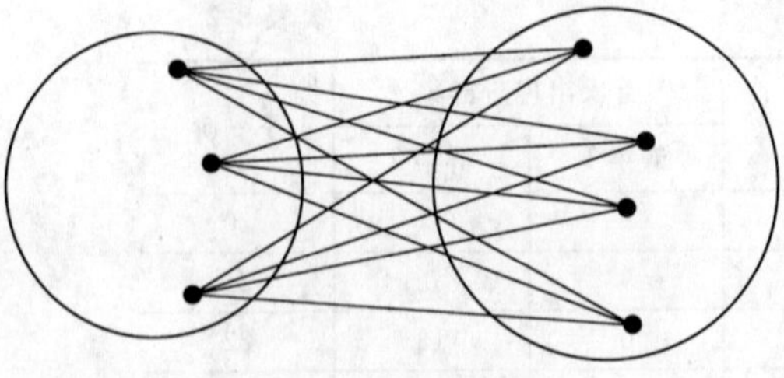

图 8-4 组间平均距离法

【例 8-1】（随书数据 economic1.csv）根据我国 31 个省市自治区 2006 年的 6 项主要经济指标（变量）数据，采用系统聚类法对其进行分类，并对结果进行分析（表 8-1）。

表 8-1 31 个省市自治区 2006 年的 6 项主要经济指标（节选）

地区	人均 GDP	财政收入	固定资产投资	年末总人口	居民消费水平	社会消费品零售总额
北京	50 467	11 171 514	3 296.4	1 581	16 770	3 275.2
天津	41 136	4 170 479	1 820.5	1 075	10 564	1 356.8
河北	16 962	6 205 340	5 470.2	6 898	4 945	3 397.4
山西	14 123	5 833 752	2 255.7	3 375	4 843	1 613.4
内蒙古	20 053	3 433 774	3 363.2	2 397	5 800	1 595.3
辽宁	21 788	8 176 718	5 689.6	4 271	6 929	3 434.6

SPSS 的输出系统聚类过程见表 8-2。

表 8-2 聚类过程

阶	群集组合		系数	首次出现阶群集		下一阶
	群集 1	群集 2		群集 1	群集 2	
1	21	30	0.013	0	0	2
2	21	29	0.040	1	0	10
3	20	25	0.073	0	0	4
4	14	20	0.114	0	3	7
5	7	22	0.173	0	0	11
6	17	18	0.246	0	0	12
7	14	27	0.339	4	0	20
8	4	8	0.455	0	0	14
9	24	28	0.595	0	0	15
10	21	26	0.790	2	0	26
11	5	7	1.040	0	5	14
12	12	17	1.305	0	6	22
13	16	23	1.619	0	0	16

4. 点入【绘制】选中【树状图】，点击【继续】回到主对话框。

5. 点入【方法】，在【聚类方法】中选择类间距离的定义方法（本例选择 Ward's method）；在【度量标准】下选择点间距离的定义方法（本例使用平方 Euclidean 距离）；在【转换值】的【标准化】框中选择否对原始数据进行标准化处理（本例选择了【Z 得分】）。点击【继续】回到主对话框。

6. 点入【保存】，在【集群成员】下选择在原始数据中保留分类结果，其中【单一方案】表示指定要分成类时各样本所属的类，【方案范围】表示指定要分成最少类、最多类时各样本所属的类（SPSS 会将分类的结果以变量形式保存到原数据窗口中），点击【继续】→【确定】。

续表 8-2

阶	群集组合		系数	首次出现阶群集		下一阶
	群集 1	群集 2		群集 1	群集 2	
14	4	5	2.019	8	11	20
15	24	31	2.437	9	0	21
16	3	16	2.902	0	13	22
17	10	15	3.517	0	0	23
18	6	13	4.273	0	0	24
19	1	9	5.415	0	0	27
20	4	14	6.585	14	7	21
21	4	24	8.156	20	15	26
22	3	12	10.257	16	12	24
23	10	19	13.217	17	0	25
24	3	6	16.802	22	18	28
25	10	11	20.495	23	0	29
26	4	21	26.850	21	10	28
27	1	2	33.498	19	0	29
28	3	4	55.675	24	26	30
29	1	10	93.636	27	25	30
30	1	3	180.000	29	28	0

表 8-2 中第 1 列是聚类的步骤号。第 2 列和第 3 列给出了每一步被合并的对象(这里是地区)。首先把 31 个地区各自作为一类(共有 31 类)。第 1 步是把距离最近的两个地区 21(海南)和地区 30(宁夏)合并成一类。在后面的步骤中,对于包含多个样本的新类别,实际上是用类中的一个样本来代表该类别,比如,第 2 步被合并的是 21 和地区 29(青海),这里的"21"实际上是指在第 1 步中被合并的类别,只是用"21"表示 21(海南)所在的类别。因此,在第 2 步结束后所形成的类中,应包括海南、宁夏和青海这几个地区。

第 4 列给出每一步被合并的两个类之间的聚类系数(即距离)。距离按从小到大排列,越早合并的类距离越近。0.013 是地区 21(海南)和地区 30(宁夏)之间的距离,而 0.040 是先被合并的第一小类与地区 29(青海)之间的距离。本例所使用的距离是离差平方和法,这是 SPSS 软件的默认选项。第 5 列和第 6 列表示本步聚类中参与聚类的是原始的样本还是已经合并的小类,0 表示本步聚类的是原始的样本,第一次出现在聚类过程中,其他数字则表示第几步聚类生成的小类参与了本步聚类。如,在第 2 步里,1 表示第一步聚类由 21(海南)和 30(宁夏)生成的小类,0 表示样本青海。

第 7 列给出了在每一步中合并形成的新类别下一次将在第几步中与其他类别合并。例如,在第 2 步中,参与聚类的是第 1 步形成的小类

(21号样本所在的类)和地区29(青海),第5列的“1”表示21号类是在第1步中形成的小类,而“0”表示地区29(青海)是第一次出现在本步聚类中的原始样本,第7列中的“10”表示这一类将在第10步中与其他类别合并,其余类推。

SPSS系统聚类分析冰柱图如图8-5所示。

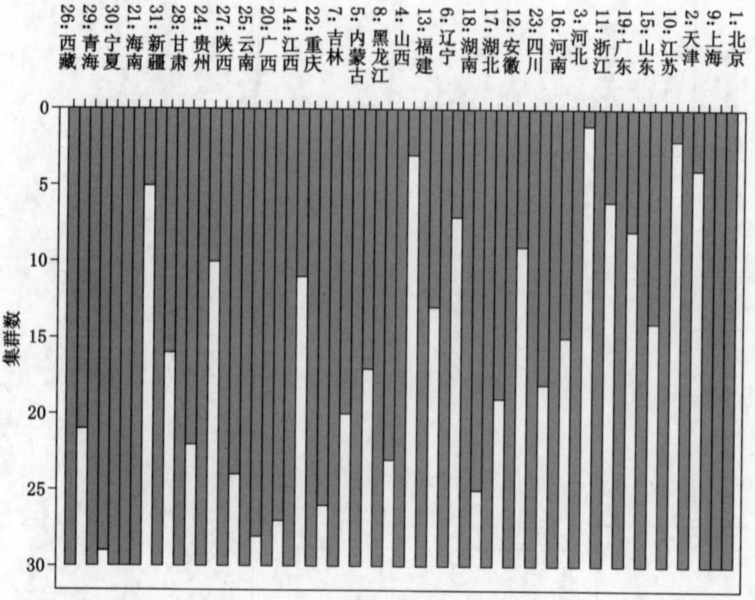

图8-5　SPSS系统聚类分析冰柱图

冰柱图不仅可以显示出不同类数时个案所属的分类结果,还能表现出聚类的过程步骤,但是不能表现出聚类过程中距离的大小。横轴代表案例,表示被聚类的对象;纵轴为集群数,表示被聚成几类。观察冰柱图应从最后一行开始。SPSS系统聚类分析树状图如图8-6所示。

图8-6反映了类间的距离和聚类过程。也就是说,相当于把表8-5转变为树状图的形式。其中,横坐标表示类间的距离,纵坐标为聚类过程。从图中可以看出,若将31个地区分为两类,则江苏、山东、广东、浙江、北京、上海和天津为一类,其余地区为另一类。用SPSS进行系统聚类,将31个地区分成四类时的系统聚类结果见表8-3。

表8-3　　31个地区分成四类时的系统聚类结果

类别	地区	地区个数
第一类	北京,天津,上海	3
第二类	河北,辽宁,安徽,福建,河南,湖北,湖南,四川	8
第三类	山西,内蒙古,吉林,黑龙江,江西,广西,海南,重庆,贵州,云南,西藏,陕西,甘肃,青海,宁夏,新疆	16
第四类	江苏,浙江,山东,广东	4

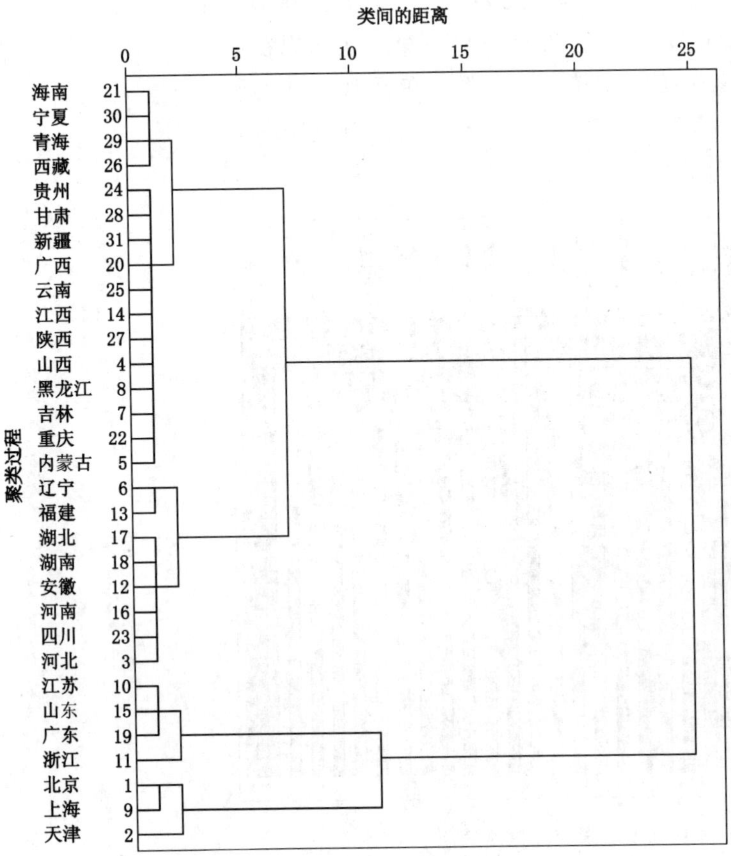

图 8-6 SPSS 系统聚类分析树状图

由表 8-3 可以看出，第一类包括 3 个地区，第二类包括 8 个地区，第三类包括 16 个地区，第四类包括 4 个地区。

第三节 K-均值聚类

学习目标

K-均值聚类的基本过程。

K-均值聚类和系统聚类的差异及应用条件。

使用聚类方法的注意事项。

重要知识点

K-均值聚类的思想和基本过程。

K-均值聚类的应用。

系统聚类事先不需要确定要分多少类，聚类过程一层层进行，最后得出所有可能的类别结果，研究者根据具体情况确定最后需要的类别。该方法可以绘制出树状聚类图，方便使用者直观地选择类别，但其缺点是计算量较大，对大批量数据的聚类效率不高。本节介绍的 K-均值聚类(K-means cluster)计算量要小得多，效率比系统聚类要高，有时也称为快速聚类(quick cluster)。

一、K-均值聚类的基本思想

K-均值聚类的基本思想：首先随机选取 K 个数据点，作为 K 个类的初始中心；把每个待分类的点划分到与其距离最近的中心所在的类中，形成了 K 个聚类的初始结果；重新计算每个新形成的类的中心，并根据类中心的计算结果重新对所有点进行分配;这样迭代若干次后,若类中心不再发生变化或变化很小,或者迭代次数足够多了,则停止迭代。

K-均值聚类的具体步骤如下:

(1) 确定要分类的数目K。在实际应用中,往往需要研究者根据实际问题反复尝试,得到不同的分类并进行比较,给出分类的最佳数量。

(2) 确定K个类别的初始聚类中心。要求在全部样本点中选择K个样本点作为K个类别的初始聚类中心。使用软件进行聚类时,也可以由软件自动指定初始聚类中心。

(3) 根据确定的K个初始聚类中心,依次计算每个样本点到每个聚类中心的距离,并根据距离远近将所有的样本点分到某个类中。

(4) 计算新形成的各类中变量的均值,并以均值点作为新的K个类别中心。根据新的中心重新计算每个样本点到新中心的距离,并重新进行分类。

(5) 重复第(4)步,直到满足终止聚类的条件为止。终止聚类条件可以是迭代次数达到研究者事先指定的最大迭代次数(SPSS默认的迭代次数是10次),也可以是新确定的聚类中心点与上一次迭代形成的中心点的最大偏移量小于指定的量(SPSS默认的是0.02)。

二、K-均值聚类的应用

下面通过一个例子介绍K-均值聚类法的应用。

【例8-2】 (随书数据economic1.csv)根据我国31个地区2006年的6项主要经济指标数据,采用K-均值聚类法进行分类,并对结果进行分析。

表8-4给出分成4类的初始聚类中心。

表8-4　　分成4类的初始聚类中心

	聚类			
	1	2	3	4
Zscore:人均GDP/元	3.180 10	1.831 05	0.787 92	−0.661 09
Zscore:财政收入/万元	1.871 51	−0.329 23	3.017 21	0.032 56
Zscore:固定资产投资/亿元	0.152 83	−0.613 91	1.654 75	0.341 95
Zscore:年末总人口/万人	−0.875 56	−1.151 2	1.914 06	1.491 28
Zscore:居民消费水平/(元/人)	3.660 05	1.027 64	1.094 84	−0.509 97
Zscore:社会消费品零售总额/亿元	0.390 60	−0.544 68	3.078 28	0.419 16

表8-4列出每一类别的初始聚类中心,本例的这些中心是由SPSS自动生成的,它实际上就是数据集中的某一条记录。聚类中心的选择原则是中心点距离其他点尽可能远。例如,第一类的聚类中心是3.180 10,这实际上就是上海的人均GDP标准化后的值。第二类聚类中心是1.831 05则是天津的标准化人均GDP等。

软件应用

用SPSS进行K-均值聚类:

1. 选择【分析】→【分类→K-均值聚类】,进入主对话框。

2. 在主对话框中将用于聚类的所有标准化后的变量选入【变量】;把区分样本的标签变量(本例为"地区")选入【个案标记依据】;在【聚类数】下输入想要分类的数目(本章例为4)。

3. 点击【迭代】并在【最大迭代次数】输入最大迭代次数(本例使用隐含的10次),点击【继续】回到主对话框;点击【保存】并选择【聚类成员】,点击【继续】回到主对话框;点击【选项】并选择【初始聚类中心】和【ANOVA表】(本项可根据需要选择)。点击【确定】。

表 8-5 是分成 4 类的迭代过程。

表 8-5　　分成 4 类的迭代过程

迭代	聚类中心内的更改			
	1	2	3	4
1	0.756	2.304	1.648	1.490
2	0.000	0.218	0.000	0.212
3	0.000	0.113	0.000	0.107
4	0.000	0.000	0.000	0.000

由于聚类中心内没有改动或改动较小而达到收敛。任何中心的最大绝对坐标更改为 0.000。当前迭代为 4。初始中心间的最小距离为 3.890。

从表 8-5 中可以看出每次迭代过程中类别中心的变化,随着迭代次数的增加,类别中心点的变化越来越小。本例只 4 次就已经收敛了。

表 8-6 给出的是聚类成员,即分成 4 类时每个地区所属的类别及与相应聚类中心的距离。

表 8-6　　聚类成员

案例号	地区	聚类	距离
1	北京	1	0.756
2	天津	2	2.604
3	河北	4	1.091
4	山西	4	0.963
5	内蒙古	2	0.991
6	辽宁	4	1.435
7	吉林	2	0.715
8	黑龙江	4	0.816
9	上海	1	0.756
10	江苏	3	0.477
11	浙江	3	1.664
12	安徽	4	0.503
13	福建	4	1.179
14	江西	4	0.838
15	山东	3	1.246
16	河南	4	1.908
17	湖北	4	0.483
18	湖南	4	0.462
19	广东	3	1.648
20	广西	4	0.799
21	海南	2	0.636

续表 8-6

案例号	地区	聚类	距离
22	重庆	2	0.681
23	四川	4	1.246
24	贵州	2	1.133
25	云南	4	0.968
26	西藏	2	1.086
27	陕西	4	0.921
28	甘肃	2	0.702
29	青海	2	0.799
30	宁夏	2	0.721
31	新疆	2	0.260

表 8-7 是分成 4 类的最终聚类中心。

表 8-7　　分成 4 类的最终聚类中心

	聚类			
	1	2	3	4
Zscore:人均 GDP/元	2.885 67	−0.293 76	0.777 45	−0.403 55
Zscore:财政收入/万元	1.435 81	−0.756 75	1.959 95	−0.170 51
Zscore:固定资产投资/亿元	0.041 56	−0.764 44	2.101 87	−0.005 84
Zscore:年末总人口/万人	−0.919 14	−0.885 04	1.348 52	0.441 40
Zscore:居民消费水平/(元/人)	3.130 78	−0.360 41	0.714 50	−0.368 22
Zscore:社会消费品零售总额/亿元	0.370 71	−0.798 50	2.111 62	−0.028 88

表 8-7 中的数据表示各个类别在各变量上的平均值。如，第一类的 2.885 21 表示被分到第一类的地区(北京和上海)标准化后的人均 GDP 平均值。最终聚类中心间的距离见表 8-8。

表 8-8　　最终聚类中心间的距离

聚类	1	2	3	4
1		5.397	4.793	5.259
2	5.397		5.600	1.812
3	4.793	5.600		4.117
4	5.259	1.812	4.117	

分类后各变量在类别之间的方差分析表见表 8-9。

表 8-9 **ANOVA**

	聚类		误差		F	$Sig.$
	均方	df	均方	df		
Zscore:人均 GDP/元	7.434	3	0.285	27	26.070	0.000
Zscore:财政收入/万元	8.732	3	0.141	27	61.962	0.000
Zscore:固定资产投资/亿元	8.034	3	0.218	27	36.789	0.000
Zscore:年末总人口/(万人)	6.769	3	0.359	27	18.857	0.000
Zscore:居民消费水平/(元/人)	8.324	3	0.186	27	44.706	0.000
Zscore:社会消费品零售总额/亿元	8.379	3	0.180	27	46.510	0.000

F检验应仅用于描述性目的,因为选中的聚类将被用来最大化不同聚类中的案例间的差别。观测到的显著性水平并未据此进行更正,因此无法将其解释为是聚类均值相等这一假设的检验。

利用方差分析表可以判断所分的类别是否合理。从表中可以看出,分类后各变量在不同类别之间的差异都是显著的(P 值均接近 0)。

每个聚类中的案例数见表 8-10。

表 8-10 **每个聚类中的案例数**

聚类	1	2.000
	2	11.000
	3	4.000
	4	14.000
有效		31.000
缺失		0.000

由表 8-10 可以看出,第一类包括 2 个地区,第二类包括 11 个地区,第三类包括 4 个地区,第四类包括 14 个地区。最后的分类结果见表 8-11。

表 8-11 **31 个地区的 K-均值聚类结果**

类别	地区	地区个数
第一类	北京,上海	2
第二类	天津,内蒙古,吉林,海南,重庆,贵州,西藏,甘肃,青海,宁夏,新疆	11
第三类	江苏,浙江,山东,广东	4
第四类	河北,山西,辽宁,黑龙江,安徽,福建,江西,河南,湖北,湖南,广西,四川,云南,陕西	14

通过比较分析,将 31 个地区分为 4 类时使用 K-均值聚类方法得到的分类结果和系统聚类结果并不完全相同。

三、K-均值聚类算法的不足之处

和大多数的聚类算法一样,K-均值聚类算法也有其自身的局限性，主要如下。

(1) K-均值聚类算法中的聚类数目即 K 值需要由用户预先给出。而在实际应用中，需要聚类的数据究竟要分成多少个类别，往往不被用户所知。在聚类数目不被人所知的情况下，人们往往需要结合其他算法来获取聚类数目，即 K 值。往往获取 K 值的代价要比 K-均值聚类算法的代价大得多，因此 K 值的不确定性是 K-均值聚类算法的一个很大的不足之处。

重要知识点

K-均值聚类的不足之处。

(2) K-均值聚类的聚类结果受到初始类中心点的影响。K-均值聚类算法随机选取 K 个初始类中心点，并针对这 K 个类中心点进行迭代运算，即重新分配数据点和重新计算类中心的运算，直到所有的数据点位置不再变化或聚类误差准则函数不再变化。这样就导致了 K-均值聚类算法对初始类中心点的依赖性。初始类中心点选取不当很容易造成聚类结果陷入局部最优解。

(3) K-均值聚类算法的聚类结果容易受离群点数据的影响。在 K-均值聚类算法中，每次对于类中心的重新计算，都是通过对每一个类中所有数据点求均值。这样，当数据集中存在离群点数据时，均值点的计算将导致聚类中心(即类中心)偏离数据真正密集的区域，而趋向离群点，导致聚类结果的不准确。因此，当数据集中存在远离所有数据点的离群点时，聚类结果将在很大程度上受这些离群点的影响，导致聚类结果的错误，可见 K-均值聚类算法对离群点非常敏感。

(4) K-均值聚类算法无法发现任意形状的类。K-均值聚类算法采用距离函数作为度量数据点间相似度的方法，这里的距离函数多采用欧氏距离，同时采用聚类误差平方和作为聚类准则函数(本章第二节类间距离计算的几种方法：最短距离法，最长距离法，等等)，对于基于欧式距离的算法而言，其只能发现数据点分布较均匀的类球状类(基于欧几里得或者曼哈顿距离度量来决定聚类)，对于聚类误差平方和准则函数而言，当类大小差别较大，形状较不规则时，容易造成对较大的类进行分割来达到目标函数取极小值的目的，因此容易造成错误的聚类结果。

(5) K-均值聚类算法不适用于大数据量的聚类问题，相对于系统聚类而言。K-均值聚类算法每次迭代过程都要调整类中心及重新分配数据点，因此，当数据量比较大的时候，这些迭代过程的计算量是相当大的，由于需要大量计算时间，K-均值聚类算法在待聚类数据量较大的时候并不适用。

四、聚类分析的注意事项

除系统聚类法和 K-均值聚类法外，还有一些新的聚类方法，如两步聚类法(two step cluster)，SPSS 提供了该聚类方法的程序。无论采用哪种分类方法，最终要分成多少类别，并不是完全由方法本身来决定的，研究者应结合具体问题而定。

聚类分析是一种探索性的数据分析方法。相同的数据采用不同的分类方法会得到不同的分类结果。分类的结果没有对错之分，只是分类标准不同而已。使用聚类方法时，首先要明确分类的目的，再考虑选择哪些变量（或数据）参与分类，最后才需要考虑方法的选择。至于分类结果是否合理，该如何解释，更多地取决于研究者对所研究问题的了解程度、相关的背景知识和经验。总体上说，应注意以下几点。

(1) 从数据要求上看，参与分类的变量首先应符合要求；各变量的取值不应有数量级上的过大差异，否则会对分类结果产生较大影响。此时需要对变量进行标准化处理（SPSS 提供的系统聚类法中在聚类时可以选择对变量进行标准化处理，而 K-均值聚类法则需要单独做标准化处理，然后再进行聚类）；各变量间不应有较强的相关关系。若两个强相关的变量同时参与聚类分析，在测度距离时就加大了它们的贡献，而其他变量则相对被削弱。

(2) 从聚类方法的选择上，首先，看数据的类型，如果参与分类的变量是连续变量，那么系统聚类法、K-均值聚类法以及两步聚类法都是适用的。如果变量中包括离散变量（计数变量），则需要先将离散变量进行连续化处理，否则应该使用两步聚类法。当数据量较少时（如小于 100），三种方法都可以选用；当数据量较多时（如大于 1 000），则应该考虑选用 K-均值聚类法或两步聚类法。其次，还要看分类的对象。如果是对样本分类，三种方法都可用；如果是对变量分类则应选择系统聚类法（至少 SPSS 的程序是这样）。

(3) 注意对分类结果的检验。分类结果是否合理取决于它是否“有用”，但分类结果是否可靠和稳定，则需要反复聚类和比较。一般来说，在所分的类别中，各类所包含的对象（样本或变量）的数量应该大致相当。

本章要点

聚类分析：按照相似性把对象进行分类的一种多元统计方法。

Q 型聚类：根据变量对所观察样本进行分类的聚类方法。

R 型聚类：根据样本对多个变量进行分类的聚类方法。

K-均值聚类：将 n 个数据对象中随机选取 K 个对象作为初始聚类中心点，K 事先给定。

附 录 8

附录 8A

最短距离法聚类示例

抽取五个样本，每个样本只测一个指标，它们是 1，2，3.5，7，9，试用最短距离法对五个样本进行聚类。

(1) 定义样本间距离采用绝对距离，计算样本两两距离，得距离阵 $D_{(0)}$ 见附表 8-1。

附表 8-1

	$G_1=\{X_1\}$	$G_2=\{X_2\}$	$G_3=\{X_3\}$	$G_4=\{X_4\}$	$G_5=\{X_5\}$	
$G_1=\{X_1\}$	0					
$G_2=\{X_2\}$	1	0				
$G_3=\{X_3\}$	2.5	1.5	0			
$G_4=\{X_4\}$	6	5	3.5	0		
$G_5=\{X_5\}$	8	7	5.5	2	0	

(2) 找出 $D_{(0)}$ 中非对角线最小元素是 1，即 $D_{12}=d_{12}=1$，则将 G_1 与 G_2 并成一个新类，记为 $G_6=\{X_1,X_2\}$。

(3) 计算新类 G_6 与其他类的距离，按公式：

$$G_{i6}=\min(D_{i1},D_{i2}) \quad i=3,4,5$$

即将表 $D_{(0)}$ 的前两例取较小的一列得 $D_{(1)}$ 见附表 8-2。

附表 8-2

	G_6	G_3	G_4	G_5
$G_6=\{X_1,X_2\}$	0			
$G_3=\{X_3\}$	1.5	0		
$G_4=\{X_4\}$	5	3.5	0	
$G_4=\{X_4\}$	7	5.5	2	0

(4) 找出 $D_{(1)}$ 中非对角线最小元素是 1.5，则将相应的两类 G_3 和 G_6 合并为 $G_7=\{X_1,X_2,X_3\}$，然后再按公式计算各类与 G_7 的距离，即将 G_3，G_6 相应的两行两列归并一行一列，新的行列由原来的两行(列)中较小的一个组成，计算结果得 $D_{(2)}$ 见附表 8-3。

附表 8-3

	G_7	G_4	G_5
$G_7=\{X_1,X_2,X_3\}$	0		
$G_4=\{X_4\}$	3.5	0	
$G_4=\{X_4\}$	5.5	2	0

(5) 找出 $D_{(2)}$ 中非对角线最小元素是 2，则将 G_4 与 G_5 合并成 $G_8=\{X_4,X_5\}$，最后再按公式计算 G_7 与 G_8 的距离，即将 G_4，G_5 相应的两行两列归并成一行一列，新的行列由原来的两行(列)中较小的一个组成，得 $D_{(3)}$ 见附表 8-4。

附表 8-4

	G_7	G_8
$G_7=\{X_1,X_2,X_3\}$	0	
$G_8=\{X_4,X_5\}$	3.5	0

最后将 G_7 和 G_8 合并成 G_9，上述并类过程可用附图 8-1 表示。横坐标的刻度是并类的距离。

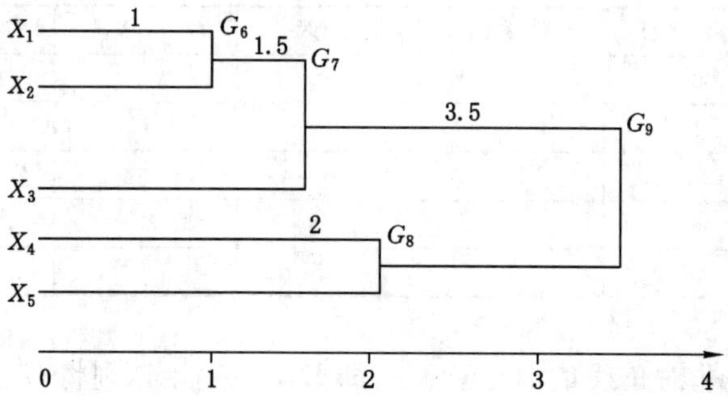

附图 8-1

由附图 8-1 看到分成两类$\{X_1,X_2,X_3\}$及$\{X_4,X_5\}$比较合适，在实际问题中有时给出一个阈值 T，要求类与类之间的距离小于 T，因此有些样本可能归不了类。

最短距离法也可用于指标(变量)聚类，聚类时可以用距离，也可以用相似系数。但用相似系数时应找最大的元素并类，也就是把公式 $D_{ik}=\min(D_{ip},D_{iq})$中的 min 换成 max。

最长距离法示例。

最长距离法按聚类步骤(1)～(3)可得附表 8-5 至附表 8-8。

$D_{(0)}$见附表 8-5。

附表 8-5

	G_1	G_2	G_3	G_4	G_5
$G_1=\{X_1\}$	0				
$G_2=\{X_2\}$	1	0			
$G_3=\{X_3\}$	2.5	1.5	0		
$G_4=\{X_4\}$	6	5	3.5	0	
$G_5=\{X_5\}$	8	7	5.5	2	0

$D_{(1)}$见附表 8-6。

附表 8-6

	G_6	G_3	G_4	G_5
$G_6=\{X_1,X_2\}$	0			
$G_3=\{X_3\}$	2.5	0		
$G_4=\{X_4\}$	6	3.5	0	
$G_5=\{X_5\}$	8	5.5	2	0

$D_{(2)}$见附表 8-7。

附表 8-7

	G_6	G_7	G_5
$G_6=\{X_1,X_2\}$	0		
$G_7=\{X_4,X_5\}$	8	0	
$G_3=\{X_3\}$	2.5	5.5	0

$D_{(3)}$ 见附表 8-8。

附表 8-8

	G_7	G_8
$G_7=\{X_4,X_5\}$	0	
$G_8=\{X_1,X_2,X_3\}$	8	0

最后将 G_6 和 G_8 合并成 G_9。与最短距离法分类情况一致，只是并类的距离不同。

思考与练习

1. Q 型聚类和 R 型聚类有什么不同？

2. 度量样本的相似性和度量变量的相似性有什么方法？

3. 系统聚类和 K-均值聚类有什么不同？

4. 16 种饮料的热量、咖啡因、钠及价格四种变量数据（随书数据 drink1.csv）如习题表 8-1所示，请分别对它们用系统聚类和 K-均值聚类分析并比较聚类结果。

习题表 8-1

编号	1	2	3	4	5	6	7	8
热量	207.2	36.8	72.2	36.7	121.7	89.1	146.7	57.6
咖啡因	3.3	5.9	7.3	0.4	4.1	4	4.3	2.2
钠	15.5	12.9	8.2	10.5	9.2	10.2	9.7	13.6
价格	2.8	3.3	2.4	4	3.5	3.3	1.8	2.1
编号	9	10	11	12	13	14	15	16
热量	95.9	199	49.8	16.6	38.5	0	118.8	107
咖啡因	0	0	8	4.7	3.7	4.2	4.7	0
钠	8.5	10.6	6.3	6.3	7.7	13.1	7.2	8.3
价格	1.3	3.5	3.7	1.5	2	2.2	4.1	4.2

第九章 现代统计模型

——数据挖掘方法介绍

随着科学技术的发展，利用数据库技术来存储管理数据，利用机器学习的方法来分析数据，从而挖掘出大量隐藏在数据背后的知识，这种思想的结合形成了现在深受人们关注的非常热门的研究领域：数据库中的知识发现——KDD (Knowledge Discovery in Databases)，其中，“数据挖掘”技术便是KDD中的一个最为关键的环节。1995年，在加拿大蒙特利尔召开了第一届“知识发现和数据挖掘”国际学术会议，“数据挖掘”一词很快流传开。数据挖掘是一门交叉学科，它汇聚了数据库、人工智能、统计学、可视化、并行计算等不同学科和领域，近年来受到各界的广泛关注。如果将传统的统计学看作是手工计算时代的统计学，那么数据挖掘完全可以看作是计算机时代的统计学(现代统计学)，或至少是现代统计学的一部分。本章内容将重点对数据挖掘与经典统计方法的关系以及数据挖掘的主要功能、方法和应用进行介绍。

第一节 数据挖掘概述

学习目标

理解数据挖掘的基本概念；了解数据挖掘的主要功能、基本方法及主要应用。

一、数据挖掘的概念

无论是商业企业、科研机构还是政府部门，在过去若干年的时间里都积累了海量的、以不同形式存储的数据资料。由于这些资料十分复杂，要从中发现有价值的信息或知识，达到为决策服务的目的是非常艰巨的任务。数据挖掘方法的提出，让人们有能力最终认识数据的真正价值，即蕴藏在数据中的信息和知识。

数据挖掘(Data Mining，DM)，狭义上讲，就是从大型数据库的数据中提取人们感兴趣的知识。这些知识是隐含的、事先未知的潜在有用信息，提取的知识表示为概念(concepts)、规则(rules)、规律(regularities)、模式(patterns)等形式。该定义把数据挖掘的对象定义为数据库。而更广义的说法是，数据挖掘意味着在一些事实或观察数据的集合中寻找模式的决策支持过程。数据挖掘的对象不仅是数据库，也可以是文件系统或其他任何组织在一起的数据集合。数据挖掘确切地讲是一种决策支持过程，它主要基于人工智能、机器学习、统计学等技术，高度自动化地分析原有数据，从中发现知识，并把这些知识以某种形式表示出来。这些知识可以直接提供给决策者，用以辅助决策过程，或者提供给领域专家，修正专家已有的知识体系；也可以作为新的知识转存到应用系统的知识库中。

术语

数据挖掘是一种决策支持过程，主要基于人工智能、机器学习、统计学等技术，高度自动化地分析原有数据，从中发现知识，并把这些知识以某种形式表示出来。

数据挖掘过程一般由三个主要的阶段组成:数据准备、挖掘操作、结果表达和解释,如图 9-1 所示。数据准备这个阶段又可进一步分为三个子步骤:数据集成、数据选择、数据预处理。数据集成是将多文件或多数据库运行环境中的数据进行合并处理,解决语义模糊性、处理数据中的遗漏和清除脏数据等。数据选择的目的是辨别出需要分析的数据集合,缩小处理范围,提高数据挖掘的质量。预处理是为了克服目前数据挖掘工具的局限性。数据挖掘阶段进行实际的挖掘操作,包括的要点有:决定如何产生假设,选择合适的工具,发掘知识的操作,验证发现的知识。结果表达和解释根据最终用户的决策目的对提取的信息进行分析,把最有价值的信息区分出来,并且通过决策支持工具提交给决策者。

即问即答

数据挖掘主要包括哪些阶段?

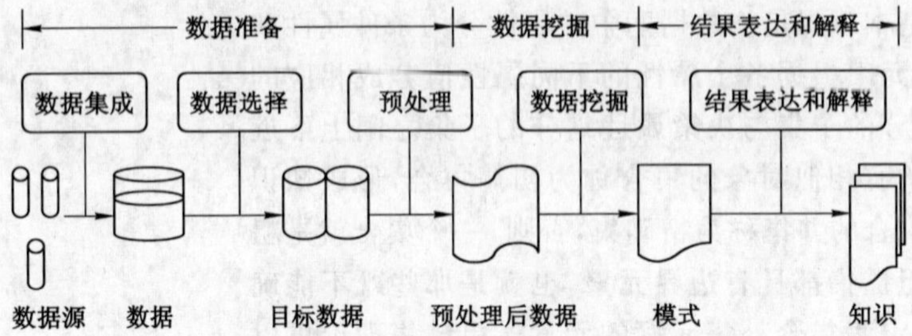

图 9-1　数据挖掘的过程

二、数据挖掘的主要功能

数据挖掘技术的目标是从大量的数据中发现隐藏于其后的规律或数据间的关系,从而服务于决策。数据挖掘的主要任务如下。

(1) 数据总结。数据总结的目的是对数据进行浓缩,给出它的总体的综合描述。通过对数据的总结,实现对原始数据的总体把握。最简单的数据总结方法是利用统计学中的传统方法,计算出数据库中各数据项的总和、平均、方差等。利用 OLAP(On-Line Analytical Processing)技术(即联机分析处理技术),实现数据的多维查询。

(2) 分类。分类的主要功能是使用一个分类函数或分类模型,该模型能够根据数据的属性将数据分派到不同的组中。这样就可以利用该模型来分析已有的数据,并预测新数据将属于哪一组。例如,我们可以将银行网点分为好、一般、较差三种类型,并依据此种分类分析三种银行网点的各种属性,如位置、盈利情况等,并决定它们分类的关键性及相互关系。

(3) 关联分析。数据库中的数据一般都存在着关联关系,也就是说两个或两个以上变量的取值之间存在某种规律性。采用关联模型的一个比较典型的案例是“尿布与啤酒”的故事。在美国,一些年轻的父亲下班后经常要到超市去买婴儿尿布,超市也因此发现了一个规律,在购买婴儿尿布的年轻父亲们中,有 30%～40%的人同时要买一些啤酒。超市随后调整了货架的摆放,把尿布与啤酒放在一起,结果明显增加了销售额。

(4) 聚类。当要分析的数据缺乏描述信息,或者是无法组织成任何分类模式时,可以采用聚类分析。聚类分析是按照某种相近程度度量方法,将用户数据分成一系列有意义的子集合。统计方法中的聚类分析是实现聚类的一种手段,它主要研究基于几何距离的聚类。人工智能中的聚类是基于概念描述的。

术语

聚类分析是按照某种相近程度度量方法,将用户数据分成一系列有意义的子集合。

三、数据挖掘的主要方法

(1) 粗糙集。粗糙集理论是由波兰数学家 Pawlak 提出的。粗糙集能够在缺少关于数据先验知识的情况下,只以考察数据的分类能力为基础,解决模糊或不确定数据的分析和处理问题。粗糙集用于从数据库中发现分类规则的基本思想是将数据库中的属性分为条件属性和决策属性,对数据库中的元组根据各个属性的不同属性值分成相应的子集,然后对条件属性划分的子集与决策属性划分的子集之间上下近似关系生成判定规则。所有相似对象的集合称为初等集合,形成知识的基本成分。任何初等集合的并集称为精确集,否则,一个集合就是粗糙的(不精确的)。每个粗糙集都具有边界元素,也就是那些既不能确定为集合元素,也不能确定为集合补集元素的元素。粗糙集理论可以应用于数据挖掘中的分类、发现不准确数据或噪声数据内在的结构联系。

(2) 人工神经元网络。人工神经元网络模拟人脑神经元结构,以 MP 模型和 Hebb 学习规则为基础,建立三大类多种神经元网络。具有非线性映射特性,信息的分布存储,并行处理和全局集体的作用,高度的自学习、自组织和自适应能力的种种优点。前馈神经元网络以感知器网络、BP 网络等为代表,可以用于分类和预测等方面;反馈式网络以 Hopfield 网络为代表,用于联想记忆和优化计算;自组织网络以 ART 模型、Kohonon 模型为代表,用于聚类。

(3) 关联规则。关联规则是一种简单却很实用的相关分析规则,它描述了一个事物中某些属性同时出现的规律和模式。如超级市场中通过 POS(Point Of Sell)系统收集存储了大量售货数据,这些数据中常隐含着如购买面包的顾客中有 90% 的人同时购买牛奶等的相关规则。

即问即答

数据挖掘主要包括哪些基本方法?每种方法的主要功能是什么?

(4) 决策树。决策树学习是一种逼近离散值目标函数的方法。通过把实例从根节点排列到某个叶子节点来分类实例,叶子节点即为实例所属的分类。树上的每个节点说明了对实例的某个属性的测试,该节点的每一个后继分支对应于该属性的一个可能值,分类实例的方法是从这棵树的根节点开始,测试这个节点指定的属性,然后按照给定实例的该属性值对应的树枝向下移动。决策树方法主要应用于数据挖掘的分类方面。

(5) 遗传算法。遗传算法是一种受生物进化启发的学习方法，通过变异和重组当前已知的最好假设来生成后续的假设。每一步，通过使用目前适配值最高的假设后代替代群体的某个部分，来更新当前群体的一组假设，来实现各个个体的适配值的提高。遗传算法由三个基本过程组成：繁殖(选择)是从一个旧种群(父代)选出生命力强的个体，产生新种群(后代)的过程；交叉(重组)选择两个不同个体(染色体)的部分(基因)进行交换，形成新个体的过程；变异(突变)是对某些个体的某些基因进行变异的过程。在数据挖掘中，可以被用做评估其他算法的适合度。

四、数据挖掘的主要应用领域

(1) 金融领域。数据挖掘在金融领域应用广泛，主要用于金融市场的分析和预测、账户分类、银行担保和信用评估等。这些金融业务都需要收集和处理大量的数据，很难通过人工或使用一两个小型软件进行分析预测。而数据挖掘可以通过对已有数据的处理，找到数据对象的特征和对象之间的关系，然后利用学习到的模式进行合理分析和预测。

即问即答

请例举数据挖掘具体应用的实例。

(2) 营销领域。利用数据挖掘技术进行市场定位和消费者分析，辅助制定市场策略。由于管理信息系统和 POS 系统在市场业的广泛普及，人们很容易得到顾客购买情况的数据。利用数据挖掘技术，通过对顾客历史数据的分析，可以得到关于顾客购买趋向和兴趣的信息，从而为商业决策提供依据。

(3) 工程与科学研究领域。数据挖掘技术可应用于工程与科学领域的数据分析。随着先进的科学数据收集技术的使用，如观测卫星、遥感器、DNA 分子技术等，面对庞大的数据，传统的数据分析工具无能为力。数据挖掘技术以其强大的智能性和自动性，在工程与科学研究中得到广泛应用。数据挖掘技术在天文学和生物学中都有成功的案例，例如 Jet Pro-pulsion 实验室利用决策树方法对上百万个天体进行分类(效果较人工快且准确)，帮助人们发现了 10 个新的类星体。

(4) 产品制造业领域。制造业应用数据挖掘技术进行零部件故障诊断、资源优化、生产过程分析等。如 HP 公司的工程技术人员使用 Angoss Software 的 Knowledge Seeker 来进行彩色扫描仪的生产过程分析。他们基于约 200 个参数建立了一个自动数据收集系统，产生了人工难以处理的大量数据。

(5) 司法领域。数据挖掘技术可用于案件调查、诈骗监测、洗钱认证、犯罪组织分析等方面。如美国财政部使用 NetMap 开发了 FAIS 系统，并利用这个系统对金融事物进行监测，识别洗钱、诈骗。

五、数据挖掘与经典统计模型的关系

数据挖掘技术的许多算法都来自于经典统计学，例如聚类分析、回归分析、判别分析、时间序列分析、主成分分析、典型相关分析等。统计分析所提供的诸如方差分析、相关性分析、时间序列分析等都有助于数据挖掘前期对数据进行探索，发现数据挖掘的目标、确定数据挖掘中所需涉及的变量。而数据挖掘的结果也需要统计分析的描述功能进行描述和解释。从这个角度看，数据挖掘与经典统计学之间存在着密切关系。

统计有培根逻辑作支撑，而数据挖掘则更多地得益于当代信息技术的飞速发展——但是相对于由此产生的大量冗余数据而言，我们似乎并没有获得多少信息。如果说数据挖掘研究的是经过清洗的全样本数据(population)，那么统计研究的则是样本数据(sample)。事实上，数据挖掘中所使用的数据也是根据特定目的抽取的，但它不同于统计中的抽样。我们“没有时间看每一事物，尤其没有时间充分看每一事物，而且因为不看比看错了还要好些”。从这个角度来讲，数据挖掘与经典统计学之间的关系并不那么紧密。

数据挖掘与传统的数据分析的本质区别是，数据挖掘是在没有明确假设的前提下去挖掘信息、发现知识。所以，在这个意义上，数据挖掘获得的知识是预测性的(潜在的)。换句话说，数据挖掘不是验证性的，而是探索性的，且其所获得的知识是新奇的、人们事先不知道的。即，数据挖掘的目的是要找到“例外”，“以规则的事实开始是合适的，但是规则一经确立，与它完全一致的事实不久以后也就没有意义了，因为它们不能再告诉我们任何新的东西，这时候，例外变得重要起来”。

思考与研讨

你认为数据挖掘与传统统计学的本质区别是什么？

第二节 人工神经网络模型

学习目标

掌握神经网络的基本原理及其学习过程。

一、人工神经网络概述

人工神经网络(Artificial Neural Network, ANN)，或称神经网络(Neural Networks, NN)是由大量的，同时也是很简单的处理单元(称为神经元)广泛地互相连接而形成的复杂网络系统，它反映了人脑功能的许多本质特征，是一个高度复杂的非线性动力学系统。神经网络具有大规模并行、分布式存储和处理、自组织、自适应和自学习能力，特别适用于处理需要同时考虑许多因素和条件的、不精确和模糊的信息处理问题。神经网络的发展与神经科学、数理科学、认知科学、计算机科学、人工智能、信息科学、控制论、机器人学、微电子学、心理学、光计算、分子生物学等有关，是一门新兴的边缘交叉学科。

术语

人工神经网络是由大量的，同时也是很简单的神经元广泛地互相连接而形成的复杂网络系统，它反映了人脑功能的许多本质特征，是一个高度复杂的非线性动力学系统。

人工神经网络起源于 20 世纪 40 年代。早在 1943 年，心理学家 McCulloch 和数学家 Pitts 就已合作提出了形式神经元的数学模型，即 MP 模型，揭开了神经科学理论研究的新时代。1944 年，心理学家 Hebb 提出的改变神经元连接强度的 Hebb 规则，为神经网络的学习算法奠定了基础。1957 年 Rosenblat 首次提出感知机(perceptron)模型第一次把神经网络研究从纯理论的探讨付诸工程实践。1962年Widrow提出了自适应线性元件,它是连续取值的线性网络,主要用于自适应系统,这与当时占主导地位的以符号推理为特征的传统人工智能途径完全不同,因而形成了神经网络、脑模型研究的高潮。到了20世纪60年代,人们发现感知器存在一些缺陷,例如,它不能解决异或问题,因而研究工作趋向低潮。不过仍有不少学者继续对神经网络进行研究,如Grossberg提出了自适应共振理论、Kohenen提出了自组织映射、Fukushima提出了神经认知机网络理论、Anderson提出了BSB模型、Webos提出了BP理论等,这些都是在20世纪70年代和80年代初进行的工作。

进入20世纪80年代,神经网络研究进入高潮。1982年,美国物理学家Hopfield的工作被称为是突破性的,他提出了Hopfield神经网络模型,即HNN模型,有力地推动了神经网络的研究。他引入了"计算能量函数"的概念,给出了网络稳定性判据。Felemann和Ballard的连接网络模型指出了传统的人工智能"计算"与生物的"计算"的区别,给出了并行分布处理的计算原则。Hinton和Sejnowski提出的Boltzman机模型借用了统计物理学的概念和方法,首次提出了多层网络的学习算法。1986年,Rumelhart、McCelland等人提出并行分布处理(PDP)的理论,同时提出了多层网络的误差反向传播学习算法,简称BP算法,从而为神经网络的实际应用开辟了一条新途径。这种算法根据学习的误差大小,把学习的结果反馈到中间层次的隐单元,改变它们的权系矩阵,从而达到预期的学习目的,解决了多层网络的学习问题。BP算法从实践上证明神经网络的运算能力很强,可以完成许多学习任务,解决许多具体问题。BP网络是迄今为止最常用、最普通的网络。

神经网络模型研究是目前人工神经网络研究的主要方面,目前为止人们已设计了许多不同的人工神经网络模型,归结起来主要有以下四大类神经网络模型:① 反馈(feedback)网络模型,如Hopfield网络,双向联想记忆网络等;② 前向(feed forward)网络模型,如单层感知器和多层感知器;③ 随机网络模型,如Boltzman机;④ 自组织网络模型,如ART(自适应共振理论)。以上四种模型中,前向网络模型是实际应用中使用最多的一种模型。

神经网络学习算法研究是神经网络研究中的另一个热门课题。与神经网络模型相对应,近年来已研究出许多神经网络学习算法。这些算法可分为两类:有监督(导师)学习和无监督(导师)学习。在这些算法中,在理论上和实际应用中都成熟的有以下三种:① 反向传播学习算法,简称BP算法;② 模拟退火算法;③ 竞争学习与相互激励学习算法。BP算法是到目前为止最有影响的算法之一,它被用来训练多层前向神经网络,它是属于监督学习算法。而竞争学习与相互激励学习算法则属于非监督学习算法。

二、人工神经网络的基本原理

神经网络是由大量处理单元(神经元、处理元件、电子元件、光电元件等)广泛互连而成的网络。它是在现代神经科学研究成果的基础上提出的,反映了人脑功能的基本特性。神经网络并不是人脑的真实描写,而只是它的某种抽象、简化与模拟。网络的信息处理由神经元之间的相互作用来实现,知识与信息的存储表现为网络元件互连间分布式的物理联系,网络的学习和识别决定于各神经元连接权系数的动态演化过程。

重要知识点

网络的信息处理由神经元之间的相互作用来实现;知识与信息的存储表现为网络元件互连间分布式的物理联系;网络的学习和识别决定于各神经元连接权系数的动态演化过程。

(1) 神经元的生物学解剖

人体神经元的结构形式并非是完全相同的,但无论结构形式如何,神经元都是由一些基本成分组成的。神经元的生物学解剖可以用图9-2所示的生物神经网结构表示。从图中可以看出,神经元由细胞体(soma)、树突(dendrite)和轴突(axon)三部分组成。

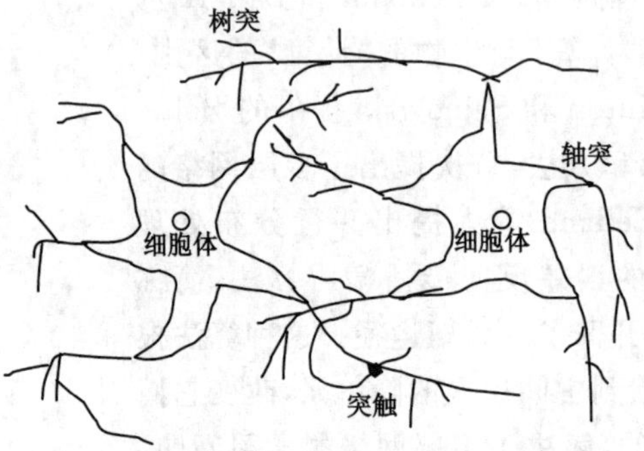

图 9-2　生物神经网结构

细胞体。细胞体是由很多分子形成的综合体,内部含有一个细胞核、核糖体、原生质网状结构等,它是神经元活动的能量供应地,在此进行新陈代谢等各种生化过程。神经元即是整个细胞,整个细胞的最外层称为细胞膜。

树突。细胞体的伸延部分产生的分枝称为树突,树突是接收从其他神经元传入信息的入口。

轴突。细胞体突起的最长的外伸管状纤维称为轴突。轴突最长可达1 m以上。轴突是把神经元兴奋的信息传出到其他神经元的出口。突触是一个神经元与另一个神经元之间相联系并进行信息传送的结构。突触由突触前成分、突触间隙和突触后成分组成。突触前成分是一个神经元的轴突末梢;突触间隙是突触前成分与后成分之间的距离空间。突触后成分可以是细胞体、树突或轴突。突触的存在说明:两个神经元的细胞质并不直接连通,两者彼此联系是通过突触这种结构接口的。有时也把突触看作是神经元之间的连接。

(2) 神经网络的基本原理

神经网络通过网络中各连接权值的改变，实现信息的处理和存储。在神经网络中每个神经元既是信息的存储单元，又是信息的处理单元，信息的处理与存储合二为一，由这些神经元构成的网络在每个神经元的共同作用下，完成对输入模式的识别与记忆。

在对输入模式的识别和记忆过程中，各神经元之间的连接权值随着模式的输入而不断调整，把环境的统计率反映到神经网络本身的结构之中而保持下来，这样就达到了对输入模式的记忆。进而为神经网络对模式的识别做好准备。

重要知识点

神经网络通过网络中各连接权值的改变来实现信息的处理和存储。

在神经网络对输入模式进行学习之后，神经网络将输入模式的特征提取出来，并产生记忆。在利用神经网络进行数据挖掘的时候，由于神经网络中各个连接权值都已经固定了，所以神经网络计算待识别模式的加权和，通过S函数产生一个输出，这个输出就是和待识别模式最相似的记忆模式的类别。

三、神经网络的学习过程及主要算法

人工神经网络的学习规则，实际就是网络连接权的调整规则。网络学习总的原则是：如果网络作出错误的判断，通过网络的学习，使网络减少下次犯同样错误的可能性。神经网络的学习过程描述如图9-3所示。

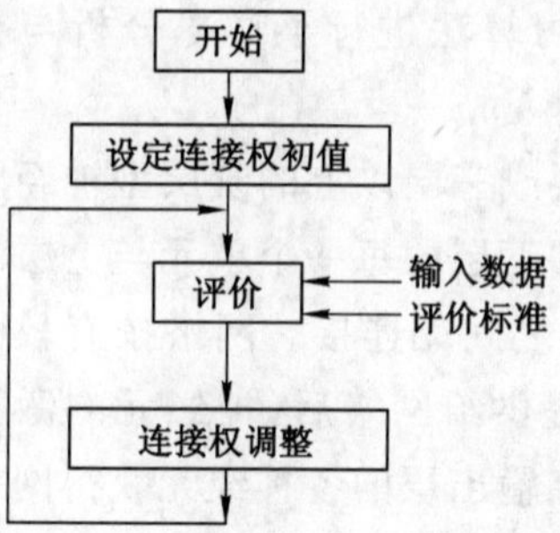

图9-3　神经网络的学习过程描述

神经网络主要有两种学习方式：教师示教学习与无教师示教学习。

即问即答

两种学习方式的主要区别是什么？

教师示教学习方式，就是网络根据实际输出与评价标准的比较，决定连接权的调整方式，而这个评价标准是人为的由外界提示给网络的，其过程如图9-4所示。

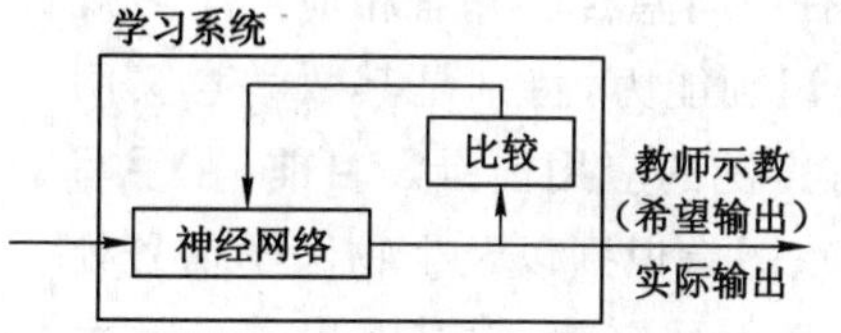

图9-4　教师示教学习方式

无教师示教学习方式，就是网络仅根据其特有的网络结构和学习规则，对属于同一类的模式进行自动分类。这种网络的学习评价标准是隐含于网络的内部的，其过程如图 9-5 所示。

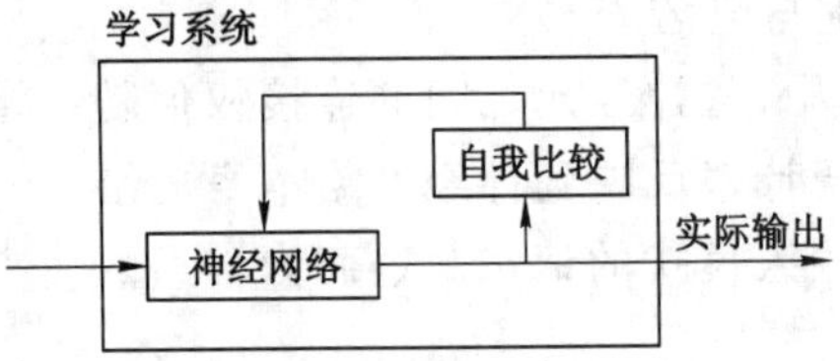

图 9-5 无教师示教学习方式

四、几种常用神经网络模型

神经网络的研究内容相当广泛，反映了多学科交叉技术领域的特点。迄今为止，在人工神经网络研究领域中，有代表性的网络模型已达数十种，而学习算法的类型更难以统计其数量。这里只介绍几个主要的神经网络。

思考与研讨

几种神经网络模型的局限性是什么？

1. 误差逆传播神经网络

完整提出并广泛接受误差逆传播学习算法的是以 Rumelhart 和 McClelland 为首的科学家小组。他们在 1986 年出版的 *Parallel Distributed Processing* 中，对误差逆传播学习算法进行了详尽分析与介绍，并对这一算法的潜在能力进行了深入探讨。

误差逆传播神经网络是一种具有三层或三层以上的阶层型神经网络。上、下层之间各神经元实现全连接，即下层的每一个单元与上层的每个单元都实现全连接，而每层各神经元之间无连接。网络按有教师示教的方式进行学习，当一对学习模式提供给网络后，神经元的激活值，从输入层经各中间层向输出层传播，在输出层的各神经元获得网络的输入响应。在这之后，按减少希望输出与实际输出误差的方向，从输出层经各中间层逐层修正各连接权，最后回到输入层，故得名"误差逆传播算法"。随着这种误差逆传播修正的不断进行，网络对输入模式相应的正确率也不断上升。网络的中间层数、各层处理单元数及网络学习系数可根据具体情况任意设定，并随着结构的差异其性能也有所不同。

由于 BP 网络误差逆传播算法具有中间隐含层并有相应的学习规则可寻，使得它具有对非线性模式的识别能力，特别是其数学意义明确、步骤分明的学习算法，使其更具有广泛的应用前景。目前，在手写字体识别、语音识别、文本－语言转换、图像识别以及生物医学信号处理方面已有实际应用。但 BP 网并不是十分完善，它存在以下一些主要缺陷：学习收敛速度慢、网络学习有时会陷入局部极小值、无法准确确定最佳的隐含层节点个数等。

2. Hopfield 神经网络

Hopfield 神经网络作为一种全连接型神经网络，曾经在人工神经网络研究发展历程中起到过开辟研究新途径的作用。它采用与阶层型神经网络不同的结构特征和学习方法，模拟生物神经网络的记忆机理，获得了令人满意的结果。这一网络及学习算法是由美国物理学家 Hopfield 于 1982 年首先提出的，故称为 Hopfield 网络。1985 年，Hopfield 和 D.W.Tank 用这种网络模型成功地求解了优化组合问题中具有典型意义的旅行商(TSP)问题，在所有随机选择的路径中找到了其中十万分之一的最优路径，在当时的神经网络研究工作中取得了突破性进展。

Hopfield 是从物理学磁场理论中受到启发，结合生物神经网络的思维机理而提出这一网络模型的。磁场是一种具有记忆功能的物质，人们很早就利用磁场的记忆功能创造出许多很有价值的产品，如广泛使用的磁盘。由物理学知识可知，在磁性材料中游动着大量的磁旋，正是由于这些带有方向的磁旋的相互作用，才产生了磁场本身所具有的各种性质。在永久磁铁中，由于所有的磁旋都朝向一个方向，构成了磁铁的 N 极和 S 极的两极特性。Hopfield 网络的基本思想就是用人工神经元模拟磁旋，用神经元之间的连接权模拟磁场中磁旋的相互作用；用各神经元的“激活”和“抑制”两种状态，模拟磁场中磁旋的上、下两个方向，构成一个具有记忆功能的神经网络系统。并且引用物理学中有关能量的概念，用计算能量函数(computational energy function)来评价和指导整个网络的记忆功能。

3. 随机型 BM 网络

波尔茨曼机(Boltzmann Machine)网络，简称 BM 网络，是一种具有对称连接权的随机神经网络，也是一种反馈型神经网络。从结构上讲，BM 网络可看做是 Hopfield 网络的推广与变形，它与三层前向 BP 网络在功能和拓扑结构方面也有某些相似之处。一个 BM 网络通常由输入部、输出部和隐层部三部分组成，其输入单元和输出单元直接与外部环境打交道，称为可见单元；隐层部单元是可有可无的，与三层 BP 网络相比，BM 网络有三个突出特点：第一，网络结构没有明显的层次；第二，隐层节点间可以存在一定的相互连接关系；第三，其学习采用随机型学习算法，网络按概率方式工作。

根据学习类型的不同，BM 网络可分为自联想型和异联想型两种，在自联想型网络中，每个可见单元既为输入单元又为输出单元。隐单元可多可少，也可以没有，这完全由学习的需要而定，在异联想型网络中，可见单元在结构上则分为输入单元组和输出单元组。随机型神经网络的典型算法是模拟退火算法。

4. 径向基函数神经网络

径向基函数(RBF，Radial Basis Function)网络与多层前向网络类似是一种局部逼近的神经网络。它是一种三层前向网络，由输入层、隐含层和输出层构成。由于第一层由信号源节点组成，不存在任何的权值和阀值，因此，径向基函数网络实际上是由两层组成，即隐含层和输出层。从输入空间到隐含层空间的变换是非线性的，而从隐含层空间到输出层空间的变换是线性的。隐单元的变换函数是径向基函数，它是一种局部分布的对中心点径向对称衰减的非负非线性函数，径向基函数网络的训练采用有导师离线训练，有关径向基函数的学习算法在此不再叙述，RBF 网络属于局部逼近网络。

5. 自组织特征映射神经网络

通过大量的生理学实验发现，人的大脑皮层中存在着许多完成特定功能的网络区域。进一步实验又发现，在完成某一特定功能的网络区域中，不同部位的若干神经元对含有不同特征的外界刺激同时产生响应。这就是说，人脑的神经细胞(神经元)并不是与记忆模式一一对应的，而是一组或一群神经元对应一个模式。早在 20 世纪 70 年代，一些学者就曾根据这些生理学规律研究并提出了各种模拟这些规律的人工神经网络和算法。1981 年，芬兰学者 Kohonen 提出了一个比较完整的、分类性能较好的自组织特征映射(Self-Organizing feature Map)神经网络(简称 SOM 网络)方案。这种网络有时也称为 Kohonen 特征映射网络。

SOM 网络由输入层和竞争层组成。网络根据其学习规则，对输入模式进行自动分类，即在无教师示教的情况下，通过对输入模式的反复学习，捕捉住各个输入模式中所含的模式特征，并对其进行自组织，在竞争层将分类结果表现出来。这种表现方式与其他类型网络的区别是:它不是以一个神经元或者一个神经元向量来反映分类结果，而是以若干神经元同时反映分类结果。与这若干神经元相连接的连接权向量虽略有差别，但这些神经元的分类作用基本上是并列的，即其中任何一个神经元都可以代表分类结果或近似分类结果。一旦由于某种原因，某个神经元受到损害(在实际应用中，表现为连接权溢出、计算误差超限、硬件故障等)或完全失效，剩下的神经元仍可以保证所对应的记忆信息不会消失。

从这一点看，SOM 网络完全模拟了大脑神经细胞对外界信息刺激的反应。另外，这种网络之所以被称为特征映射网络，是由于网络对输入学习模式的记忆不是一次性完成的，而是通过反复学习，将输入模式的统计特征“溶解”到各个连接权上。所以这种网络具有较强的抗干扰能力。

五、BP 神经网络

BP 神经网络通常是指基于误差反向传播算法(BP 算法)的多层前向神经网络，它是 D.F.Rumelhart 和 J.L.McCelland 及其工作小组在 1986 年研究并设计出来的。BP 算法已成为目前使用最为广泛的神经网络学习算法，据统计，有近 90% 的神经网络应用是基于 BP 算法的。与感知器和线性神经网络不同的是，BP 网络的神经元采用的传递函数通常是 Sigmoid 函数，所以可以实现输入和输出间的任意非线性映射，这使得它在很多领域得到重视与应用。

1. BP 神经网络结构

1989 年 Robert Hecht Nielson 证明了对于任何在闭区间的一个连续函数都可以用含有一个隐层的 BP 网络来逼近，因而一个 3 层结构的 BP 网络可以完成任意 N 维到 M 维的映射，因此，通常 BP 网络多采用单隐层结构，如图 9-6 所示。本书亦采用单隐层的 BP 神经网络建模。在三层前馈网络模型中，输入向量 $X=(x_1,x_2,\cdots,x_i,\cdots,x_n)^T$，如加入 $x_0=-1$，可为隐层神经元引入阈值；隐层输出向量为 $Y=(y_1,y_2,\cdots,y_i,\cdots,y_n)^T$，如加入 $y_0=-1$，可为输出层神经元引入阈值；输出层向量为 $O=(o_1,o_2,\cdots,o_k,\cdots,o_l)^T$；期望输出向量为 $D=(d_1,d_2,\cdots,d_k,\cdots,d_l)^T$。输入层到隐层之间的权值矩阵用 V 表示，$V=(v_1,v_2,\cdots,v_j,\cdots,v_m)$，其中列向量 V_j 为隐层第 j 个神经元对应的权向量；

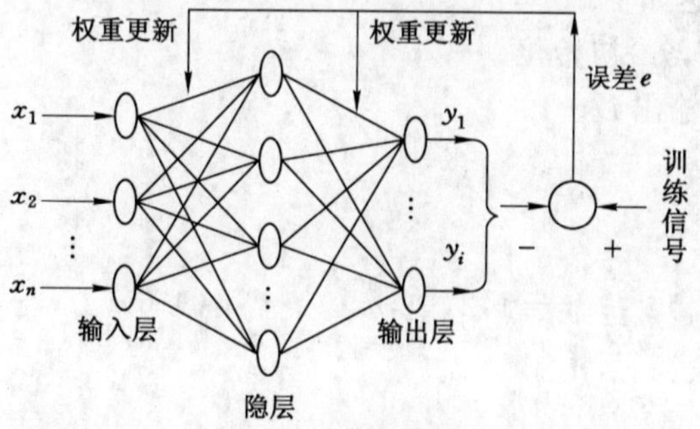

图 9-6 BP 网络模型结构

隐层到输出层之间的权值矩阵用 W 表示，$W=(w_1,w_2,\cdots,w_k,\cdots,w_l)$，其中列向量 W_k 为输出层第 k 个神经元对应的权向量。由此得到各层之间的数学关系如下。

对于输出层：

$$o_k=f(net_k) \qquad k=1,2,\cdots,l \tag{9-1}$$

$$net_k=\sum_{j=0}^{m} w_{jk}y_i \qquad k=1,2,\cdots,l \tag{9-2}$$

对于隐层：

$$y_k=f(net_j) \qquad j=1,2,\cdots,m \tag{9-3}$$

$$net_j=\sum_{i=0}^{n} v_{ij}x_i \qquad j=1,2,\cdots,m \tag{9-4}$$

式(9-1)与式(9-3)两式中的 $f(x)$ 为转移函数，隐层神经元一般采用单极性的对数 Sigmoid 函数：

$$f(x)=\frac{1}{1+e^{-x}} \tag{9-5}$$

该函数具有连续、可导的特点,可使得隐层的输出在一个较小的范围内变化;输出层神经元采用纯线性变换函数,可使得整个网络的输出可以取任意值;传递函数一般根据模型需要适当选择,同时这些函数的选择与所用网络密切相关。

2. BP 算法

BP 算法的基本思想是,学习过程由信号的正向传播与误差的反向传播两个过程组成。正向传播时,输入样本从输入层传入,经各隐层逐层处理后,传向输出层。若输出层的实际输出与期望输出不符,则转入反向传播阶段。误差反向传播过程,是将输出误差以某种形式通过隐层向输入层逐层反传,并将误差分摊给各层的所有单元,从而获得各层单元的误差信号,此误差信号即作为修正各单元权值的依据。这种信号正向传播与误差反向传播的各层权值调整过程,在达到期望输出之前是周而复始地进行的。权值不断调整的过程就是网络学习训练的过程。

神经网络学习算法的数学表达如下。

(1) 权值(v_{ij},w_{jk})和阀值(θ_j,θ_k)初始化。

(2) 给定输入变量 X 和目标输出 D。

(3) 计算实际输出 O。

首先,是计算隐层节点输出:

$$y_j=\sum_{i=0}^{n}(v_{ij}x_i-\theta_j) \qquad j=1,2,\cdots,m \tag{9-6}$$

然后,计算输出层节点输出:

$$o_k=\sum_{j=0}^{m}(w_{jk}y_j-\theta_k) \qquad k=1,2,\cdots,l \tag{9-7}$$

(4) 计算期望输出与实际输出误差。

$$\begin{aligned}E&=\frac{1}{2}\sum_{k=0}^{l}(d_k-o_k)^2=\frac{1}{2}\sum_{k=0}^{l}\left[d_k-f\left(\sum_{j=0}^{m}w_{jk}y_j-\theta_k\right)\right]^2\\&=\frac{1}{2}\sum_{k=0}^{l}\left\{d_k-f\left[\sum_{j=0}^{m}w_{jk}f\left(\sum_{i=0}^{n}v_{ij}x_i-\theta_j\right)-\theta_k\right]\right\}^2\end{aligned} \tag{9-8}$$

式(9-8)中 d_k 为网络的期望输出。

(5) 修正权值与阀值。

如果误差 E 没有达到预置误差,那么网络就会从输出层开始,将误差信号沿连接通路反向传播,修正各权值与闭值使得误差最小。

① 输出层节点权值与阀值调整

$$w_{jk}(t+1)=w_{jk}(t)+\Delta w_{jk}=w_{jk}(t)+\eta\delta_k y_j \tag{9-9}$$

式中,η 为学习率,t 为权值修正次数,δ_k 为输出层 k 节点的误差项:

$$\delta_k=(d_k-o_k)\cdot f'\left(\sum_{j=0}^{m}w_{jk}y_j\right) \tag{9-10}$$

对于阈值，在修正权值的同时，也要作出调整：

$$\theta_k(t+1)=\theta_k(t)+\eta'\delta'_k \tag{9-11}$$

② 隐层节点权值与阈值调整

对于权值：

$$v_{ij}(t+1)=v_{ij}(t)+\Delta v_{ij}=v_{ij}(t)+\eta'\delta'_j x_i \tag{9-12}$$

η 与 t 的含义如上所述，δ_j 为隐层 j 节点的误差项：

$$\delta_j=f'\left(\sum_{i=0}^{n}v_{ij}x_i\right)\cdot\sum_{j=0}^{m}\delta_k w_{jk} \tag{9-13}$$

其中隐节点误差 δ'_j 中的 $\sum_{j=0}^{m}\delta_k w_{jk}$ 表示输出层节点 k 的误差 δ_k 通过权值 w_{jk} 向隐节点 j 反向传播成为隐节点的误差。

对于阈值：

$$\theta_j(t+1)=\theta_j(t)+\eta'\delta'_j \tag{9-14}$$

如果达到误差精度或者循环次数要求，则输出结果，否则回到(3)，继续训练与调整。该算法为标准梯度下降法，存在着收敛速度慢，易陷入局部极值，隐层数和隐层节点数难以确定，训练时学习新样本有遗忘旧样本的趋势等问题。

3. 构筑模型时需重点考虑的几个问题

就 BP 网络建模本身而言，就有如下几方面的问题需进行探索，也是解决预测精度的关键，而本书对以下几个方面进行了优选和确定。

(1) 网络层数的选择

已有证明对于任何在闭区间内的一个连续函数都可以用一个隐层的 BP 网络来逼近，因而一个三层的 BP 网络可以完成任意的 n 维到 m 维的映射；虽然增加隐层数可以更进一步地降低误差，提高精度，但同时也使网络复杂化，从而增加了网络权值的训练时间，在兼顾效率与准确性的前提下，一般情况下都是采用三层 BP 网络。

(2) 神经元数的选择

在隐层神经元数选择方面，虽理论上没有明确的规定，但到目前有着许多经验公式，不过这些公式大都是依据具体的试验环境而得来的，适应性很差；事实上，隐层单元数少结果可能不能训练出来，或网络不“强壮”，容错性能差等，但隐层单元数太多又使得学习时间过长，误差不一定最佳，因此存在一个最佳的隐单元数。对于隐节点的个数选取，可以参照下面的公式：设隐节点个数为 q，输入节点个数为 r，输出节点个数为 p，则 $q=\sqrt{rp}$。通过计算，q 一般介于 r 和 p 之间比较合适。

(3) 初始权值的选取

由于整个数据的采集是非线性的过程，初始值对于学习是否达到局部最小，是否能够收敛以及训练时间的长短关系很大，需得到足够的重视。

(4) 学习率的选取

学习率决定每一次循环训练中所产生的权值变化量。大的学习率可能导致系统的不稳定，但小的学习率将会导致训练时间过长。因此需结合理论规定值进行大量试验，得出模型所需最佳学习率。

同时需结合统计方法，对输入样本数据与输出样本数据进行处理，将神经网络技术与其他数据处理方法结合起来，建立一个有效的预测模型，这是一个很有意义的课题，但难度也是很大的，需作出大量尝试与探索。

4. BP 网络模型的构建和训练

在 BP 网络中，输入和输出层节点的个数是由具体问题决定的，只有隐层节点数是可变的。但在理论上证明了对于任何在闭区间的一个连续函数都可以用含有一个隐层的 BP 网络来逼近，因而一个 3 层结构的 BP 网络可以完成任意 N 维到 M 维的映射。如果具体问题的目标输出是多维的，BP 网络就具有多个输出节点，如果以此来确立 BP 网络的结构，就会显得笨拙、拖沓，并会导致网络运行速度慢、预报精度低、泛化能力弱等问题的发生，尤其是在网络输入节点较少的情况下，BP 算法对网络结构非常敏感，不同的结构使得网络解决复杂问题与非线性问题的能力也有所不同。因此，在实际研究中采用单隐层和单输出的 BP 神经网络。

5. BP 网络模型的构建、训练与仿真

采用 MATLAB 神经网络工具箱函数编程，能够实现对 BP 网络模型的构建、训练与仿真，从而避免了烦琐的编程。

(1) 网络模型的构建与初始化

构建 BP 网络模型的第一步是建立网络对象并初始化，如图 9-7 所示，可用 MATLAB 神经网络工具箱函数 newff 函数生成 BP 网络。newff 函数的常用格式为：

net＝newff(PR,[S1 S2…SN],{TF1 TF2…TFN},BTF,BLF,PF)

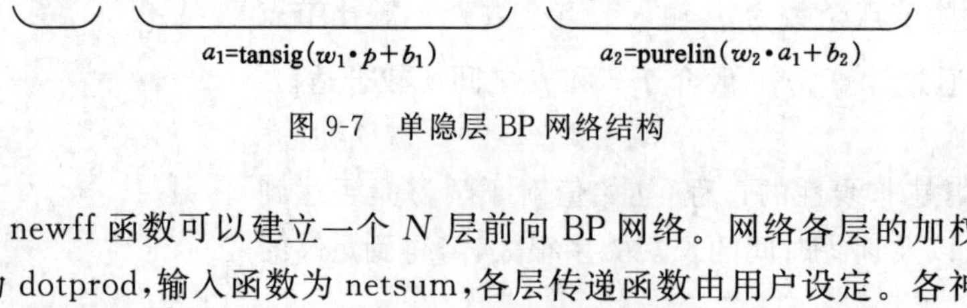

图 9-7 单隐层 BP 网络结构

newff 函数可以建立一个 N 层前向 BP 网络。网络各层的加权函数为 dotprod，输入函数为 netsum，各层传递函数由用户设定。各神经元权值和阀值的初始化函数为 initnw，网络的自适应调整函数为

trains，并根据指定的学习函数对权值和阈值进行更新，网络的训练函数由用户指定。该函数调用后产生一个 BP 网络对象 net，此时函数的自变量 PR 表示为网络输入矢量取值范围的矩阵 $[P_{min}, P_{max}]$，为 $R\times 2$ 维矩阵，表示 R 维输入矢量中每维输入的最小值和最大值之间的范围；$S_1 \sim S_N$ 表示为各层神经元的个数；$TF_1 \sim TF_N$ 用于指定网络的传递函数，缺省值为“tansig”，也可设为 logsig 或 purelin 等可微函数；BTF 用于指定网络的训练函数，可以设定为 trainlm，trainbfg，trainrp，traingd 或 traingdm 等采用 BP 算法的训练函数，缺省值为“trainlm”；BLF 用于指定权值和阈值的学习函数，缺省值为“learngdm”，也可以采用其他 BP 算法的学习函数；PF 用于指定网络的性能函数，可设为 mse，msereg 等可微性能函数，其缺省值为“mse”。

newff 在生成 BP 网络的同时即对网络各层的权值和阈值自动进行了初始化，根据不同的需求，可以根据实际情况对各层网络权值或阈值的初始化函数重新定义，并使用 init 函数重新对网络进行初始化。

(2) BP 神经网络的学习规则

BP 神经网络的学习规则，即权值和阈值的调节规则采用的是误差反向传播算法(BP 算法)。BP 算法实际上是 Widrow-Hoff 算法在多层前向网络中的推广。和 Widrow-Hoff 算法类似，在 BP 算法中，网络的权值和阈值通常是沿着网络误差变化的负梯度方向进行调整的，最终使网络误差达到极小值或最小值，即在这一点的误差梯度为零。

限于梯度下降算法的固有缺陷，标准的 BP 学习算法通常具有收敛速度慢、易陷入局部极小值等缺点，因此出现了许多改进的算法。

(3) BP 神经网络的训练和仿真

在 BP 神经网络生成和初始化以后，即可利用现有的“输入-目标”样本矢量数据对网络进行训练。BP 网络的训练通常采用 train 函数来完成。针对不同的问题，在训练之前有必要对网络的训练参数 net.trainParam 进行适当的设置。在设置完训练参数之后，就可以调用训练函数对 BP 网络进行训练。在 MATLAB 神经网络工具箱中有很多训练 BP 网络的函数，如 traingd，traingdm，traingda，traingdx，trainlm 等，分别对应于不同的改进 BP 算法。在实例分析中，主要采用 traingdm 函数，它的语法是：

[net, TR, Ac, El]=traingdm(net, Pd, Tl, Ai, Q, TS, VV, TV)

在函数的调用中，Pd 为延迟输入，Tl 为每层的目标矢量，Ai 为初始输入条件，Q 为批量输入数据的个数，TS 为时间步数，VV 为验证矢量，TV 为测试矢量。函数返回已训练好的神经网络对象 net、训练记录 TR、最后一次仿真时各层的输出 Ac 和误差 E1，其中，训练记录 TR 包括训练次数 TR.epoch、训练性能 TR.perf，验证 TR.vperf 和测试性能 TR.tperf。

traingdm 函数是最速梯度下降算法的一种变形，该函数在对权值和阀值更新时不仅考虑当前的梯度方向，而且还考虑了前一时刻的梯度方向，从而降低了网络性能对参数调整的敏感性，有效地抑制了局部极小，这种调节方式是通过设置动量因子来实现的。

6. 几种 BP 网络学习算法

为了克服常规 BP 神经网络学习方法的缺陷，MATLAB 神经网络工具箱对常规的 BP 算法进行了改进，并提供了一系列快速学习算法，以满足不同问题的需要。

快速 BP 算法从改进途径上可以分为两类：一类是采用启发式学习方法，另一类则是采用有效的数值优化方法。训练和自适应调整函数见表 9-1。

表 9-1　　训练和自适应调整函数

函数名称			功能
启发式	动量因子	Traingdm	采用动量梯度下降反向传播算法对网络进行训练
	变学习速率	Traingda	采用自适应学习速率梯度下降反向传播法对网络进行训练
	弹性	Trainrp	采用弹性反向传播算法对网络进行训练
数值优化法	共轭梯度	traincgf	采用 Fletcher-Powell 共轭梯度反向传播法对网络进行训练
		traincgp	采用 Polak-Ribiere 共轭梯度反向传播算法对网络进行训练
		traincgb	采用 Powell-Beale 共轭梯度反向传播算法对网络进行训练
		trainscg	采用尺度化共轭梯度反向传播算法对网络进行训练
	Quasi-Newton	trainbfg	采用 BFGS 准牛顿反向传播算法对网络进行训练
		trainoss	采用一步正割反向传播算法对网络进行训练
	L-M	trainlm	采用 L-M 反向传播算法对网络进行训练
		trainbr	采用 Bayesian 正则化算法对网络进行训练

对不同的问题，在选择学习算法对 BP 网络进行训练时，不仅要考虑算法本身的性能，还要视问题的复杂程度、样本集大小、网络规模、网络误差目标和所要解决问题的类型而定。

第三节　粗糙集理论

学习目标

掌握粗糙集的基本概念及其主要内容。

一、粗糙集理论概述

(1) 知识的含义和知识的表示

粗糙集(Rough Sets,RS)理论是波兰学者 Pawlak 于 1982 年提出的继概率论、模糊集理论、证据理论之后又一种处理不确定性信息的数学方法。这一理论能有效分析和处理不精确、不完整和不一致等各种不完备数据,并从中发现隐含知识,揭示潜在规律。RS 理论正日益受到重视,已经在决策支持、近似推理、专家系统、过程控制、机器学习、数据库知识发现和模式识别等许多科学与工程领域中得到了成功应用。RS 理论不仅为信息科学和认知科学提供了新科学逻辑和研究方法,而且为智能信息处理提供了有效处理技术。

知识是人工智能中的一个重要概念,解决复杂的问题需要大量的知识及处理这些知识的机构。粗糙集理论是以观察和测量所得的数据进行分类的能力为基础,它把知识直接与真实或抽象世界有关的不同分类模式联系在一起,这里称之为论域 U(Universe)。通常情况下,用等价关系来代替分类的概念。粗糙集理论对知识的理解,从认知科学的角度假设知识是对论域的分类模式。有关知识的概念有:

重要知识点

知识是对论域的分类模式。

定义 1 给定研究对象的论域 $U\neq\varnothing$,对于任何一个子集 $X\subseteq U$,称为 U 中的一个概念(concept)或范畴(category)。为规范起见,认为空集$\varnothing$也是一个概念。

定义 2 假定 R 代表论域 U 中的一个关系,当 R 描述对 U 的分类,即 U 中对象之间的等价关系时,用 $U/R=\{X_1,X_2,\cdots,X_n\}$ 表示根据关系 R、U 中的对象构成的所有等价类族,称为关于 U 的知识。$\{x\}_R=\{y\in U \mid xRy\}$ 表示关系 R 下包含元素 x 的等价类。(U,R) 称为近似空间(approximation space)。$X_1,X_2,\cdots,X_n$ 形成了知识 U/R 的组成颗粒,它们源于对象之间的不可分辨性。

定义 3 若 $P\subseteq R$ 且 $P\neq\varnothing$,则 P 中的全部等价关系的交集称为 P 上的不可分辨关系,记为 $ind(p)$。$ind(p)$ 的所有等价类族 $U/ind(p)$ 定义为等价关系 P 的族相关的知识,称为 P 的基本知识或基本集合,记为 U/P。

U/P 实际上是由论域中相互不可分辨的对象组成的集合,是组成知识的颗粒。特别地,若 $Q\subset P$,$ind(Q)$ 的等价类称为知识 P 的初级范畴,即根据属性 Q 定义的不可分辨关系的等价关系类也称为 P 的初等集合,它是知识系统的最基本单位,是论域中所有具有特定属性的对象构成的子集,而一些初等范畴的交集构成基本范畴。

重要知识点

对于给定的知识系统中的粗范畴(无法用已知知识表达的对象子集),可用上、下近似集表达。

定义 4 一个 U 上的分类族定义为 U 上的知识库,它构成了一个论域 U 上的分类。

定义 5 给定知识库 $K=(U,R)$,称 $ind(K)$ 为 K 中所定义的所有等价关系的族,它包含了 K 的全部初等关系,并且闭于等价关系的交集,是等价关系的最小集。对于每个 U 的子集 X 和一个属于 $ind(K)$ 的等价关系 R,范畴是可以用有效知识表达的信息项。这样,对于不精确信息,可以用已知知识通过两个精确范畴粗略地定义,即对于给定的知识系统中的粗范畴(无法用已知知识表达的对象子集),可用上、下近似集表达。

知识表示通过知识系统来完成，知识表达系统的基本成分是被研究对象的集合，关于这些对象的知识是通过指定对象的属性和它们的属性值来描述的。

定义6 一个知识表达系统的一般表示形式为：$S=(U,A,V,f)$，其中，S 为知识表达系统，U 为论域，A 为属性集，$A=C\cup D$，$C\cap D=\varnothing$，C 为条件属性集合，D 为决策属性集合，V 为属性值域，$f:U\times A\rightarrow V$ 为一信息函数，它指定 U 中的每一个对象在每个属性下的取值。知识表达系统中的任一等价关系在决策表中表示为一个属性和用属性值表示的等价类，表中的列表示属性，可看成某些范畴的名称；行表示对象，并且每一行表示该对象的一条信息。整个表包含了相应知识系统中的所有范畴的描述和能从表中数据推导出的所有可能的规律。利用决策表对问题中有效事实和规律进行描述，可以建立问题的知识模型。

(2) 粗糙集相关概念

现实世界中的事物由于缺乏完整精确信息而存在不可分辨性，粗糙集理论是研究由不可分辨性而导致的模糊性与不确定性。该理论认为模糊性是集合的性质，不确定性是集合中元素的性质。为简便起见，采用信息系统和决策系统的概念对问题进行阐述，并以数据表的形式表示信息系统和决策系统，其中行表示对象，列表示对象的属性。

令 $X\cup U$，R 为 U 上的一个等价关系。当集合 X 能表示成基本等价类组成的并集时，则称集合 X 是 R 可定义集或 R 精确集；否则，称集合 X 为 R 不可定义集或 R 粗糙集，只能通过逼近的方式来刻画。为此，使用两个精确集，即粗糙集的上近似和下近似，以及边界集域来描述。

相关定义如下：

定义7 设有非空有限集合 U、A，其中 U 为论域，A 为属性集，对于每属性 $a\in A$，存在着属性值集合 $V_a=\{a(x)\mid \forall x\in U\}$，称 $S=(U,A)$为信息系统。若 $A=C\cup D$，且 $C\cap D=\varnothing$，其中 C 为条件属性集，D 为决策属性集（一般 $D=\{d\}$），则称 $S=(U,C\cup D)$ 为决策系统。

定义8 对于信息系统 $S=(U,A)$，设 $C\subseteq A$，称二元等价关系 $ind(C)=\{(x,y)\in U\times U\mid a(x)=a(y),\forall a\in C\}$为在论域 U 上的 C 不可分辨关系。

在粗糙集理论中，集合可以理解为一种等价关系，根据属性集 $C\subseteq A$ 对论域 U 进行划分得到的等价关系族一记为 $U/ind(C)$，简记为 U/C。

定义9 设 $C\subseteq A$，$X\subseteq U$，分别定义 X 的 C 上近似为 $C^{-}(X)=\bigcup\{Y\in U/C\mid Y\cap X\neq\varnothing\}$，$C$ 下近似为 $C_{-}(X)=\bigcup\{Y\in U/C\mid Y\subseteq X\}$，$C$ 边界为 $BN_C(X)=C^{-}(X)-C_{-}(X)$。在条件 C 下，下近似 $C_{-}(X)$ 中的元素肯定属于集合 X；上近似 $C^{-}(X)$中的元素可能属于集合 X，反映了集合中元素的模糊性，边界 $BN_C(X)$反映了集合的不确定性。

$Pos(X)=C_{-}(X)$,称为 X 的正域。

(3) 属性的依赖度和重要性

设信息系统 $S=(U,A,V,F)$,$A=C\cup D$,$C\cap D=\varnothing$,C 和 D 分别为条件属性集和决策属性,决策属性在条件属性下的正域定义为:$Pos_C(D)=\bigcup\{C_{-}(X)\mid X\in ind(D)\}$。正域 $Pos_C(D)$是论域 U 中所有通过 $ind(C)$表达的知识能够确切地划入到 $ind(D)$的等价类中的对象集合。

重要知识点

针对某一具体问题,各属性的重要性是不同的。

定义 10　决策属性 D 对条件属性 C 的依赖度为:$k=\gamma_C(D)=\dfrac{|Pos(D)|}{|U|}$。依赖度 k 表示在条件属性 C 下能够确切划入决策类 U/D 的对象与 U 上全体元素数目的比率,表达了决策属性对条件属性的依赖程度,显然 $0\leqslant k\leqslant 1$。

针对某一具体问题,各属性的重要性是不同的。为了检查某个属性的重要性,从表中去掉这个属性后来看分类是否变化。如果去掉该属性分类发生了显著变化,则这个属性的重要性是大的,否则是小的。

对于属性 D 导出的分类,属性集 $C'\subset C$ 相对于由属性 C 引起的分类的重要性测度可表示为 $\gamma_C(D)-\gamma_{C-C'}(D)$,测度值越大,$C'$的重要性越高。

(4) 粗糙集理论的特点

作为人工智能和认知科学中的一门新的学科,RS 理论具有以下五个特点。

即问即答

相较于模糊集和概率统计方法,粗糙集的优势是什么?

① RS 是一个强大的数学分析工具。它能表达和处理不完备甚至不一致的信息,能在保留关键信息的前提下对数据进行化简并求得知识的最小表达。

② RS 不需要先验知识。模糊集和概率统计方法是处理不确定信息的常用方法,但这些方法常需要一些数据的附加信息或先验知识,如模糊隶属函数和概率分布等,这些信息有时候并不容易得到。RS 分析方法仅利用数据本身提供的信息,无需任何先验知识。

③ 新型成员关系。与模糊集合需要人为指定成员隶属度不同,RS 的隶属度是根据已有的分类知识客观计算出来的,只与已知数据有关,从而避免了主观因素的影响。

④ 全新的知识与分类观点。在 RS 理论中,“知识”被认为是一种将现实或抽象的对象进行分类的能力,知识库就是分类方法的集合。

⑤ 科学的知识表达方法。RS 的知识采用决策表表示,决策表类似于关系数据库模型的表达方式。这样,在工程实际应用中,知识可用数据来代替,知识处理可用数据操纵来实现,这为数据挖掘等提供了有力的工具。

二、粗糙集理论的主要内容

从理论研究和应用实践上来看,粗糙集理论主要内容包括连续属性的离散化、决策表属性约简和粗糙集理论的知识推理过程等方面。

(1) 连续属性的离散化

粗糙集理论的数学基础是集合论,难以直接处理连续的属性。而现实决策表中连续属性是普遍存在的。因此连续属性的离散化是制约粗糙集理论实用化的难点之一。这个问题一直是人工智能界关注的焦点。连续属性离散化的根本出发点是在尽量减少决策表信息损失的前提下(保持决策表不同类对象的可分辨关系),得到简化的和浓缩的决策表,以便用粗糙集理论分析,获得决策所需要的知识。最优离散化问题(离散的切点数最少)已被证明是 NP-hard 问题。利用一些启发式算法可以得到满意的结果。总体上讲,现有离散化方法主要分为非监督离散化和监督离散化。前者包括等宽度(将连续值属性的值域等分)和等频率离散化(每个离散化区间所含的对象相同)。非监督离散化方法简单,但因忽略了对象的类别信息,也就难以获得较好的离散化效果。只能用在属性具有特殊分布的情况。针对上述问题,监督离散化方法考虑了分类信息,提高了离散效果。目前比较有代表性的监督离散化方法有以下几种:贪婪的单规则离散器方法,统计检验方法,信息熵方法,粗糙集和布尔推理,聚类法。

对相容决策表,应尽量保持连续属性离散前后决策表的相容性,否则决策表会因为失去部分信息而引入噪声。这样开采的知识并不一定反映原决策表的实际情况。一致性数据浓缩(离散)的经验公式如下。

$$I=aC+b\log S/A+D \qquad (9\text{-}15)$$

$$D=0.382(E-aC+b\log S/A) \qquad (9\text{-}16)$$

其中 S 为决策表对象数,A 为属性个数,C 为分类的类别数量,E 为中间距离分类法所得到的属性等价类的个数,I 为连续属性的离散值数目。这个经验公式虽然与领域无关,但其系数 a 和 b 的调整有一定的主观性。

此外还有回溯方法、贝叶斯决策法和超平面等方法。这些方法各有特点,但都存在一个不足:每个属性的离散化过程是相互独立的,忽略了属性在区分对象方面的关联性和互补性,从而使得离散的结果中含有冗余或不合理的分割点。针对这个问题,有一种连续属性的整体离散化方法:连续属性离散化实质上是利用垂直于不同连续属性轴的超平面对属性空间进行超立方体划分。单个连续属性的离散化相当于该属性轴与之垂直的超平面的交点。决策表离散化的要求是在每个划分超立方体包含同类对象的前提下,获得最少的划分超立方体个数。实验表明,整体离散不仅能显著减少离散化划分点和归纳规则数,而且提高了分类精度。

即问即答

为什么要进行连续属性离散化?其目前存在的主要问题是什么?

连续属性离散化目前存在的问题是缺乏递增的离散化方法,即当新的对象加入决策表时,原有的分割点可能不是最优或满意的。

(2) 决策表属性约简

在 RS 理论中,“知识”被认为是一种将现实或抽象的对象进行分类的能力。关于论域的某种知识,使用属性及其值来描述论域中的对象。“约简”和“核”是 RS 理论中的两个很重要的概念,是 RS 理论的精华。

首先,属性的约简和属性的核。

设 $B \subseteq A$ 为属性集,属性 $b \in B$,如果 $ind(B-\{b\})=ind(B)$,则 b 在 B 中可省去,否则,b 在 B 中是必要的。如果所有的 $b \in B$ 在 B 中都是必需的,则称 B 是无关的或独立的(independent),否则 B 是相关的。

子集 $B \subseteq A$ 是 A 的一个约简,当且仅当 B 是无关的,且 $ind(B)=ind(A)$。属性集的约简是属性集的一个子集,它对论域中对象分类能力与原始的属性集相同。一般而言,属性集可能有多个约简。

A 中所有必需的属性的集合称为 A 的核(core),表示为 $core(A)$。属性集的核是属性集的本质部分,从中去掉任何一个属性都将影响属性集对论域中对象的分辨能力。核是所有约简的交集,即 $core(A)=\bigcap red(A)$,其中 $red(A)$ 是 A 的所有约简构成的族。

因为核包含在所有的约简之中,所以核可作为所有约简的计算基础。另外核可解释为当属性约简时,它是不能消去的重要属性的集合。

其次,属性的相对约简与相对核。

令 C、$D \subseteq A$ 是信息系统 S 中的两个属性集,$c \in C$,若 $Pos_C(D)=Pos_{C-c}(D)$,则称 c 在 C 中相对于 D 是可省去的,否则称 c 在 C 中相对于 D 是必需的。如果所有 $c \in C$ 在 C 中相对于 D 是必需的,则称 C 相对于 D 是无关的,否则 C 相对于 D 是相关的。C 中所有相对于 D 必要的属性的集合称为属性集 C 相对 D 的核,表示为:$cord_D(C)=\{c \in C \mid Pos_C(D) \neq Pos_{C-c}(D)\}$。

设 $B \subseteq C$,若 B 相对于 D 无关且 $Pos_C(D)=Pos_B(D)$,则称 B 是 C 的相对于 D 的约简,或称 B 是 C 的 D_- 约简。同样,相对核是所有相对约简的交集,即 $cord_D(C)=\bigcap red_D(C)$,其中 $red_D(C)$ 是 C 的所有 D_- 约简构成的族。

第三,决策表分析与约简。

RS 理论中应用决策表来描述论域中对象,它是一张二维表格,每一行描述一个对象,每一列描述对象的一种属性。属性集 $A=C \cup D$,C 和 D 分别称为条件属性和决策属性,论域中的对象根据条件属性的不同,被划分到具有不同决策属性的决策类中。对于分类来说,并非所有的条件属性都是必要的,有些是多余的,去除这些属性不会影响原来的分类效果。从另一个角度看,决策表中每一个对象都蕴含着一条决策规则,决策表实际上也是一组逻辑规则的集合。约简定义为不含多余属性并保证分类正确的最小条件属性集。决策表约简的目的是用最少的条件辨别每一个决策类,即将决策表中包含的决策知识精练。

一个决策表可能同时存在几个约简,这些约简的交集定义为决策表的核,核中的属性是影响分类的重要属性。

决策表约简经常涉及核和可辨识矩阵两个重要的概念。一般来讲,决策表的相对约简有许多,最小约简(含有最少属性)是人们期望的。但遗憾的是,Zlark 已经证明了求决策表的所有约简是 NP-hard 问题,而且求取最小约简也是一个 NP-hard 问题。目前,人们一方面通过借助启发式搜索算法解决最小约简的求解问题,已经取得了一些可喜的成果;另一方面决策表的核是唯一的,它定义为所有约简的交集。所以核可以作为求最小约简的起点。可辨识矩阵突出属性的分辨能力,从中可以求出决策表的核以及约简。根据所求的约简制定决策规则,是粗糙集理论研究决策表的重要目的。一个良好的决策规则集不仅能指导类似决策表的约简,还能够依照此规则集制定有效的决策。

术语

约简:不含多余属性并保证分类正确的最小条件属性集。

重要知识点

属性集的约简是属性集的一个子集,它对论域中对象分类能力与原始的属性集相同。

属性集的核是属性集的本质部分,从中去掉任何一个属性都将影响属性集对论域中对象的分辨能力。

决策表约简算法中许多是基于属性重要性的启发式算法,有的以条件属性和决策属性的依赖度定义属性重要性,有的则以可辨识矩阵中属性出现的频率为重要性度量,有的以互信息增益作为属性重要性度量,还有的则对几种启发式方法的完备性进行了研究。在属性约简这一算法上主要有属性约简的简单遗传算法,基于差别矩阵提出了混合遗传算法,基于邻域系统的约简问题,满足用户指定标准的约简问题等。

(3) 粗糙集理论的知识推理过程

知识推理是智能决策支持系统中的核心,即根据所获得的信息通过数据分析、推理,从而产生合理的决策规则形成有用知识的过程。为了处理数据,就需要对知识进行符号表示。知识表达系统就是研究将对象的知识通过指定对象的基本特征和特征值来描述,以便通过一定的方法从大量的数据中发现有用的知识或决策规则。根据粗糙集理论的方法,知识推理就是给定知识表达系统的条件属性和决策属性,求出所有符合该知识的最小决策算法。具体过程如下。

重要知识点

决策表的核是唯一的,是所有约简的交集。

思考与研讨

具体实践中,什么情况下我们需要利用粗糙集进行属性约简?

① 整理记录数据:记录每个样本的所有属性值,数据变换处理,属性值量化。

② 组织决策表。

③ 决策表约简。

④ 最小子集算法实现。

⑤ 根据得到的决策规则进行系统的分析、决策控制等。

第四节 数据挖掘模型的应用实例

一、基于 BP 神经网络的煤矿安全监测数据预测

学习目标

掌握运用 BP 神经网络模型进行预测的基本流程。

矿井安全预测就是以系统过去的状态信息为依据来预测系统未来的安全状态。尽管反映矿井安全状况的因素很多,但会优先考虑综合反映安全动态变化的预测指标,且时序性必不可少。瓦斯涌出量与矿

井的地质因素、开采方法、管理因素、机械设备因素等许多因素有关，具有典型的非线性特征。因此，下面我们将运用神经网络模型进行煤矿安全监测数据预测。

采用 BP 神经网络方法建模的首要和前提条件是有足够多典型性好和精度高的样本。而且，为监控训练（学习）过程使之不发生“过拟合”和评价建立的网络模型的性能和泛化能力，一般将收集到的数据随机分成训练样本和检验样本（10%以上）两部分。此外，数据分组时还应尽可能考虑样本模式间的平衡。

我们选择某矿井 25A14_354 钻孔抽放瓦斯浓度的一个时段作为研究参数进行预测，并选取 50 组训练样本和 10 组检验样本（随书数据 gas1.csv），见表 9-2 和表 9-3。

表 9-2　　训练样本

序号	1	2	3	4	5	6	7	8	9	10
含量	0.64	0.65	0.61	0.60	0.73	0.68	0.64	0.65	0.65	0.63
序号	11	12	13	14	15	16	17	18	19	20
含量	0.63	0.64	0.61	0.64	0.59	0.63	0.67	0.61	0.56	0.65
序号	21	22	23	24	25	26	27	28	29	30
含量	0.73	0.76	0.51	0.69	0.65	0.61	0.63	0.60	0.58	0.59
序号	31	32	33	34	35	36	37	38	39	40
含量	0.63	0.58	0.71	0.73	0.68	0.81	0.84	0.68	0.71	0.73
序号	41	42	43	44	45	46	47	48	49	50
含量	0.65	0.76	0.70	0.66	0.63	0.64	0.61	0.65	0.60	0.68

表 9-3　　检验样本

序号	1	2	3	4	5	6	7	8	9	10
含量	0.71	0.74	0.64	0.63	0.65	0.81	0.64	0.60	0.64	0.59

理论上虽然证明了 BP 网络的逼近能力，但对于网络结构的要求并没有给出明确的说明。因而在应用中神经网络模型的结构确定常有人为的主观性和艺术性，缺乏一个指导原则。而网络训练与结构紧密相关，太大的网络结构在训练时效率不高，而且还会由于过拟合（overfitting）造成网络的性能脆弱，泛化能力（generalization ability）下降；太小的网络可能就根本不收敛。根据不同隐层网络结构的训练结果，我们选择了隐层数 $L=1$ 的网络结构模型。

隐层神经元数的选择是一个十分复杂的问题。因为没有很好的解析式表示，可以说隐层神经元数与问题的要求、输入层与输出层神经元的数量、训练样本的数量等都有直接关系。事实上隐层神经元太少不可能将网络训练出来，但太多又会使学习时间过长，使网络不“不强壮”,泛化能力下降,即不能识别以前没有直接接收到的样本,容错性差。

结合不同节点个数的训练情况,如图 9-8 和图 9-9 所示,我们选用的神经网络模型各层节点数分别为:输入层 10 个,隐层 8 个,输出层 1 个。

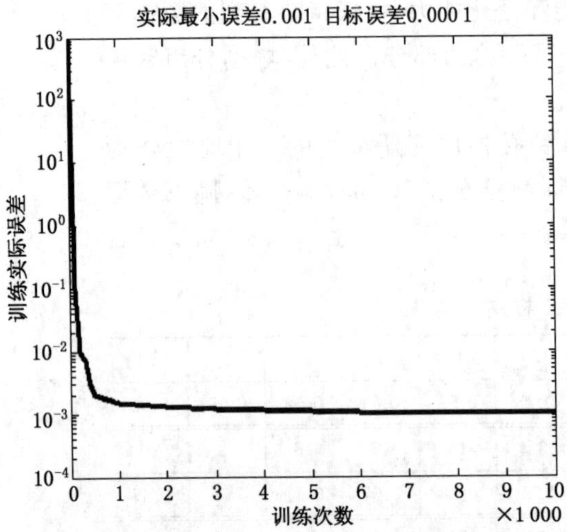

图 9-8 隐层节点个数选 8 的训练情况

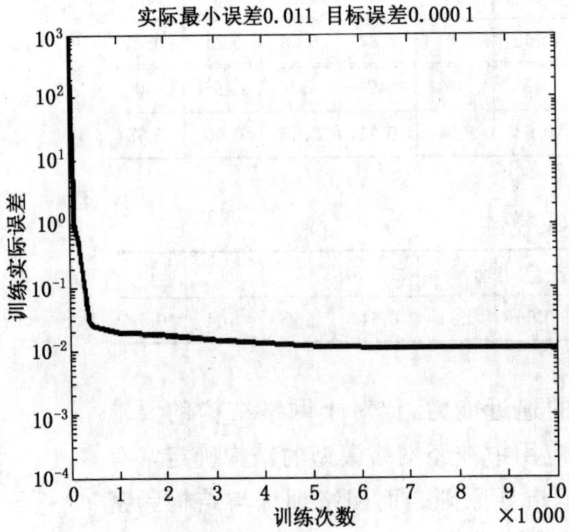

图 9-9 隐层节点个数选 4 的训练情况

综合以上研究内容,确定煤矿安全监测数据预测 BP 网络结构如图 9-10 所示。

下面将确定 BP 算法中的几个关键参数,包括学习率 η、松弛因子 α 及收敛误差界值 E 等。这些参数对训练速度的影响最为关键。

BP 算法本质上是优化计算中的梯度下降法,利用误差对于权、阀

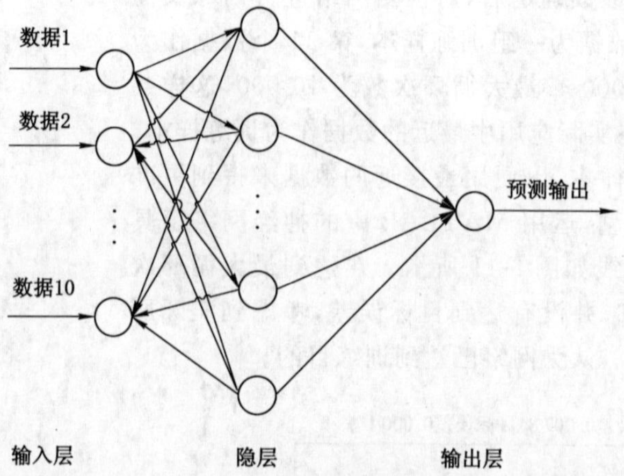

图 9-10　煤矿安全监测数据预测的 BP 网络结构

值的一阶导数信息来指导下一步的权值调整方向，以求最终得到误差最小。为了保证算法的收敛性，学习率 η 必须小于某一上限，一般取 $0<\eta<1$，而且越接近极小值，由于梯度变化值逐渐趋于零，算法的收敛就越来越慢。在网络参数中，学习率 η 和松弛因子 α 是很重要的，它们的取值直接影响到网络的性能，主要是收敛速度。为提高学习速度，应采用大的 η。但 η 太大却可能导致在稳定点附近振荡，乃至不收敛。针对具体的网络结构模型和学习样本，都存在一个最佳的学习率，它的取值范围一般为 0～1，视实际情况而定。松弛因子 α 根据不同情况选取为 1.6 或 0.6。我们在上述范围内通过对不同的 η 的取值进行了考察，确定本例中神经网络模型的参数为：$\eta=0.7$，$\alpha=1.6$ 或 0.6。

在前馈多层神经网络的 BP 算法中，初始权、阀值一般是在一个固定范围内按均匀分布随机产生的。一般文献认为初始权值范围为 $-1\sim+1$，初始权值的选择对于局部极小点的防止和网络收敛速度的提高均有一定程度的影响，如果初始权值范围选择不当，学习过程一开始就可能进入“假饱和”现象，甚至进入局部极小点，网络根本不收敛。初始权、阀值的选择因具体的网络结构模式和训练样本不同而有所差别，一般应视实际情况而定。通过考察不同初始权、阀值的赋值范围对网络收敛速度的影响，确定本例中神经网络模型的初始权和阀值的随机赋值范围为 $-0.5\sim+0.5$。

在网络训练过程中应根据实际情况预先确定误差界值。误差界值的选择完全根据网络模型的收敛速度和具体样本的学习精度来确定。当选择 $E_{\min}$ 值较小时，学习效果好，但收敛速度慢，训练次数增加。如果 $E_{\min}$ 值取较大时则相反。本例中，神经网络的误差界值 $E_{\min}$ 为 0.000 1，即在迭代计算时误差值 $E<E_{\min}=0.000\,1$ 时，则认为学习完成，停止计算，输出结果。

在上述的网络模型及模型参数确定后，对预测网络进行训练及性能分析：取表 9-2 中相邻 10 个数据为一组训练样本，第 11 个数据作为训练目标。最小收敛误差取 0.000 1，最大循环次数为 10 000，这样共取 40 组数据用来训练网络。在实际应用中最近的数据作为训练样本，并随系统采样而不断更新训练样本，以便用最接近的数据来得到更准确的预测结果。结合选用的模型，运用 MATLAB 中的神经网络工具箱进行仿真。网络训练误差曲线如图 9-11 所示。在达到最大循环次数的时候，实际误差为 0.000 78，并没有达到目标误差，考虑到实际所需要的精度，可以选择中止训练，认为网络已达到训练目的。

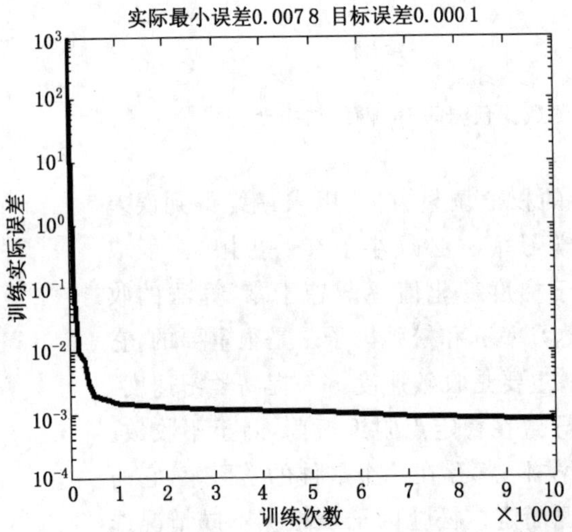

图 9-11 网络训练误差曲线

使用上述 40 组数据训练网络以后，用表 9-3 中的 10 组测试数据进行测试，预测结果分析如表 9-4 所示。

表 9-4 预测结果分析

序号	1	2	3	4	5	6	7	8	9	10
实际值/%	0.71	0.74	0.64	0.63	0.65	0.81	0.64	0.60	0.64	0.59
预测值/%	0.70	0.75	0.66	0.62	0.65	0.78	0.67	0.62	0.63	0.60
实际误差	−0.01	0.01	0.02	−0.01	0.00	−0.03	0.03	0.02	−0.01	0.01
相对误差/%	−1.41	1.35	3.13	−1.59	0.00	−3.70	4.69	3.33	−1.56	1.69

预测结果与实际结果相比，其绝对误差最大值等于 0.03，相对误差均小于 5%，图形化显示如图 9-12 所示，预测结果再经过“归一化”处理的逆过程，便可得到实际预测数据，结合现场传感器的测量误差，可以认为上述预测数据基本满足实际的安全预测要求。

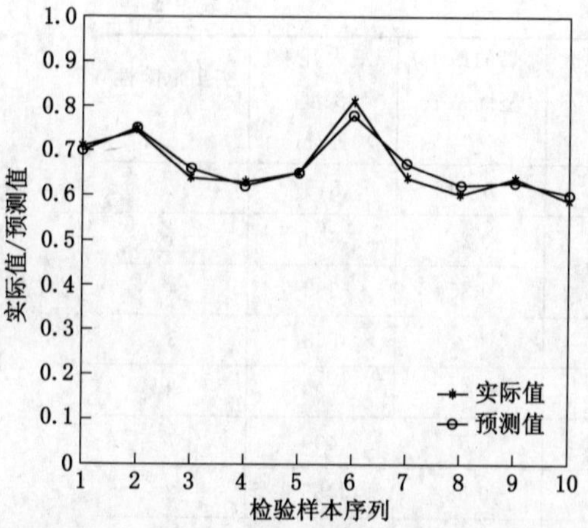

图 9-12　预测值和实际值的比较

二、BP 网络在煤与瓦斯突出预测中的应用

煤与瓦斯突出是含瓦斯煤岩体发生的极其复杂的动力现象，它是影响煤矿安全生产的主要灾害之一。探索煤与瓦斯突出背后的规律性，对预防突出具有非常重要的意义。影响煤与瓦斯突出的因素有很多，如应力、煤层特征、构造等，且各影响因素相互关联。事实上，煤与瓦斯突出是一个典型的复杂非线性动力系统。人工神经网络具有极强的非线性逼近能力，应用其来模拟煤与瓦斯突出事件与其影响因素之间的复杂非线性关系，可以减少人为的干扰，从而更具有客观性。现将采用某矿井 324 组煤与瓦斯突出的实测数据作为样本集（随书数据 gas2.csv），部分样本见表 9-5。

表 9-5　　典型煤与瓦斯突出部分样本

样本号	最大瓦斯压力 p/MPa	瓦斯放散初速度 Δp	地质构造类型 d	煤的最小坚固系数 f	最大开采深度 H/m	突出危险性 T
1	2.80	19	3	0.31	620	4
2	1.05	6	5	0.25	450	2
3	1.2	18	3	0.16	462	2
4	1.17	5	1	0.61	395	1
5	1.25	8	3	0.36	745	3
6	2.8	8	3	0.59	425	2
7	2	7	1	0.48	460	1
8	1.4	9	3	0.42	426	4
9	1.4	4	3	0.58	428	1
10	0.95	6	3	0.24	455	3
11	1.05	4.8	2	0.6	477	1

续表 9-5

样本号	最大瓦斯压力 p/MPa	瓦斯放散初速度 Δp	地质构造类型 d	煤的最小坚固系数 f	最大开采深度 H/m	突出危险性 T
12	2.39	11	3	0.28	515	2
13	3.8	12	2	0.21	650	4
14	3.76	13	5	0.35	588	4
15	1.17	8.6	4	0.4	568	3
16	1.65	9	4	0.35	706	3
17	1.4	3	3	0.51	400	1
18	2.16	14	4	0.58	485	2
19	2.4	8	1	0.42	519	4
20	0.75	7.4	4	0.37	740	3

其中前 200 组作为训练样本，后 124 组作为检验样本。样本包含以下 5 个影响煤与瓦斯突出的主要指标：最大瓦斯压力(p)、瓦斯放散初速度(Δp)、地质构造类型(d)、煤的最小坚固系数(f)、最大开采深度(H)。根据煤与瓦斯突出强度的大小可将突出危险性(T)分为以下 4 个等级作为网络的输出：无突出(1 类)，小型突出(50 t 以下，2 类)，中型突出(50～100 t，3 类)，大型突出(100 t 以上，4 类)，用于煤与瓦斯突出区域预测的 BP 网络拓扑结构如图 9-13 所示。

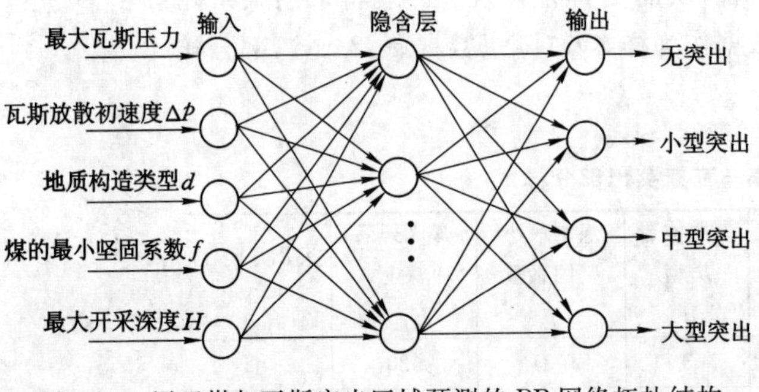

图 9-13 用于煤与瓦斯突出区域预测的 BP 网络拓扑结构

在 BP 神经网络模型中，输入节点和输出节点的数量根据问题的性质来确定，主要是隐层层数与隐层节点的选取。Lippmann 与 Cyberko 通过理论分析认为，两个隐层足以解决任何形式的分类问题；Robert 等认为，只要隐层节点数足够，只含一个隐层的神经网络模型就可以以任意精度逼近一个非线性函数。因此选取的 BP 网络为三层结构。根据经验，隐层神经元一般取输入神经元的两倍左右，隐层神经元数设为 11 个，因此该网络模型由 5 个输入层神经元、11 个隐层神经元和 4 个输出层神经元组成，从输入层到隐含层和隐含层到输出层的传递函数分别采用对数 S 型函数和线性函数。

首先将 200 组训练样本分别输入 MATLAB 神经网络工具箱中的基本 BP 网络和基于 LM 算法的 LMBP 网络进行训练，结果发现网络运行时间过长且始终达不到所要求的精度。

考虑到噪声数据的影响以及样本数据过多对网络造成的压力，因此从中选取了 22 组典型样本数据作为样本集见表 9-5。其中，前 16 组数据作为网络学习样本，后 6 组作为预测样本。

即问即答

如何判别某一神经网络的训练效果？

两种网络在训练过程中的误差曲线如图 9-14、图 9-15 所示。由图中可明显看出，网络拟合效果良好，但运用 LMBP 网络（迭代 1 288 次收敛）比基本 BP 网络（迭代 3 163 次后收敛）快。

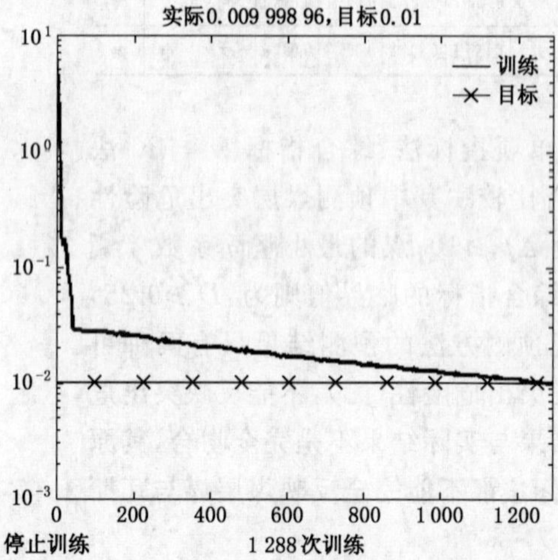

图 9-14　LMBP 算法训练的误差曲线

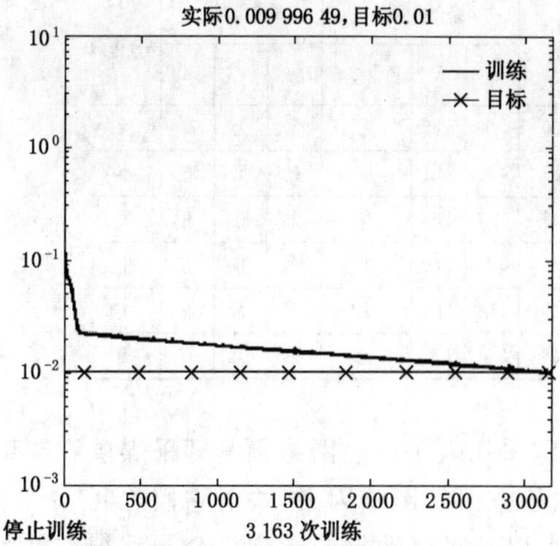

图 9-15　BP 算法训练的误差曲线

即问即答

为什么不能以 200 组样本直接进行训练？

验证结果见表 9-6。由表 9-6 可知，用 LMBP 网络对第 19、21 组数据作出了误判，基本 BP 网络对第 18、22 组样本作出了误判，对其他组样本判断正确。

表 9-6　　预测模型验证结果

样本号	最大瓦斯压力 p	瓦斯放散初速度 Δp	地质构造类型 d	煤的最小坚固系数 f	垂深 H	网络输出								预测结果		实际类别
						LMBP				BP				LMBP	BP	
17	1.40	3.0	3	0.51	400	0.924 5	0.088 7	0.106 5	0.092 3	0.827 0	0.087 4	0.181 7	0.098 5	无	无	无
18	2.16	14	4	0.58	485	0.094 7	0.931 9	0.108 7	0.097 5	0.089 2	0.089 1	0.124 5	0.926 3	小	大	小
19	2.40	8.0	1	0.42	519	0.099 7	0.970 4	0.109 2	0.094 2	0.090 3	0.087 3	0.114 6	0.910 7	小	大	大
20	0.75	7.4	4	0.37	740	0.094 4	0.102 7	0.910 8	0.092 1	0.095 3	0.144 3	0.911 1	0.096 6	中	中	中
21	3.95	6.0	5	0.54	543	0.095 6	0.108 0	0.914 8	0.093 6	0.097 7	0.097 5	0.098 1	0.899 5	中	大	大
22	1.65	4.0	2	0.53	438	0.944 3	0.097 1	0.099 7	0.092 8	0.090 1	0.904 8	0.096 7	0.091 9	无	小	无

下面将通过其他的预测方法如单项指标法、综合指标 D 与 K 法来与上述 BP 神经网络预测方法进行比较。其中预测煤层突出危险性单项临界指标值为：瓦斯放散初速度 $\Delta p \geqslant 10$；煤的最小坚固系数 $f \leqslant 0.5$；最大瓦斯压力 $p \geqslant 0.74$ MPa。综合指标的临界值则为：$D \geqslant 0.25$，$K \geqslant 15$。从表 9-7 中可以看出：常规预测方法的预测结果只有两种可能性，那就是有突出危险性(有)或无突出危险性(无)，不能反映突出危险性的程度；常规预测方法的预测结果与实际结果不是完全吻合，其原因是不管是单项指标法还是综合指标法都不能完全反映煤层煤与瓦斯突出的诸多复杂的影响因素。

表 9-7　　其他预测方法预测结果

样本号	最大瓦斯压力 p/MPa	瓦斯放散速度 Δp	地质构造类型 d	煤的最小坚固系数 f	垂深 H	综合指标法			单项指标法			实际类别
						D	K	预测结果	Δp	f	p	
17	1.40	3.0	3	0.51	400	1.90	5.88	无	无	无	有	无
18	2.16	14	4	0.58	485	4.65	24.1	有	有	无	有	小
19	2.40	8.0	1	0.42	519	10.4	19.1	有	无	有	有	大
20	0.75	7.4	4	0.37	740	0.12	20.0	无	无	有	有	中
21	3.95	6.0	5	0.54	543	14.6	11.1	无	无	无	有	大
22	1.65	4.0	2	0.53	438	2.91	7.55	无	无	无	有	无

由实验结果可得出如下结论：① 采用人工神经网络预测开采煤层煤与瓦斯突出危险性可以充分考虑各方面的影响因素，映射它们之间复杂的非线性关系，但是样本集过大以及噪声数据的影响将会导致神经网络收敛速度过慢甚至不收敛。② 与常规预测方法相比较，基于神经网络的煤与瓦斯突出预测方法具有一定的优越性。

思考与研讨

还有哪些问题可以采用神经网络模型解决？

本 章 要 点

数据挖掘是一门交叉学科，它汇聚了数据库、人工智能、统计学、可视化、并行计算等不同学科和领域，近年来受到各界的广泛关注。狭义上讲，数据挖掘就是从大型数据库的数据中提取人们感兴趣的知识。这些知识是隐含的、事先未知的潜在有用信息，提取的知识表示为概念、规则、规律、模式等形式。广义上来说，数据挖掘意味着在一些事实或观察数据的集合中寻找模式的决策支持过程。

数据挖掘的目标是从大量的数据中，发现隐藏于其后的规律或数据间的关系，从而服务于决策，其主要功能包括数据总结、分类、关联分析、聚类等。目前，在研究和实践中通常采用的数据挖掘方法主要有粗糙集、神经网络、关联规则、决策树等，其中神经网络方法的使用尤为广泛，它反映了多学科交叉技术领域的特点。迄今为止，在人工神经网络研究领域中，有代表性的网络模型已达数十种，例如误差逆传播神经网络、Hopfield 神经网络、随机型 BM 网络、径向基函数神经网络、自组织特征映射神经网络。

BP 神经网络是指基于误差反向传播算法的多层前向神经网络。BP 算法已成为目前最为广泛的神经网络学习算法，其基本思想是，学习过程由信号的正向传播与误差的反向传播两个过程组成。正向传播时，输入样本从输入层传入，经各隐层逐层处理后，传向输出层。若输出层的实际输出与期望输出不符，则转入反向传播阶段。误差反向传播过程，是将输出误差以某种形式通过隐层向输入层逐层反传，并将误差分摊给各层的所有单元，从而获得各层单元的误差信号，此误差信号即作为修正各单元权值的依据。这种信号正向传播与误差反向传播的各层权值调整过程，在达到期望输出之前是周而复始地进行的。权值不断调整的过程就是网络学习训练的过程。

思考与练习

1. 思考现代数据挖掘方法与经典统计模型的区别与联系。

2. 在构造神经网络模型时需要重点考虑的问题有哪些？

3. BP 算法有哪些优点和缺点？通过资料收集和分析，阐述如何克服 BP 算法的不足之处。

附表 常用统计表

附表 1 标准正态分布累积概率分布表

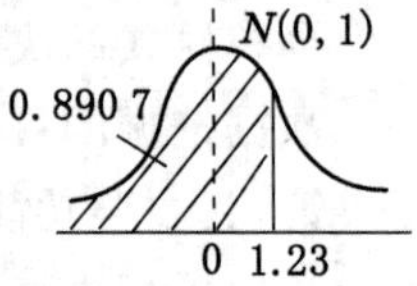

$$\Phi(x)=\int_{-\infty}^{x}\frac{1}{\sqrt{2\pi}}e^{-\frac{t^2}{2}}dt=P\quad(X\leqslant x)$$

例:设随机变量 $x\sim N(0,1)$，则 $\Phi(1.23)=p(x\leqslant 1.23)0.890\ 7$,代表右图中阴影部分的面积。

x	0.00	0.01	0.02	0.03	0.04	0.05	0.06	0.07	0.08	0.09
0.0	0.500 0	0.504 0	0.508 0	0.512 0	0.516 0	0.519 9	0.523 9	0.527 9	0.531 9	0.535 9
0.1	0.539 8	0.543 8	0.547 8	0.551 7	0.555 7	0.559 6	0.563 6	0.567 5	0.571 4	0.575 3
0.2	0.579 3	0.583 2	0.587 1	0.591 0	0.594 8	0.598 7	0.602 6	0.606 4	0.610 3	0.614 1
0.3	0.617 9	0.621 7	0.625 5	0.629 3	0.633 1	0.636 8	0.640 4	0.644 3	0.648 0	0.651 7
0.4	0.655 4	0.659 1	0.662 8	0.666 4	0.670 0	0.673 6	0.677 2	0.680 8	0.684 4	0.687 9
0.5	0.691 5	0.695 0	0.698 5	0.701 9	0.705 4	0.708 8	0.712 3	0.715 7	0.719 0	0.722 4
0.6	0.725 7	0.729 1	0.732 4	0.735 7	0.738 9	0.742 2	0.745 4	0.748 6	0.751 7	0.754 9
0.7	0.758 0	0.761 1	0.764 2	0.767 3	0.770 3	0.773 4	0.776 4	0.779 4	0.782 3	0.785 2
0.8	0.788 1	0.791 0	0.793 9	0.796 7	0.799 5	0.802 3	0.805 1	0.807 8	0.810 6	0.813 3
0.9	0.815 9	0.818 6	0.821 2	0.823 8	0.826 4	0.828 9	0.835 5	0.834 0	0.836 5	0.838 9
1.0	0.841 3	0.843 8	0.846 1	0.848 5	0.850 8	0.853 1	0.855 4	0.857 7	0.859 9	1.000 0
1.1	0.864 3	0.866 5	0.868 6	0.870 8	0.872 9	0.874 9	0.877 0	0.879 0	0.881 0	0.862 1
1.2	0.884 9	0.886 9	0.888 8	0.890 7	0.892 5	0.894 4	0.896 2	0.898 0	0.899 7	0.883 0
1.3	0.903 2	0.904 9	0.906 6	0.908 2	0.909 9	0.911 5	0.913 1	0.914 7	0.916 2	0.901 5
1.4	0.919 2	0.920 7	0.922 2	0.923 6	0.925 1	0.926 5	0.927 9	0.929 2	0.930 6	0.917 7
1.5	0.933 2	0.934 5	0.935 7	0.937 0	0.938 2	0.939 4	0.940 6	0.941 8	0.943 0	0.931 9
1.6	0.945 2	0.946 3	0.947 4	0.948 4	0.949 5	0.950 5	0.951 5	0.952 5	0.953 5	0.944 1
1.7	0.955 4	0.956 4	0.957 3	0.958 2	0.959 1	0.959 9	0.960 8	0.961 6	0.962 5	0.953 5
1.8	0.964 1	0.964 8	0.965 6	0.966 4	0.967 2	0.967 8	0.968 6	0.969 3	0.970 0	0.963 3
1.9	0.971 3	0.971 9	0.972 6	0.973 2	0.973 8	0.974 4	0.975 0	0.975 6	0.976 2	0.970 6
2.0	0.977 2	0.977 8	0.978 3	0.978 8	0.979 3	0.979 8	0.980 3	0.980 8	0.981 2	0.976 7
2.1	0.982 1	0.982 6	0.983 0	0.983 4	0.983 8	0.984 2	0.984 6	0.985 0	0.985 4	0.981 7
2.2	0.986 1	0.986 4	0.986 8	0.987 1	0.987 4	0.987 8	0.988 1	0.988 4	0.988 7	0.985 7
2.3	0.989 3	0.989 6	0.989 8	0.990 10	0.990 4	0.990 6	0.990 9	0.991 1	0.991 3	0.989 0
2.4	0.991 8	0.992 0	0.992 2	0.992 5	0.992 7	0.992 9	0.993 1	0.993 2	0.993 4	0.991 6
2.5	0.993 8	0.994 0	0.994 1	0.994 3	0.994 5	0.994 6	0.994 8	0.994 9	0.995 1	0.993 6
2.6	0.995 3	0.995 5	0.995 6	0.995 7	0.995 9	0.996 0	0.996 1	0.996 2	0.996 3	0.995 2
2.7	0.996 5	0.996 6	0.996 7	0.996 8	0.996 9	0.997 0	0.997 1	0.997 2	0.997 3	0.996 4
2.8	0.997 4	0.997 5	0.997 6	0.997 7	0.997 7	0.997 8	0.997 9	0.997 9	0.998 0	0.997 4
2.9	0.998 1	0.998 2	0.998 2	0.998 3	0.998 4	0.998 4	0.998 5	0.998 5	0.998 6	0.998 1
3.0	0.998 7	0.999 0	0.999 3	0.999 5	0.999 7	0.999 8	0.999 8	0.999 9	0.999 9	0.998 6

附表 2 χ^2 分布累积概率分布表

例：设随机变量 x 服从自由度为 20 的卡方分布，即 $x \sim \chi^2(df=20)$，则 $Pr\ (\chi^2 > 10.850\ 8) = 0.95$，代表右图中阴影部分的面积。

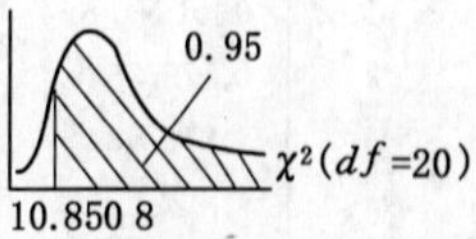

自由度 \ Pr	0.995	0.990	0.975	0.950	0.900
1	$392\ 704 \times 10^{-10}$	$157\ 088 \times 10^{-9}$	$982\ 069 \times 10^{-9}$	$393\ 214 \times 10^{-8}$	0.015 790 8
2	0.010 025 1	0.020 100 7	0.050 635 6	0.102 587	0.210 720
3	0.071 721 2	0.114 832	0.215 795	0.351 846	0.584 375
4	0.206 990	0.297 110	0.484 419	0.710 721	1.063 623
5	0.411 740	0.554 300	0.831 211	1.145 476	1.610 31
6	0.675 727	0.872 085	1.237 347	1.635 39	2.204 13
7	0.989 265	1.239 043	1.689 87	2.167 35	2.833 11
8	1.344 419	1.646 482	2.179 73	2.732 64	3.489 54
9	1.734 926	2.087 912	2.700 39	3.325 11	4.168 16
10	2.155 85	2.558 21	3.246 97	3.940 30	4.865 18
11	2.603 21	3.053 47	3.815 75	4.574 81	5.577 79
12	3.073 82	3.570 56	4.403 79	5.226 03	6.303 80
13	3.565 03	4.106 91	5.008 74	5.891 86	7.041 50
14	4.074 68	4.660 43	5.628 72	6.570 63	7.789 53
15	4.600 94	5.229 35	6.262 14	7.260 94	8.546 75
16	5.142 24	5.812 21	6.907 66	7.961 64	9.312 23
17	5.697 24	6.407 76	7.564 18	8.671 76	10.085 2
18	6.264 81	7.014 91	8.230 75	9.390 46	10.864 9
19	6.843 98	7.632 73	8.906 55	10.117 0	11.650 9
20	7.433 86	8.260 40	9.590 83	10.850 8	12.442 6
21	8.0336 6	8.897 20	10.282 93	11.591 3	13.239 6
22	8.642 72	9.542 49	10.982 3	12.338 0	14.041 5
23	9.260 42	10.195 67	11.688 5	13.090 5	14.847 9
24	9.886 23	10.856 4	12.401 1	13.848 4	15.658 7
25	10.519 7	11.524 0	13.119 7	14.611 4	16.473 4
26	11.160 3	12.198 1	13.843 9	15.379 1	17.291 9
27	11.807 6	12.878 6	14.573 3	16.151 3	18.113 8
28	12.461 3	13.564 8	15.307 9	16.927 9	18.939 2
29	13.121 1	14.256 5	16.047 1	17.708 3	19.767 7
30	13.786 7	14.953 5	16.790 8	18.492 6	20.599 2
40	20.706 5	22.164 3	24.433 1	26.509 3	29.050 5
50	27.990 7	29.706 7	32.357 4	34.764 2	37.688 6
60	35.534 6	37.484 8	40.481 7	43.187 9	46.458 9
70	43.275 2	45.441 8	48.757 6	51.739 3	55.329 0
80	51.172 0	53.540 0	57.153 2	60.391 5	64.277 8
90	59.196 3	61.754 1	65.646 6	69.126 0	73.291 2
100①	67.327 6	70.064 8	74.221 9	77.929 5	82.358 1

① 当自由度大于 100 时，$\sqrt{2\chi^2} - \sqrt{(2k-1)} = Z$ 服从标准正态分布，其中，k 代表自由度。

续附表 2

自由度 \ Pr	0.750	0.500	0.250	0.100	0.050	0.025	0.010	0.005
1	0.101 530 8	0.454 937	1.323 30	2.705 54	3.841 46	5.023 89	6.634 90	7.8794 4
2	0.575 364	1.386 29	2.772 59	4.605 17	5.991 47	7.377 76	9.210 34	10.596 6
3	1.212 534	2.365 97	4.108 35	6.251 39	7.814 73	9.348 40	11.344 9	12.838 1
4	1.922 55	3.356 70	5.385 27	7.779 44	9.487 73	11.143 3	13.276 7	14.860 2
5	2.674 60	4.351 46	6.625 68	9.236 35	11.070 5	12.832 5	15.086 3	16.749 6
6	3.454 60	5.348 12	7.840 80	10.644 6	12.591 6	14.449 4	16.811 9	18.547 6
7	4.254 85	6.345 81	9.037 15	12.017 0	14.067 1	16.012 8	18.475 3	20.277 7
8	5.070 64	7.344 12	10.218 8	13.361 6	15.507 3	17.534 6	20.090 2	21.955 0
9	5.898 83	8.342 83	11.388 7	14.683 7	16.919 0	19.022 8	21.666 0	23.589 3
10	6.737 20	9.341 82	12.548 9	15.987 1	18.307 0	20.483 1	23.209 3	25.188 2
11	7.584 12	10.341 0	13.700 7	17.275 0	19.675 1	21.920 0	24.725 0	26.756 9
12	8.438 42	11.340 3	14.845 4	18.549 4	21.026 1	23.336 7	26.217 0	28.299 5
13	9.299 06	12.339 8	15.983 9	19.811 9	22.362 1	24.735 6	27.688 3	29.819 4
14	10.165 3	13.339 3	17.117 0	21.064 2	23.684 8	26.119 0	29.141 3	31.319 3
15	11.036 5	14.338 9	18.245 1	22.307 2	24.995 8	27.488 4	30.577 9	32.801 3
16	11.912 2	15.338 5	19.368 8	23.541 8	26.296 2	28.845 4	31.999 9	34.267 2
17	12.791 9	16.338 1	20.488 7	24.769 0	27.587 1	30.191 0	33.408 7	35.718 5
18	13.675 3	17.337 9	21.604 9	25.989 4	28.869 3	31.526 4	34.805 3	37.156 4
19	14.562 0	18.337 6	22.717 8	27.203 6	30.143 5	32.852 3	36.190 8	38.582 2
20	15.451 8	19.337 4	23.827 7	28.412 0	31.410 4	34.169 6	37.566 2	39.996 8
21	16.344 4	20.337 2	24.934 8	29.615 1	32.670 5	35.478 9	38.932 1	41.401 0
22	17.239 6	21.337 0	26.039 3	30.813 3	33.924 4	36.780 7	40.289 4	42.795 6
23	18.137 3	22.336 9	27.141 3	32.006 9	35.172 5	38.075 7	41.638 4	44.181 3
24	19.037 2	23.336 7	28.241 2	33.196 3	36.415 1	39.364 1	42.979 8	45.558 5
25	19.939 3	24.336 6	29.338 9	34.381 6	37.652 5	40.646 5	44.314 1	46.927 8
26	20.843 4	25.336 4	30.434 5	35.563 1	38.885 2	41.923 2	45.641 7	48.289 9
27	21.749 4	26.336 3	31.528 4	36.741 2	40.113 3	43.194 4	46.963 0	49.644 9
28	22.657 2	27.336 3	32.620 5	37.915 9	41.337 2	44.460 7	48.278 2	50.993 3
29	23.566 6	28.336 2	33.710 9	39.087 5	42.556 9	45.722 2	49.587 9	52.335 6
30	24.477 6	29.336 0	34.799 8	40.256 0	43.772 9	46.979 2	50.892 2	53.672 0
40	33.660 3	39.335 4	45.616 0	51.805 0	55.758 5	59.341 7	63.690 7	66.765 9
50	42.942 1	49.334 9	56.333 6	63.167 1	67.504 8	71.420 2	76.153 9	79.490 0
60	52.293 8	59.334 7	66.981 4	74.397 0	79.081 9	83.297 6	88.379 4	91.951 7
70	61.698 3	69.334 4	77.576 6	85.527 1	90.531 2	95.023 1	100.425	104.215
80	71.144 5	79.334 3	88.130 3	96.578 2	101.879	106.629	112.329	116.321
90	80.624 7	89.334 2	98.649 9	107.565	113.145	118.136	124.116	128.299
100	90.133 2	99.334 1	109.141	118.498	124.342	129.561	135.807	140.169

附表 3　t 分布累积概率分布表

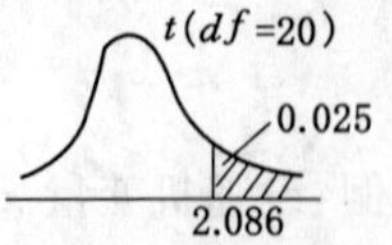

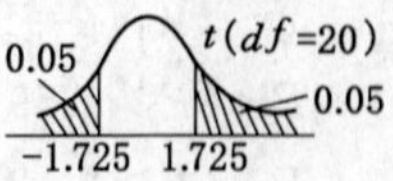

例：设随机变量 x 服从自由度 $df=20$ 的 t 分布，即

$x \sim t(df=20)$ 则：

$Pr(t>2.086)=0.025$，代表图 1 中阴影部分的面积；

$Pr(|t|>1.725)=0.10$，代表图 2 中阴影部分的面积。

自由度 df ＼ Pr	0.25	0.10	0.05	0.025	0.01	0.005	0.001
	0.50	0.20	0.10	0.05	0.02	0.010	0.002
1	1.000	3.078	6.314	12.706	31.821	63.657	318.31
2	0.816	1.886	2.920	4.303	6.965	9.925	22.327
3	0.765	1.638	2.353	3.182	4.541	5.841	10.214
4	0.741	1.533	2.132	2.776	3.747	4.604	7.173
5	0.727	1.476	2.015	2.571	3.365	4.032	5.893
6	0.718	1.440	1.943	2.447	3.143	3.707	5.208
7	0.711	1.415	1.895	2.365	2.998	3.499	4.785
8	0.706	1.397	1.860	2.306	2.896	3.355	4.501
9	0.703	1.383	1.833	2.262	2.821	3.250	4.297
10	0.700	1.372	1.812	2.228	2.764	3.169	4.144
11	0.697	1.363	1.796	2.201	2.718	3.106	4.025
12	0.695	1.356	1.782	2.179	2.681	3.055	3.930
13	0.694	1.350	1.771	2.160	2.650	3.012	3.852
14	0.692	1.345	1.761	2.145	2.624	2.977	3.787
15	0.691	1.341	1.753	2.131	2.602	2.947	3.733
16	0.690	1.337	1.746	2.120	2.583	2.921	3.686
17	0.689	1.333	1.740	2.110	2.567	2.898	3.646
18	0.688	1.330	1.734	2.101	2.552	2.878	3.610
19	0.688	1.328	1.729	2.093	2.539	2.861	3.579
20	0.687	1.325	1.725	2.086	2.528	2.845	3.552
21	0.686	1.323	1.721	2.080	2.518	2.831	3.527
22	0.686	1.321	1.717	2.074	2.508	2.819	3.505
23	0.685	1.319	1.714	2.069	2.500	2.807	3.485
24	0.685	1.318	1.711	2.064	2.492	2.797	3.467
25	0.684	1.316	1.708	2.060	2.485	2.787	3.450
26	0.684	1.315	1.706	2.056	2.479	2.779	3.435
27	0.684	1.314	1.703	2.052	2.473	2.771	3.421
28	0.683	1.313	1.701	2.048	2.467	2.763	3.408
29	0.683	1.311	1.699	2.045	2.462	2.756	3.396
30	0.683	1.310	1.697	2.042	2.457	2.750	3.385
40	0.681	1.303	1.684	2.021	2.423	2.704	3.307
60	0.679	1.296	1.671	2.000	2.390	2.660	3.232
120	0.677	1.289	1.658	1.980	2.358	2.617	3.160
∞	0.674	1.282	1.645	1.960	2.326	2.576	3.090

注：每栏上端所示较小概率为单侧面积；下端较大的概率为双侧面积。

附表 4 F 分布累积概率分布表

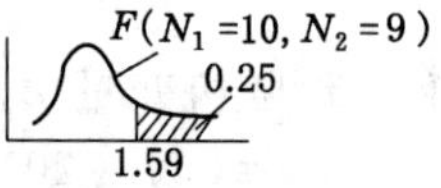

例：设随机变量 x 服从分子自由度为 10、分母自由度为 9 的 F 分布，即 $x \sim F(N_1=10, N_2=9)$，则：

$Pr\ (F>1.59)=0.25$，代表图 1 中阴影部分的面积；

$Pr\ (F>2.42)=0.10$，代表图 2 中阴影部分的面积。

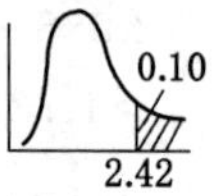

分母的自由度 N_2	Pr	分子的自由度 N_1											
		1	2	3	4	5	6	7	8	9	10	11	12
1	0.25	5.83	7.50	8.20	8.58	8.82	8.98	9.10	9.19	9.26	9.32	9.36	9.41
	0.10	39.9	49.5	53.6	55.8	57.2	58.2	58.9	59.4	59.9	60.2	60.5	60.7
	0.05	161	200	216	225	230	234	237	239	241	242	243	244
2	0.25	2.57	3.00	3.15	3.23	3.28	3.31	3.34	3.35	3.37	3.38	3.39	3.39
	0.10	8.53	9.00	9.16	9.24	9.29	9.33	9.35	9.37	9.38	9.39	9.40	9.41
	0.05	18.5	19.0	19.2	19.2	19.3	19.3	19.4	19.4	19.4	19.4	19.4	19.4
	0.01	98.5	99.0	99.2	99.2	99.3	99.3	99.4	99.4	99.4	99.4	99.4	99.4
3	0.25	2.02	2.28	2.36	2.39	2.41	2.42	2.43	2.44	2.44	2.44	2.45	2.45
	0.10	5.54	5.46	5.39	5.34	5.31	5.28	5.27	5.25	5.24	5.23	5.22	5.22
	0.05	10.1	9.55	9.28	9.12	9.01	8.94	8.89	8.85	8.81	8.79	8.76	8.74
	0.01	34.1	30.8	29.5	28.7	28.2	27.9	27.7	27.5	27.3	27.2	27.1	27.1
4	0.25	1.81	2.00	2.05	2.06	2.07	2.08	2.08	2.08	2.08	2.08	2.08	2.08
	0.10	4.54	4.32	4.19	4.11	4.05	4.01	3.98	3.95	3.94	3.92	3.91	3.90
	0.05	7.71	6.94	6.59	6.39	6.26	6.16	6.09	6.04	6.00	5.96	5.94	5.91
	0.01	21.2	18.0	16.7	16.0	15.5	15.2	15.0	14.8	14.7	14.5	14.4	14.4
5	0.25	1.69	1.85	1.88	1.89	1.89	1.89	1.89	1.89	1.89	1.89	1.89	1.89
	0.10	4.06	3.78	3.62	3.52	3.45	3.40	3.37	3.34	3.32	3.30	3.28	3.27
	0.05	6.61	5.79	5.41	5.19	5.05	4.95	4.88	4.82	4.77	4.74	4.71	4.68
	0.01	16.3	13.3	12.1	11.4	11.0	10.7	10.5	10.3	10.2	10.1	9.96	9.89
6	0.25	1.62	1.76	1.78	1.79	1.79	1.78	1.78	1.78	1.77	1.77	1.77	1.77
	0.10	3.78	3.46	3.29	3.18	3.11	3.05	3.01	2.98	2.96	2.94	2.92	2.90
	0.05	5.99	5.14	4.76	4.53	4.39	4.28	4.21	4.15	4.10	4.06	4.03	4.00
	0.01	13.7	10.9	9.78	9.15	8.75	8.47	8.26	8.10	7.98	7.87	7.79	7.72
7	0.25	1.57	1.70	1.72	1.72	1.71	1.71	1.70	1.70	1.69	1.69	1.69	1.68
	0.10	3.59	3.26	3.07	2.96	2.88	2.83	2.78	2.75	2.72	2.70	2.68	2.67
	0.05	5.59	4.74	4.35	4.12	3.97	3.87	3.79	3.73	3.68	3.64	3.60	3.57
	0.01	12.2	9.55	8.45	7.85	7.46	7.19	6.99	6.84	6.72	6.62	6.54	6.47
8	0.25	1.54	1.66	1.67	1.66	1.66	1.65	1.64	1.64	1.63	1.63	1.63	1.62
	0.10	3.46	3.11	2.92	2.81	2.73	2.67	2.62	2.59	2.56	2.54	2.52	2.50
	0.05	5.32	4.46	4.07	3.84	3.69	3.58	3.50	3.44	3.39	3.35	3.31	3.28
	0.01	11.3	8.65	7.59	7.01	6.63	6.37	6.18	6.03	5.91	5.81	5.73	5.67
9	0.25	1.51	1.62	1.63	1.63	1.62	1.61	1.60	1.60	1.59	1.59	1.58	1.58
	0.10	3.36	3.01	2.81	2.69	2.61	2.55	2.51	2.47	2.44	2.42	2.40	2.38
	0.05	5.12	4.26	3.86	3.63	3.48	3.37	3.29	3.23	3.18	3.14	3.10	3.07
	0.01	10.6	8.02	6.99	6.42	6.06	5.80	5.61	5.47	5.35	5.26	5.18	5.11

续附表 4

分母的自由度 N_2	Pr	分子的自由度 N_1											
		15	20	24	30	40	50	60	100	120	200	500	∞
1	0.25	9.49	9.58	9.63	9.67	9.71	9.74	9.76	9.78	9.80	9.82	9.84	9.85
	0.10	61.2	61.7	62.0	62.3	62.5	62.7	62.8	63.0	63.1	63.2	63.3	63.3
	0.05	246	248	249	250	251	252	252	253	253	254	254	254
2	0.25	3.41	3.43	3.43	3.44	3.45	3.45	3.46	3.47	3.47	3.48	3.48	3.48
	0.10	9.42	9.44	9.45	9.46	9.47	9.47	9.47	9.48	9.48	9.49	9.49	9.49
	0.05	19.4	19.4	19.5	19.5	19.5	19.5	19.5	19.5	19.5	19.5	19.5	19.5
	0.01	99.4	99.4	99.5	99.5	99.5	99.5	99.5	99.5	99.5	99.5	99.5	99.5
3	0.25	2.46	2.46	2.46	2.47	2.47	2.47	2.47	2.47	2.47	2.47	2.47	2.47
	0.10	5.20	5.18	5.18	5.17	5.16	5.15	5.15	5.14	5.14	5.14	5.14	5.13
	0.05	8.70	8.66	8.64	8.62	8.59	8.58	8.57	8.55	8.55	8.54	8.53	8.53
	0.01	26.9	26.7	26.6	26.5	26.4	26.4	26.3	26.2	26.2	26.2	26.1	26.1
4	0.25	2.08	2.08	2.08	2.08	2.08	2.08	2.08	2.08	2.08	2.08	2.08	2.08
	0.10	3.87	3.84	3.83	3.82	3.80	3.80	3.79	3.78	3.78	3.77	3.76	3.76
	0.05	5.86	5.80	5.77	5.75	5.72	5.70	5.69	5.66	5.66	5.65	5.64	5.63
	0.01	14.2	14.0	13.9	13.8	13.7	13.7	13.7	13.6	13.6	13.5	13.5	13.5
5	0.25	1.89	1.88	1.88	1.88	1.88	1.88	1.87	1.87	1.87	1.87	1.87	1.87
	0.10	3.24	3.21	3.19	3.17	3.16	3.15	3.14	3.13	3.12	3.12	3.11	3.10
	0.05	4.62	4.56	4.53	4.50	4.46	4.44	4.43	4.41	4.40	4.39	4.37	4.36
	0.01	9.72	9.55	9.47	9.38	9.29	9.24	9.20	9.13	9.11	9.08	9.04	9.02
6	0.25	1.76	1.76	1.75	1.75	1.75	1.75	1.74	1.74	1.74	1.74	1.74	1.74
	0.10	2.87	2.84	2.82	2.80	2.78	2.77	2.76	2.75	2.74	2.73	2.73	2.72
	0.05	3.94	3.87	3.84	3.81	3.77	3.75	3.74	3.71	3.70	3.69	3.68	3.67
	0.01	7.56	7.40	7.31	7.23	7.14	7.09	7.06	6.99	6.97	6.93	6.90	6.88
7	0.25	1.68	1.67	1.67	1.66	1.66	1.66	1.65	1.65	1.65	1.65	1.65	1.65
	0.10	2.63	2.59	2.58	2.56	2.54	2.52	2.51	2.50	2.49	2.48	2.48	2.47
	0.05	3.51	3.44	3.41	3.38	3.34	3.32	3.30	3.27	3.27	3.25	3.24	3.23
	0.01	6.31	6.16	6.07	5.99	5.91	5.86	5.82	5.75	5.74	5.70	5.67	5.65
8	0.25	1.62	1.61	1.60	1.60	1.59	1.59	1.59	1.58	1.58	1.58	1.58	1.58
	0.10	2.46	2.42	2.40	2.38	2.36	2.35	2.34	2.32	2.32	2.31	2.30	2.29
	0.05	3.22	3.15	3.12	3.08	3.04	2.02	3.01	2.97	2.97	2.95	2.94	2.93
	0.01	5.52	5.36	5.28	5.20	5.12	5.07	5.03	4.96	4.95	4.91	4.88	4.86
9	0.25	1.57	1.56	1.56	1.55	1.55	1.54	1.54	1.53	1.53	1.53	1.53	1.53
	0.10	2.34	2.30	2.28	2.25	2.23	2.22	2.21	2.19	2.18	2.17	2.17	2.16
	0.05	3.01	2.94	2.90	2.86	2.83	2.80	2.79	2.76	2.75	2.73	2.72	2.71
	0.01	4.96	4.81	4.73	4.65	4.57	4.52	4.48	4.42	4.40	4.36	4.33	4.31

续附表 4

分母的自由度 N_2	Pr	分子的自由度 N_1											
		1	2	3	4	5	6	7	8	9	10	11	12
10	0.25	1.49	1.60	1.60	1.59	1.59	1.58	1.57	1.56	1.56	1.55	1.55	1.54
	0.10	3.29	2.92	2.73	2.61	2.52	2.46	2.41	2.38	2.35	2.32	2.30	2.28
	0.05	4.96	4.10	3.71	3.48	3.33	3.22	3.14	3.07	3.02	2.98	2.94	2.91
	0.01	10.0	7.56	6.55	5.99	5.64	5.39	5.20	5.06	4.94	4.85	4.77	4.71
11	0.25	1.47	1.58	1.58	1.57	1.56	1.55	1.54	1.53	1.53	1.52	1.52	1.51
	0.10	3.23	2.86	2.66	2.54	2.45	2.39	2.34	2.30	2.27	2.25	2.23	2.21
	0.05	4.84	3.98	3.59	3.36	3.20	3.09	3.01	2.95	2.90	2.85	2.82	2.79
	0.01	9.65	7.21	6.22	5.67	5.32	5.07	4.89	4.74	4.63	4.54	4.46	4.40
12	0.25	1.46	1.56	1.56	1.55	1.54	1.53	1.52	1.51	1.51	1.50	1.50	1.49
	0.10	3.18	2.81	2.61	2.48	2.39	2.33	2.28	2.24	2.21	2.19	2.17	2.15
	0.05	4.75	3.89	3.49	3.26	3.11	3.00	2.91	2.85	2.80	2.75	2.72	2.69
	0.01	9.33	6.93	5.95	5.41	5.06	4.82	4.64	4.50	4.39	4.30	4.22	4.16
13	0.25	1.45	1.55	1.55	1.53	1.52	1.51	1.50	1.49	1.49	1.48	1.47	1.47
	0.10	3.14	2.76	2.56	2.43	2.35	2.28	2.23	2.20	2.16	2.14	2.12	2.10
	0.05	4.67	3.81	3.41	3.18	3.03	2.92	2.83	2.77	2.71	2.67	2.63	2.60
	0.01	9.07	6.70	5.74	5.21	4.86	4.62	4.44	4.30	4.19	4.10	4.02	3.96
14	0.25	1.44	1.53	1.53	1.52	1.51	1.50	1.49	1.48	1.47	1.46	1.46	1.45
	0.10	3.10	2.73	2.52	2.39	2.31	2.24	2.19	2.15	2.12	2.10	2.08	2.05
	0.05	4.60	3.74	3.34	3.11	2.96	2.85	2.76	2.70	2.65	2.60	2.57	2.53
	0.01	8.86	6.51	5.56	5.04	4.69	4.46	4.28	4.14	4.03	3.94	3.86	3.80
15	0.25	1.43	1.52	1.52	1.51	1.49	1.48	1.47	1.46	1.46	1.45	1.44	1.44
	0.10	3.07	2.70	2.49	2.36	2.27	2.21	2.16	2.12	2.09	2.06	2.04	2.02
	0.05	4.54	3.68	3.29	3.06	2.90	2.79	2.71	2.64	2.59	2.54	2.51	2.48
	0.01	8.68	6.36	5.42	4.89	4.56	4.32	4.14	4.00	3.89	3.80	3.73	3.67
16	0.25	1.42	1.51	1.51	1.50	1.48	1.47	1.46	1.45	1.44	1.44	1.44	1.43
	0.10	3.05	2.67	2.46	2.33	2.24	2.18	2.13	2.09	2.06	2.03	2.01	1.99
	0.05	4.49	3.63	3.24	3.01	2.85	2.74	2.66	2.59	2.54	2.49	2.46	2.42
	0.01	8.53	6.23	5.29	4.77	4.44	4.20	4.03	3.89	3.78	3.69	3.62	3.55
17	0.25	1.42	1.51	1.50	1.49	1.47	1.46	1.45	1.44	1.43	1.43	1.42	1.41
	0.10	3.03	2.64	2.44	2.31	2.22	2.15	2.10	2.06	2.03	2.00	1.98	1.96
	0.05	4.45	3.59	3.20	2.96	2.81	2.70	2.61	2.55	2.49	2.45	2.41	2.38
	0.01	8.40	6.11	5.18	4.67	4.34	4.10	3.93	3.79	3.68	3.59	3.52	3.46
18	0.25	1.41	1.50	1.49	1.48	1.46	1.45	1.44	1.43	1.42	1.42	1.41	1.40
	0.10	3.01	2.62	2.42	2.29	2.20	2.13	2.08	2.04	2.00	1.98	1.96	1.93
	0.05	4.41	3.55	3.16	2.93	2.77	2.66	2.58	2.51	2.46	2.41	2.37	2.34
	0.01	8.29	6.01	5.09	4.58	4.25	4.01	3.84	3.71	3.60	3.51	3.43	3.37
19	0.25	1.41	1.49	1.49	1.47	1.46	1.44	1.43	1.42	1.41	1.41	1.40	1.40
	0.10	2.99	2.61	2.40	2.27	2.18	2.11	2.06	2.02	1.98	1.96	1.94	1.91
	0.05	4.38	3.52	3.13	2.90	2.74	2.63	2.54	2.48	2.42	2.38	2.34	2.31
	0.01	8.18	5.93	5.01	4.50	4.17	3.94	3.77	3.63	3.52	3.43	3.36	3.30
20	0.25	1.40	1.49	1.48	1.46	1.45	1.44	1.43	1.42	1.41	1.40	1.39	1.39
	0.10	2.97	2.59	2.38	2.25	2.16	2.09	2.04	2.00	1.96	1.94	1.92	1.89
	0.05	4.35	3.49	3.10	2.87	2.71	2.60	2.51	2.45	2.39	2.35	2.31	2.28
	0.01	8.10	5.85	4.94	4.43	4.10	3.87	3.70	3.56	3.46	3.37	3.29	3.23

续附表 4

分母的自由度 N_2	Pr	分子的自由度 N_1											
		15	20	24	30	40	50	60	100	120	200	500	∞
10	0.25	1.53	1.52	1.52	1.51	1.51	1.50	1.50	1.49	1.49	1.49	1.48	1.48
	0.10	2.24	2.20	2.18	2.16	2.13	2.12	2.11	2.09	2.08	2.07	2.06	2.06
	0.05	2.85	2.77	2.74	2.70	2.66	2.64	2.62	2.59	2.58	2.56	2.55	2.54
	0.01	4.56	4.41	4.33	4.25	4.17	4.12	4.08	4.01	4.00	3.96	3.93	3.91
11	0.25	1.50	1.49	1.49	1.48	1.47	1.47	1.47	1.46	1.46	1.46	1.45	1.45
	0.10	2.17	2.12	2.10	2.08	2.05	2.04	2.03	2.00	2.00	1.99	1.98	1.97
	0.05	2.72	2.65	2.61	2.57	2.53	2.51	2.49	2.46	2.45	2.43	2.42	2.40
	0.01	4.25	4.10	4.02	3.94	3.86	3.81	3.78	3.71	3.69	3.66	3.62	3.60
12	0.25	1.48	1.47	1.46	1.45	1.45	1.44	1.44	1.43	1.43	1.43	1.42	1.42
	0.10	2.10	2.06	2.04	2.01	1.99	1.97	1.96	1.94	1.93	1.92	1.91	1.90
	0.05	2.62	2.54	2.51	2.47	2.43	2.40	2.38	2.35	2.34	2.32	2.31	2.30
	0.01	4.01	3.86	3.78	3.70	3.62	3.57	3.54	3.47	3.45	3.41	3.38	3.36
13	0.25	1.46	1.45	1.44	1.43	1.42	1.42	1.42	1.41	1.41	1.40	1.40	1.40
	0.10	2.05	2.01	1.98	1.96	1.93	1.92	1.90	1.88	1.88	1.86	1.85	1.85
	0.05	2.53	2.46	2.42	2.38	2.34	2.31	2.30	2.26	2.25	2.23	2.22	2.21
	0.01	3.82	3.66	3.59	3.51	3.43	3.38	3.34	3.27	3.25	3.22	3.19	3.17
14	0.25	1.44	1.43	1.42	1.41	1.41	1.40	1.40	1.39	1.39	1.39	1.38	1.38
	0.10	2.01	1.96	1.94	1.91	1.89	1.87	1.86	1.83	1.83	1.82	1.80	1.80
	0.05	2.46	2.39	2.35	2.31	2.27	2.24	2.22	2.19	2.18	2.16	2.14	2.13
	0.01	3.66	3.51	3.43	3.35	3.27	3.22	3.18	3.11	3.09	3.06	3.03	3.00
15	0.25	1.43	1.41	1.41	1.40	1.39	1.39	1.38	1.38	1.37	1.37	1.36	1.36
	0.10	1.97	1.92	1.90	1.87	1.85	1.83	1.82	1.79	1.79	1.77	1.76	1.76
	0.05	2.40	2.33	2.29	2.25	2.20	2.18	2.16	2.12	2.11	2.10	2.08	2.07
	0.01	3.52	3.37	3.29	3.21	3.13	3.08	3.05	2.98	2.96	2.92	2.89	2.87
16	0.25	1.41	1.40	1.39	1.38	1.37	1.37	1.36	1.36	1.35	1.35	1.34	1.34
	0.10	1.94	1.89	1.87	1.84	1.81	1.79	1.78	1.76	1.75	1.74	1.73	1.72
	0.05	2.35	2.28	2.24	2.19	2.15	2.12	2.11	2.07	2.06	2.04	2.02	2.01
	0.01	3.41	3.26	3.18	3.10	3.02	2.97	2.93	2.86	2.84	2.81	2.78	2.75
17	0.25	1.40	1.39	1.38	1.37	1.36	1.35	1.35	1.34	1.34	1.34	1.33	1.33
	0.10	1.91	1.86	1.84	1.81	1.78	1.76	1.75	1.73	1.72	1.71	1.69	1.69
	0.05	2.31	2.23	2.19	2.15	2.10	2.08	2.06	2.02	2.01	1.99	1.97	1.96
	0.01	3.31	3.16	3.08	3.00	2.92	2.87	2.83	2.76	2.75	2.71	2.68	2.65
18	0.25	1.39	1.38	1.37	1.36	1.35	1.34	1.34	1.33	1.33	1.32	1.32	1.32
	0.10	1.89	1.84	1.81	1.78	1.75	1.74	1.72	1.70	1.69	1.68	1.67	1.66
	0.05	2.27	2.19	2.15	2.11	2.06	2.04	2.02	1.98	1.97	1.95	1.93	1.92
	0.01	3.23	3.08	3.00	2.92	2.84	2.78	2.75	2.68	2.66	2.62	2.59	2.57
19	0.25	1.38	1.37	1.36	1.35	1.34	1.33	1.33	1.32	1.32	1.31	1.31	1.30
	0.10	1.86	1.81	1.79	1.76	1.73	1.71	1.70	1.67	1.67	1.65	1.64	1.63
	0.05	2.23	2.16	2.11	2.07	2.03	2.00	1.98	1.94	1.93	1.91	1.89	1.88
	0.01	3.15	3.00	2.92	2.84	2.76	2.71	2.67	2.60	2.58	2.55	2.51	2.49
20	0.25	1.37	1.36	1.35	1.34	1.33	1.33	1.32	1.31	1.31	1.30	1.30	1.29
	0.10	1.84	1.79	1.77	1.74	1.71	1.69	1.68	1.65	1.64	1.63	1.62	1.61
	0.05	2.20	2.12	2.08	2.04	1.99	1.97	1.95	1.91	1.90	1.88	1.86	1.84
	0.01	3.09	2.94	2.86	2.78	2.69	2.64	2.61	2.54	2.52	2.48	2.44	2.42

续附表 4

分母的自由度 N_2	Pr	分子的自由度 N_1											
		1	2	3	4	5	6	7	8	9	10	11	12
22	0.25	1.40	1.48	1.47	1.45	1.44	1.42	1.41	1.40	1.39	1.39	1.38	1.37
	0.10	2.95	2.56	2.35	2.22	2.13	2.06	2.01	1.97	1.93	1.90	1.88	1.86
	0.05	4.30	3.44	3.05	2.82	2.66	2.55	2.46	2.40	2.34	2.30	2.26	2.23
	0.01	7.95	5.72	4.82	4.31	3.99	3.76	3.59	3.45	3.35	3.26	3.18	3.12
24	0.25	1.39	1.47	1.46	1.44	1.43	1.41	1.40	1.39	1.38	1.38	1.37	1.36
	0.10	2.93	2.54	2.33	2.19	2.10	2.04	1.98	1.94	1.91	1.88	1.85	1.83
	0.05	4.26	3.40	3.01	2.78	2.62	2.51	2.42	2.36	2.30	2.25	2.21	2.18
	0.01	7.82	5.61	4.72	4.22	3.90	3.67	3.50	3.36	3.26	3.17	3.09	3.03
26	0.25	1.38	1.46	1.45	1.44	1.42	1.41	1.39	1.38	1.37	1.37	1.36	1.35
	0.10	2.91	2.52	2.31	2.17	2.08	2.01	1.96	1.92	1.88	1.86	1.84	1.81
	0.05	4.23	3.37	2.98	2.74	2.59	2.47	2.39	2.32	2.27	2.22	2.18	2.15
	0.01	7.72	5.53	4.64	4.14	3.82	3.59	3.42	3.29	3.18	3.09	3.02	2.96
28	0.25	1.38	1.46	1.45	1.43	1.41	1.40	1.39	1.38	1.37	1.36	1.35	1.34
	0.10	2.89	2.50	2.29	2.16	2.06	2.00	1.94	1.90	1.87	1.84	1.81	1.79
	0.05	4.20	3.34	2.95	2.71	2.56	2.45	2.36	2.29	2.24	2.19	2.15	2.12
	0.01	7.64	5.45	4.57	4.07	3.75	3.53	3.36	3.23	3.12	3.03	2.96	2.90
30	0.25	1.38	1.45	1.44	1.42	1.41	1.39	1.38	1.37	1.36	1.35	1.35	1.34
	0.10	2.88	2.49	2.28	2.14	2.05	1.98	1.93	1.88	1.85	1.82	1.79	1.77
	0.05	4.17	3.32	2.92	2.69	2.53	2.42	2.33	2.27	2.21	2.16	2.13	2.09
	0.01	7.56	5.39	4.51	4.02	3.70	3.47	3.30	3.17	3.07	2.98	2.91	2.84
40	0.25	1.36	1.44	1.42	1.40	1.39	1.37	1.36	1.35	1.34	1.33	1.32	1.31
	0.10	2.84	2.44	2.23	2.09	2.00	1.93	1.87	1.83	1.79	1.76	1.73	1.71
	0.05	4.08	3.23	2.84	2.61	2.45	2.34	2.25	2.18	2.12	2.08	2.04	2.00
	0.01	7.31	5.18	4.31	3.83	3.51	3.29	3.12	2.99	2.89	2.80	2.73	2.66
60	0.25	1.35	1.42	1.41	1.38	1.37	1.35	1.33	1.32	1.31	1.30	1.29	1.29
	0.10	2.79	2.39	2.18	2.04	1.95	1.87	1.82	1.77	1.74	1.71	1.68	1.66
	0.05	4.00	3.15	2.76	2.53	2.37	2.25	2.17	2.10	2.04	1.99	1.95	1.92
	0.01	7.08	4.98	4.13	3.65	3.34	3.12	2.95	2.82	2.72	2.63	2.56	2.50
120	0.25	1.34	1.40	1.39	1.37	1.35	1.33	1.31	1.30	1.29	1.28	1.27	1.26
	0.10	2.75	2.35	2.13	1.99	1.90	1.82	1.77	1.72	1.68	1.65	1.62	1.60
	0.05	3.92	3.07	2.68	2.45	2.29	2.17	2.09	2.02	1.96	1.91	1.87	1.83
	0.01	6.85	4.79	3.95	3.48	3.17	2.96	2.79	2.66	2.56	2.47	2.40	2.34
200	0.25	1.33	1.39	1.38	1.36	1.34	1.32	1.31	1.29	1.28	1.27	1.26	1.25
	0.10	2.73	2.33	2.11	1.97	1.88	1.80	1.75	1.70	1.66	1.63	1.60	1.57
	0.05	3.89	3.04	2.65	2.42	2.26	2.14	2.06	1.98	1.93	1.88	1.84	1.80
	0.01	6.76	4.71	3.88	3.41	3.11	2.89	2.73	2.60	2.50	2.41	2.34	2.27
∞	0.25	1.32	1.39	1.37	1.35	1.33	1.31	1.29	1.28	1.27	1.25	1.24	1.24
	0.10	2.71	2.30	2.08	1.94	1.85	1.77	1.72	1.67	1.63	1.60	1.57	1.55
	0.05	3.84	3.00	2.60	2.37	2.21	2.10	2.01	1.94	1.88	1.83	1.79	1.75
	0.01	6.63	4.61	3.78	3.32	3.02	2.80	2.64	2.51	2.41	2.32	2.25	2.18

续附表 4

分母的自由度 N_2	Pr	分子的自由度 N_1											
		15	20	24	30	40	50	60	100	120	200	500	∞
22	0.25	1.36	1.34	1.33	1.32	1.31	1.31	1.30	1.30	1.30	1.29	1.29	1.28
	0.10	1.81	1.76	1.73	1.70	1.67	1.65	1.64	1.61	1.60	1.59	1.58	1.57
	0.05	2.15	2.07	2.03	1.98	1.94	1.91	1.89	1.85	1.84	1.82	1.80	1.78
	0.01	2.98	2.83	2.75	2.67	2.58	2.53	2.50	2.42	2.40	2.36	2.33	2.31
24	0.25	1.35	1.33	1.32	1.31	1.30	1.29	1.29	1.28	1.28	1.27	1.27	1.26
	0.10	1.78	1.73	1.70	1.67	1.64	1.62	1.61	1.58	1.57	1.56	1.54	1.53
	0.05	2.11	2.03	1.98	1.94	1.89	1.86	1.84	1.80	1.79	1.77	1.75	1.73
	0.01	2.89	2.74	2.66	2.58	2.49	2.44	2.40	2.33	2.31	2.27	2.24	2.21
26	0.25	1.34	1.32	1.31	1.30	1.29	1.28	1.28	1.26	1.26	1.26	1.25	1.25
	0.10	1.76	1.71	1.68	1.65	1.61	1.59	1.58	1.55	1.54	1.53	1.51	1.50
	0.05	2.07	1.99	1.95	1.90	1.85	1.82	1.80	1.76	1.75	1.73	1.71	1.69
	0.01	2.81	2.66	2.58	2.50	2.42	2.36	2.33	2.25	2.23	2.19	2.16	2.13
28	0.25	1.33	1.31	1.30	1.29	1.28	1.27	1.27	1.26	1.25	1.25	1.24	1.24
	0.10	1.74	1.69	1.66	1.63	1.59	1.57	1.56	1.53	1.52	1.50	1.49	1.48
	0.05	2.04	1.96	1.91	1.87	1.82	1.79	1.77	1.73	1.71	1.69	1.67	1.65
	0.01	2.75	2.60	2.52	2.44	2.35	2.30	2.26	2.19	2.17	2.13	2.09	2.06
30	0.25	1.32	1.30	1.29	1.28	1.27	1.26	1.26	1.25	1.24	1.24	1.23	1.23
	0.10	1.72	1.67	1.64	1.61	1.57	1.55	1.54	1.51	1.50	1.48	1.47	1.46
	0.05	2.01	1.93	1.89	1.84	1.79	1.76	1.74	1.70	1.68	1.66	1.64	1.62
	0.01	2.70	2.55	2.47	2.39	2.30	2.25	2.21	2.13	2.11	2.07	2.03	2.01
40	0.25	1.30	1.28	1.26	1.25	1.24	1.23	1.22	1.21	1.21	1.20	1.19	1.19
	0.10	1.66	1.61	1.57	1.54	1.51	1.48	1.47	1.43	1.42	1.41	1.39	1.38
	0.05	1.92	1.84	1.79	1.74	1.69	1.66	1.64	1.59	1.58	1.55	1.53	1.51
	0.01	2.52	2.37	2.29	2.20	2.11	2.06	2.02	1.94	1.92	1.87	1.83	1.80
60	0.25	1.27	1.25	1.24	1.22	1.21	1.20	1.19	1.17	1.17	1.16	1.15	1.15
	0.10	1.60	1.54	1.51	1.48	1.44	1.41	1.40	1.36	1.35	1.33	1.31	1.29
	0.05	1.84	1.75	1.70	1.65	1.59	1.56	1.53	1.48	1.47	1.44	1.41	1.39
	0.01	2.35	2.20	2.12	2.03	1.94	1.88	1.84	1.75	1.73	1.68	1.63	1.60
120	0.25	1.24	1.22	1.21	1.19	1.18	1.17	1.16	1.14	1.13	1.12	1.11	1.10
	0.10	1.55	1.48	1.45	1.41	1.37	1.34	1.32	1.27	1.26	1.24	1.21	1.19
	0.05	1.75	1.66	1.61	1.55	1.50	1.46	1.43	1.37	1.35	1.32	1.28	1.25
	0.01	2.19	2.03	1.95	1.86	1.76	1.70	1.66	1.56	1.53	1.48	1.42	1.38
200	0.25	1.23	1.21	1.20	1.18	1.16	1.14	1.12	1.11	1.10	1.09	1.08	1.06
	0.10	1.52	1.46	1.42	1.38	1.34	1.31	1.28	1.24	1.22	1.20	1.17	1.14
	0.05	1.72	1.62	1.57	1.52	1.46	1.41	1.39	1.32	1.29	1.26	1.22	1.19
	0.01	2.13	1.97	1.89	1.79	1.69	1.63	1.58	1.48	1.44	1.39	1.33	1.28
∞	0.25	1.22	1.19	1.18	1.16	1.14	1.13	1.12	1.09	1.08	1.07	1.04	1.00
	0.10	1.49	1.42	1.38	1.34	1.30	1.26	1.24	1.18	1.17	1.13	1.08	1.00
	0.05	1.67	1.57	1.52	1.46	1.39	1.35	1.32	1.24	1.22	1.17	1.11	1.00
	0.01	2.04	1.88	1.79	1.70	1.59	1.52	1.47	1.36	1.32	1.25	1.15	1.00

参考文献

[1] Ian H Witten,Eibe Frank,et al.数据挖掘:实用机器学习工具与技术[M].英文版.北京:机械工业出版社,2014.

[2] 陈希孺,苏淳.统计学漫话[M].北京:科学出版社,1987.

[3] 费宇.多元统计分析:基于R[M].北京:中国人民大学出版社,2014.

[4] 贾俊平.统计学[M].4版.北京:中国人民大学出版社,2012.

[5] 赖玉霞,刘建平,杨国兴.基于遗传算法的K均值聚类分析[J].计算机工程,2008,34(20):200-202.

[6] 李洁明.统计学原理[M].上海:复旦大学出版社,2008.

[7] 刘靖明,韩丽川,侯立文.基于粒子群的K均值聚类算法[J].系统工程理论与实践,2005,25(6):54-58.

[8] 潘向阳.统计学理论与实务[M].北京:人民邮电出版社,2014.

[9] 吴喜之.从数据到结论[M].3版.北京:中国统计出版社,2009.

[10] 徐义峰,陈春明,徐云青.一种改进的K-均值聚类算法[J].计算机应用与软件,2008,25(3):275-277.

随书数据清单

序号	文件名	数据内容	所在章节
1	asset1.csv	78 家煤炭企业资产总额数据	第一章
2	grapewine1.csv	葡萄酒品尝评分数据	第一章
3	score1.csv	某学院 2007 级学生统计学成绩数据	第一章
4	score2.csv	某学院学生部分课程成绩数据	第二章
5	titanic1.csv	泰坦尼克号海难遇难与生还人数数据	第四章
6	score3.csv	某学院 30 名学生概率论等课程成绩数据	第四章
7	interview1.csv	某学院研究生面试专家打分数据	第四章
8	invest1.csv	26 个旅游区经济增长数据	第四章
9	income1.csv	家庭可支配收入数据	第五章
10	salary1.csv	36 名员工年薪数据	第五章
11	pupil1.csv	小学生身高与立定跳远数据	第五章
12	sales1.csv	某企业啤酒销售量数据	第六章
13	economic2.csv	1970～1991 年美国宏观经济季度数据	第六章
14	score4.csv	100 名学生 6 门课程成绩数据	第七章
15	economic1.csv	31 个省、市、自治区主要经济指标数据	第八章
16	drink1.csv	16 种饮料部分指标数据	第八章